CURRYS

DAS HERZ DER INDISCHEN KÜCHE

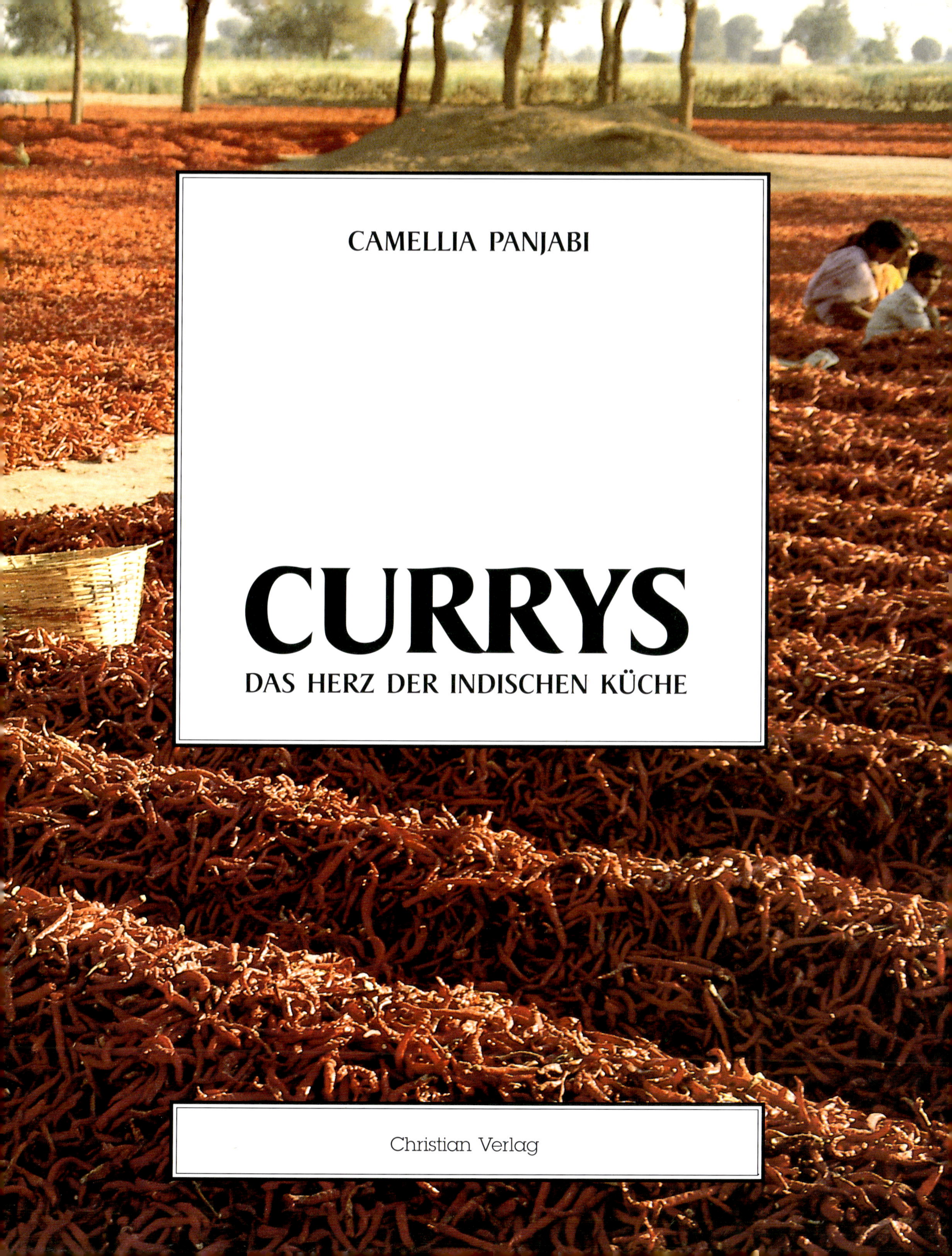

CAMELLIA PANJABI

CURRYS

DAS HERZ DER INDISCHEN KÜCHE

Christian Verlag

Blüte der Schraubenpalme

INHALT

Dieses Buch widme ich der Hoffnung, daß der Wohlgeschmack, der Hintergrund und die Vielfalt der indischen Küchen sowohl in Indien als auch in der übrigen Welt besser verstanden und geschätzt werden.

BILDNACHWEIS

S. 26, 29, 31, 35, 41, 43, 45, 47, 48, 49, 55, 56, 58, 65, 66, 69, 70, 74, 77, 78, 80, 85, 87, 89, 90, 92, 95, 96, 98, 100, 102, 105, 107, 110, 114, 118, 120, 130, 132, 135, 139, 142, 143, 144, 178, 179: Fotos von Peter Knab, Styling von Diana Knab, Zubereitung der Speisen von Caroline Liddell.

S. 36, 60, 62, 73, 83, 112, 117, 118, 120, 123, 136, 140, 143, 147, 149, 151, 154, 158, 162, 167, 169, 170, 171, 174, 177, 181, 183: Fotos von Simon Smith, Styling von Felicity Salter, Zubereitung der Speisen von Kathy Man.

S. 2–3, 19, 28, 44: Fotos von Ashvin Mehta.
S. 4, 52–53: Fotos von Ashvin Gatha.
S. 39: Foto von India Photographic Co Ltd.
S. 1, 8, 12, 17, 23, 32, 42: Fotos von Viren Desai.

Der Verlag möchte Thomas Goode & Co. Ltd (London) dafür danken, daß sie für die Fotos einen Teil ihres Porzellans zur Verfügung gestellt haben.

Aus dem Englischen übersetzt von Wolfgang Glaser
Redaktion: Inken Kloppenburg Verlags-Service, München
Korrektur: Irmgard Perkounigg
Umschlaggestaltung: Horst Bätz
Herstellung: Dieter Lidl
Satz: vwi typo, Herrsching

Die Originalausgabe mit dem Titel *50 Great Curries of India* wurde erstmals 1994 im Verlag Kyle Cathie Limited, London, veröffentlicht

Printed in Singapore

ISBN 3-88472-296-4

Danksagung

Mein besonderer Dank gilt meiner Schwester Namita, deren Konversation sich immer wieder um Currys drehte und mich damit zu diesem Buch anregte; Ajit Kerkar, dem Vorsitzenden der Taj-Hotelgruppe und 25 Jahre mein Kollege, der stets meine Neugierde und mein Interesse an gutem Essen unterstützt und mir Reisen durch Indien und nach Übersee ermöglicht hat; den vielen Köchen und meinen Kollegen in den Taj-Hotels, von denen ich während dieser Zeit so viel über die nuancenreiche indische Küche erfahren habe; der Taj-Gruppe, die es mir ermöglicht hat, in ganz Indien, in London und in Paris bei der Gründung neuer Restaurants mitzuwirken, und die mir mit Reisen durch die ganze Welt dazu verhalf, die verschiedenartigsten kulinarischen Einflüsse aufzunehmen und in Erfahrung zu bringen, warum der indischen Küche in einer Reihe von Ländern mit Unverständnis und wenig Wertschätzung begegnet wird.

Ich danke meiner Mutter, die mir seit meiner Kindheit auf meine Fragen Rede und Antwort stand und mir Einblick in die gesundheitlichen Aspekte des Essens vermittelte. Auch möchte ich mich bei Rama bedanken, seit vielen Jahren Koch in unserem Hause, mit dessen Hilfe ich in der Lage war, die große Anzahl von Rezepten über viele Jahre auszuprobieren und mit ihnen zu improvisieren.

Mein besonderer Dank gilt Neville Abraham, der große Mühen auf sich genommen hat, Weinempfehlungen für indische Speisen, insbesondere für Curry-Gerichte, zu entwickeln. Es war eine Meisterleistung, unter all den Weinen dieser Welt jene ausfindig zu machen, die zu einer indischen Mahlzeit passen und sie harmonisch unterstreichen. Er hat übrigens auch die Weinkarte für das preisgekrönte Chutney Mary Restaurant in London zusammengestellt. Neville wurde in Indien geboren und gründete in London die Weinfirma *Les Amis du Vin*. Heute ist er Chef einer erfolgreichen Restaurant-Kette.

Ich möchte meinen ausdrücklichen Dank auch an jene richten, die mir ihre persönlichen Rezepte verraten und für mich gekocht haben – Mrs. Bashir, Roshan Tamboowala, Rehmatibal, Kusum Sahni und Shakuntala Kumari von Bissau, Taral Lalbhai, Umn Abdulla, Rekha Khanolkar, Varsha Mody und besonders auch der Koch Babu.

Dank gilt auch meiner Verlegerin Kyle Cathie sowie Mike Shaw, den der Entwurf zu diesem Buch sofort überzeugte. Caroline Liddell, die mir viele nützliche Anregungen gab, und Helen Dore, die mein Manuskript so sorgfältig bearbeitet hat, gilt ebenfalls mein großer Dank.

Auch bei den vielen Freunden, die mir ihre Küchen geöffnet und mir Einblick in die Feinheiten der indischen Familienküche vieler indischer Regionen ermöglicht haben, möchte ich mich bedanken.

Anmerkung

Kochzeiten: Es ist schwierig, präzise Zeitangaben für die indische Küche zu machen, da diese abhängig sind von der Größe und dem Zuschnitt von Fleisch, Geflügel und Fisch und davon, ob diese Zutaten mit oder ohne Knochen verwendet werden. Wichtig ist, bei der Zubereitung sorgfältig zu prüfen, ob die Gerichte den Garpunkt erreicht haben, der Ihrem persönlichen Geschmack entspricht.

Falls Sie Probleme haben, die in den Rezepten genannten Zutaten zu bekommen, wenden Sie sich an:

ASIEN BASAR
Donnersbergerstr. 38
80634 München
Tel. 089/13 17 03
Fax 089/13 28 21

GEWÜRZHAUS ALFRED EWERT
Internationale Spezialitäten
Weender Str. 84
37073 Göttingen
Tel. 0551/57020

KA DE WE
Lebensmittelabteilung
Tauentzienstr. 21–24
10789 Berlin
Tel. 030/2 13 24 55

CLAIRE ZURGEISSEL
Rostocker Str. 68
20093 Hamburg
Tel. 040/2 80 27 47

GEWÜRZHAUS ALSBACH
An der Staufenmauer 11
60311 Frankfurt am Main
Tel. 069/28 33 12

INDISCHES GEWÜRZHAUS MAHARANI
Taunusstr. 23
60329 Frankfurt am Main
Tel. 069/23 47 76

Einführung

Soweit ich zurückdenken kann, habe ich mich für Essen und seine Zubereitung leidenschaftlich interessiert. Schon im Alter von fünf Jahren wollte ich, daß auch meine Meinung zum Speiseplan, den meine Mutter jeden Abend mit dem Koch für den nächsten Tag besprach, gehört würde. Das Mittagessen wurde mir von zu Hause in einem Essensbehälter in meine Schule – Queen Mary's in Bombay – gebracht, wie für die anderen Kinder übrigens auch. Wir waren dreihundert oder mehr Mädchen, saßen auf Bänken in vier langen Reihen in einer großen, lagerhausähnlichen Halle und mampften die mit Liebe zubereiteten Gerichte in uns hinein, die die *ayahs* und Fahrer gebracht hatten. Ich ging oft zwischen den Reihen hindurch, beäugte die Teller der anderen und nahm die Farben, die Beschaffenheit und die Düfte der anderen Speisen in mich auf, sie erschienen mir wesentlich interessanter als mein eigenes Essen. Am Abend erzählte ich meiner Mutter ausführlich, wie die Gerichte, die ich ausgespäht hatte, aussahen, und bedrängte sie, mir diese zuzubereiten. Als ich älter wurde, nannte ich ihr auch die Namen der Mädchen und hoffte, daß sie daraus ihre Herkunftsorte erkennen würde und entsprechend auch die Gerichte, nach denen es mich gelüstete. Zu jener Zeit kannte man kaum die Kochtraditionen außerhalb der eigenen näheren Umgebung. So konnte ich erst kürzlich ein besonderes Lieblingsgericht, das ich nur vom Aussehen her kannte und das noch aus meinen Kindheitserinnerungen stammte, identifizieren: ein Curry, das golden leuchtete wie ein Sonnenuntergang. Das Parsi-Mädchen, das hinter mir saß, aß es oft, und es hieß bei den Parsis einfach Fischcurry. Dieses Curry war Hausmannskost. Ich fand es weder in einem Kochbuch noch auf Dinnerpartys, zu denen Parsis zu sich nach Hause einluden. Auch in Restaurants sowie auf den berühmten Parsi-Hochzeiten und *navjote*-Festen habe ich es nie gefunden.

Einige Jahre später, durch die häuslichen Umstände bedingt, meldeten sich meine Schwester Namita und ich für das Schulessen an, das in einem separaten Speisesaal für die Kinder jener Eltern gekocht und aufgetragen wurde, denen es nicht möglich war, jeden Mittag das Essen zur Schule zu bringen. Unsere Mahlzeiten bestanden nun aus »English food« (Queen Mary's wurde von schottischen Missionaren geleitet): gebackenem Fisch, gebackenem Hackfleisch *(cottage pie), dhol* (englisch und anglo-indisch für *dal,* Hülsenfrüchte) und gelbem Reis, Lammcurry und Reis, Kokosnußpfannkuchen und Malabar-Sagopudding, alles Dinge, die ich vorher nie probiert hatte. Später suchte ich jahrelang nach eben die-

Speisebehälter

sem Lammcurry, das ich Mitte der Sechziger zufällig auf dem Buffet des West End Hotels in Bangalore, einem Hotel mit dem Charme der Alten Welt, fand. In den siebziger Jahren kam ich zurück, mußte aber erfahren, daß die Köche der alten Brigade in Pension gegangen waren und keine Rezepte zurückgelassen hatten.

Als ich später in England die Universität besuchte, wunderte ich mich, daß das College-Essen keine von den Gewürzen enthielt, die wir als Kinder in unserem »English food« in Indien gewöhnt waren. Erst dadurch erkannte ich, daß »Indian English food« eine Art eigenständige Mischküche präsentierte, wie sie in Indien weit verbreitet war und vor allem gern in Clubs gegessen wurde. Besonders beliebt war *masala liver on toast* (gewürzte Leber auf Toast). »Indian English food« wurde auch in den Eisenbahnspeisewagen serviert, die mit ihrem Angebot sowohl dem britischen als auch dem indischen Geschmack entgegenkommen mußten; die Speisen wurden von einheimischen Köchen auf engstem Raum zubereitet. Ein ähnlicher Speisenkatalog wurde auch in den Verwaltungen offeriert, wo *masala omelette* (gewürztes Omelett) damals wie heute auf der Beliebtheitsskala an erster Stelle rangierte. Auch in den beliebten Restaurants wie Gourdon und Wayside Inn in Bombay, Koshy's in Bangalore und Flury's in Kalkutta, wo vor allem *cutlets* auf der Speisekarte standen, gab es »Indian English food«. (In Indien bedeutet der Name *cutlet* Küchlein, die aus allem möglichen zusammengemischt wurden: Fisch, Fleisch, Gemüse oder Huhn.)

Wie das Schicksal es fügte, wechselte ich, nachdem ich einige Jahre im Marketing-Bereich gearbeitet hatte, in das Hotelfach über und wurde Verkaufsmanager des Taj Mahal Hotels in Bombay, einem legendären Hotel, das sich gerade in einem gigantischen Renovierungs- und Expansionsprozeß befand. Es sollte doppelt so groß werden wie bisher und eine Reihe von neuen Restaurants und Bankettträumen erhalten. Das Hotel beherbergte bereits ein erstklassiges Restaurant mit indisch-französischer Note, einen großen Saal, in dem jeden Tag ein Lunch-Buffet aufgebaut wurde, sowie eine Bar und einen Grill. In der Dependence nebenan, dem Greens, lag im Innenhof ein indisches Restaurant namens Gulmohur. Dort wurde unter anderem das in Bombay beliebteste Gericht wiederentdeckt und serviert: *Tandoori chicken*.

Mitte der sechziger Jahre bestand meine erste Aufgabe darin, den Umsatz dieses Restaurants zu steigern, denn das Mittagsgeschäft belief sich häufig nur auf sechs Essen in einem Achtzig-Plätze-Restaurant, und zum Abendessen kamen meist nur zwanzig oder dreißig Leute, die im Innenhof sitzen und *Tandoori chicken* und *naan* (indisches Hefebrot) essen wollten.

Es gab damals in der Stadt nicht mehr als eine Handvoll indischer Restaurants – Gaylord's, Kwality's und Khyber. Gaylord's servierte indische Speisen (was bedeutet: Gerichte aus dem Punjab), kontinentale (englische Gerichte mit indischem Einfluß) und chinesische Küche. Das Restaurant gehört noch heute zu den beliebtesten in Bombay. Kwality's und Khyber boten Punjabi-Gerichte, unter denen die beliebtesten *tandooris*, Huhn in Buttersauce und *choles* (Kichererbsen) waren. Abgesehen vom Gulmohur im Greens hatte kein anderes Hotel in der Stadt, auch nicht das Ritz und das Ambassador, ein indisches Restaurant. Die indische Küche war Mitte der sechziger bis Anfang der siebziger Jahre nicht gesellschaftsfähig.

Bei der Planung der Anzahl und der Größe der Restaurants im erweiterten Taj Mahal Hotel wurden wir von den Inter-Continental-Hotels beraten. Sie warnten davor, mehr als drei Restaurants zu planen, aber unser wagemutiges junges Team wünschte von jedem etwas: ein klassisches indisches, ein echtes chinesisches Restaurant, eines mit französischer Nouvelle cuisine, ein Lokal, in dem man Kleinigkeiten bekommen konnte, sowie eine Diskothek. Wir wollten alles das haben, was die Stadt vorher nicht zu bieten hatte. Und wir bekamen es.

Es war für jene Zeit typisch, daß der Innenarchitekt, als er das Konzept für das indische Restaurant erarbeitete (es handelte sich um einen Schweizer, der in Hongkong lebte und für seine Hoteleinrichtungen berühmt war), entschied, das Restaurant wie einen traditionellen südindischen Tempel zu entwerfen. Es sollte geschnitzte Säulen und einen Tanzboden aus Marmor haben, auf dem jeden Abend klassische südindische Tänze aufgeführt werden sollten. Er wollte den Eingang zum Restaurant mit einer großen Messingöllampe schmücken. Für das Restaurant wurde der Name »Tanjore« vorgeschlagen, nach der Stadt, in der es die schönsten Tempel Südindiens gibt, welche nun von der UNESCO zu einer Stätte des Weltkulturerbes erklärt wurden.

Einige von uns wandten ein, daß sie nicht so sehr viel von der Küche der Region wüßten. Wahrscheinlich gab es in Tanjore eine einfache brahmanische vegetarische Küche, die sicher nicht dem Geschmack unserer Gäste entsprach. Schließlich gewann die Tanjore-Lobby, die meinte, daß das Essen im Restaurant nicht unbedingt etwas mit seinem Namen oder der Umgebung zu tun haben müsse. Das Restaurant existiert noch heute. Die Eröffnung des Tanjore war ein Wendepunkt in der Restaurant-Geschichte Indiens. Von nun an war es stilvoll auszugehen und in einer eleganten Atmosphäre indisch zu essen. Vermutlich ist das Tanjore das populärste indische Restaurant geworden. Seine 120 Plätze sind seit über 22 Jahren mehr als einmal pro Abend besetzt. Obwohl die Gerichte alle paar Monate wechseln und nun auch einige wenige Speisen aus Chettinad in Südindien angeboten werden, beherrschen die alten Vorlieben, die unvermeidlichen *tandooris, kebabs* und andere nordindische Gerichte immer noch die Speisekarte. Dies führt zu der interessanten Frage, wann, wo und wie die Bewohner eines Landes Interesse an ihrer eigenen Küche entwickeln.

In den folgenden Jahren arbeitete ich eng mit einem Team aus dem Taj zusammen. Wir eröffneten Hotels und Hotel-Restaurants in Madras, Goa, Delhi, Bangalore, Hyderabad und an anderen Orten. Überraschenderweise stieß unser Versuch, regionale indische Gerichte in die verschiedenen Speisekarten aufzunehmen, auf Widerstand bei den Gästen, die weiterhin hauptsächlich Gerichte aus dem Punjab bestellten. In Indien sind die Mehrzahl derer, zu deren Lebensstil es gehört, zum Essen auszugehen, Punjabis aus dem zwanzig Millionen Einwohner zählenden Bundesstaat im Nordwesten Indiens. Die Punjabis ernten den meisten Weizen Indiens und mögen ihre *naans* und *parathas* (indische Brote), mit echtem *ghee* (Butterschmalz) oder Butter bestrichen, ihr Lieblingsgericht ist *butter chicken* (Butterhuhn) – Stücke vom *tandoori chicken* mit Tomate und Buttersauce. Punjabis sind, was Ortswechsel betrifft, unter den Indern am flexibelsten. Sie arbeiten als Angestellte, meist in leitender Position, überall auf dem Subkontinent. Und wenn sie ausgehen, bevorzugen sie, egal, wo sie sich gerade aufhalten, in der Regel ihre heimische Kost. Da sie die Mehrheit der Gäste in fast jedem indischen Restaurant im Land ausmachen, trachten Restaurantbesitzer verständlicherweise danach, die vertrauten Gerichte der Punjabis auf der Speisekarte anzubieten. Andererseits denken sich die indischen Stadtbewohner, daß sie ihre heimische Küche auch zu Hause zubereiten können. Weswegen also Geld dafür in Restaurants ausgeben? Wenn Punjabis zum Essen ausgehen, sind die bevorzugten Küchen die des Punjabs und die chinesische.

Dies ist der Hauptgrund, warum die regionalen indischen Küchen sogar in Indien weithin unbekannt sind. Die Restaurantbesitzer scheuen sich, andere Gerichte als nordindische anzubieten. Kalkutta zum Beispiel besitzt kein erstklassiges bengalisches Restaurant, während das beliebteste Restaurant der Stadt, Amber, jeden Tag Hunderten von Gästen Punjabi-Küche serviert.

Um der erdrückenden Vorstellung zu entgehen, daß man wohl niemals andere Regionalküchen als die aus dem Punjab den Restaurantgängern in Indien schmackhaft machen könne, kam ich auf die Idee, ein Restaurant mit indischer Küche in Großbritannien zu etablieren, wo man die indische Küche sehr schätzt und die Regionalküchen anderer Länder sich großer Beliebtheit erfreuen. Ich hielt es für das Beste, einen Versuch mit der Küche meiner Heimatstadt zu wagen. Diese Idee sollte später zur Gründung der Bombay Brasserie führen, obwohl die Vorstellung, daß die Küche von Bombay für jemanden von außerhalb von Interesse sein könnte, vielleicht etwas überheblich war.

Diese Zweifel wurden nicht nur von meinen Kollegen, sondern auch von Restaurantbetreibern in Großbritannien geteilt. Eine führende PR-Agentur weigerte sich, unsere Idee weiterzuentwickeln, der Name »Bombay« müsse aus dem Restaurantnamen verschwinden. Ihre Nachforschungen, so die Agentur, hätten ergeben, daß Bombay gleichzusetzen sei mit Schmutz und Elend. Es gab enormen Druck, den üblichen Weg zu gehen – nordindische Küche im Folklorestil, das heißt, alle Gerichte zur gleichen Zeit in hübschen Metallschüsseln aufzutischen und mit versilbertem Besteck zu essen. Man meinte, nur so könne der Start eines Taj-Restaurants in Großbritannien aussehen.

Ich verbrachte 1981 einige Monate in London damit, jedes indische, pakistanische und bangladeschische Restaurant von einigermaßen gutem Ruf zu besuchen, mich auf den Märkten umzuschauen, mit einigen der bekannten Food-Experten Kontakt aufzunehmen, mit den Küchenchefs aller möglichen Kochrichtungen und mit Restaurantbesitzern zu sprechen. So verschaffte ich mir ein Bild der verschiedenen Einflüsse und Vorstellungen, die die Gäste zu jener Zeit von einem Restaurant hatten. Dann kehrte ich nach Bombay zurück, um die Gerichte auszuwählen, die in dieses Bild paßten. Wir nahmen Küchenchefs aus ihrem regulären Hotelküchenbetrieb heraus und ließen sie einige Monate lang die Rezepte der verschiedenen aus Bombay und Umgebung stammenden Hausmannskost ausprobieren. So entstand die Speisekarte für die Bombay Brasserie.

Alles andere entwickelte sich daraus wie von selbst. Sollte gleichzeitig eine Vielzahl von Gerichten serviert werden können, waren größere Teller, größere Gläser, größere Tische usw. notwendig. Schließlich brachten wir eine Mixtur von Gerichten nach London mit, wie sie Bombayer Hausfrauen zubereiten, zum Beispiel Fisch mit grünem Chutney, in Bananenblättern gebacken, ein Gericht aus den Straßenküchen Bombays, und *sev batata puri* ebenso wie die unvermeidlichen nordindischen Favoriten, allen voran *tandoori chicken,* dessen Zubereitungsart wir auch auf andere heimische Zutaten wie Forelle anwandten.

Die Bombay Brasserie feierte im Dezember 1992 ihr zehnjähriges Bestehen und hat der indischen Küche international eine neue Perspektive gegeben. Jedoch fand ihr Beispiel nicht viele Nachahmer; es entstanden kaum neue, erfolgreiche Restaurants mit regionaler indischer Küche in Großbritannien. Sogar in Indien gibt es immer noch nur eine Handvoll derartiger Lokale. Einige spezialisieren sich auf die nordindische Küche. Vielleicht trägt ein besseres Verständnis der indischen Regionalküchen zur Gründung solcher Restaurants bei. Ich hoffe, daß mein Buch hierzu etwas leisten kann.

Ich höre oft meine nichtindischen Freunde sagen, daß sie am besten bei Privatleuten indisch gegessen hätten. Dies entspricht der Wahrheit. Die indische Küche zu Hause unterscheidet sich total von dem indischen Essen, wie es überall in der Welt bekannt ist. Tatsächlich kennen die meisten Inder kaum andere Küchen als die ihrer eigenen Umgebung oder das, was sie in Restaurants vorgesetzt bekommen. Neunundneunzig Prozent der Inder haben keinen *tandoor* (einen Erdofen), und so sind weder *tandoori chicken* noch *naan* Bestandteil der Küche des indischen Mittelstandes. Dies trifft sogar auf das Punjab zu, obwohl einige Dörfer Gemeinschafts-*tandoors* haben, wo man *rotis* (Fladenbrot) backen kann. Fünfundneunzig Prozent der Inder wissen nicht, was ein *vindaloo* (scharfes Schweinefleischcurry), ein *jhal farezi* (pikantes Hühnergericht) oder ein Madras-Curry ist – Gerichte, wie man sie in indischen Restaurants außerhalb Indiens bekommt.

Dennoch haben Inder, egal, aus welcher Region sie kommen und welcher Religion und Kaste sie angehören, Gemeinsamkeiten in ihrer Küche, auch wenn sie nur gering sind. Alle wenden eine ähnliche Methode des langsamen Garens an, und die verwendeten Zutaten sind fast überall gleich in Indien, besonders die Gewürze. Sie sind gut mit ihrer eigenen Küche vertraut. Da die Dame des Hauses selbst kocht oder das Kochen überwacht, wird die traditionelle Küche bewahrt. Und das wenige Wissen über andere regionale Kochgewohnheiten ist normalerweise auf jene Gegenden beschränkt, in denen sie Freunde haben, die sie gelegentlich zum Essen besuchen. In jeder Stadt in Indien gibt es verschiedene Bevölkerungsgruppen, die sich durch Religion und Kaste unterscheiden. Hochzeitsessen mit Hunderten von Gästen werden normalerweise von Leuten ausgerichtet, die darauf spezialisiert sind. Und jede Bevölkerungsgruppe hat hierfür ihre eigenen Leute. Die Rezepte dieser Küche unterliegen ebenso wie die heimischen der Geheimhaltung und werden nur unter der Hand weitergegeben.

Mein Ziel war es, die besten Varianten allbekannter Gerichte zu finden. Ich schaute mich in den letzten Jahren überall um und fand ein hervorragendes Gericht in einem schäbigen Imbiß in der Nähe eines Basars, ein aromatisches Gericht im Hause eines Aristokraten in Madras, ein Schaltiercurry auf der Tafel einer gesellschaftlich hochstehenden Gastgeberin in Bombay, ein überwältigendes Gericht auf der Tafel einer Feinschmeckerfamilie in Hyderabad und einen Koch aus Lucknow, der bereits in der dritten Generation vornehmlich für Hochzeiten die Speisen bereitete. Manchmal mußte ich aus verschiedenen kleinen Details die Gerichte wie ein Puzzle zusammensetzen, zum Beispiel einen Hinweis von einem Meisterkoch mit den Tips von zwei Freundinnen aus Goa, wie man am besten ein Goa-Curry zubereitet… So wuchs die Rezeptsammlung an und füllte nicht nur einen, sondern mehrere Aktenordner.

Vor einigen Jahren eröffneten meine Schwester Namit und einige ihrer Freunde ein Restaurant in London, das indische und anglo-indische Küche servierte und den Namen »Chutney Mary« trug. Die Speisekarte war sehr interessant und bot eine Reihe »neuer« Gerichte. Meine Schwester rief mich eines Nachts in Bombay an und fragte mich: »Camellia, die Welt hier verlangt nach zauberhaften Currys. Hast du so etwas in deiner Sammlung?«

Das Wort »zauberhaft« brachte mich ins Grübeln. Es entsprach genau dem Grund meiner Suche, die ich vor einigen Jahren begonnen hatte. Ich wollte herausfinden, was eine Variante eines traditionellen indischen Gerichts so viel besser machte als die, die vielleicht von einem immerhin geachteten Koch stammte. Die Frage ging mir ständig durch den Kopf, als wir darangingen, die Qualität eher volkstümlicher Gerichte so anzuheben, daß sie den Erwartungen der Gäste entsprach, die zwar Bekanntes essen wollten, aber von einem Hotel-Restaurant eine um vieles bessere Zubereitung erwarteten. Damals wußte ich noch nicht, wie dies gelingen sollte. Meine Suche ergab, daß die in Indien in Colleges ausgebildeten Köche von Lehrern unterrichtet wurden, von denen nur wenige den wahren Schatz, der in der indischen Küche steckt, je gehoben hatten. Inhaber dieses Schatzes waren vielmehr die vielen professionellen Köche, die schon seit Generationen auf Hochzeiten und traditionellen Banketten gekocht hatten, Köche, die für Familien, die Wert auf eine gute Küche legten, tätig waren, und auch einige wenige Hausfrauen mit legendären Kochkünsten. Jede dieser Gruppen zelebrierte wahre indische Feinschmeckerküche, wie sie in der ersten Hälfte dieses Jahrhunderts in den älteren guten Hotels in jeder Stadt üblich war, in denen die besten traditionellen indischen Köche arbeiteten. Die alten Köche sind verschwunden. Heute regiert eine neue Generation von in Kochschulen ausgebildeten Köchen, von denen nur einige die alten Erfahrungen übernommen haben. Dies führte dazu, daß die wenigen Rezepte aus den Kochschulen heute in allen Hotel-Restaurants zubereitet werden, sowohl in Indien als auch in Übersee. Deshalb schaute ich mich nach Rezepten um, die besser als der Durchschnitt sein sollten. Dieses Buch ist das Ergebnis.

Wer selbst kocht und gutes indisches Essen liebt, möchte natürlich mehr über traditionelle regionale indische Gerichte wissen. Currys sind der Mittelpunkt einer indischen Mahlzeit. Hoteliers und Restaurantbesitzer sollten die verschiedenen Geschmäcker der vielen indischen Regionalküchen besser kennen- und verstehen lernen und sich trauen, sie auf ihre Speisekarten zu setzen. Eine bessere Kenntnis der Gerichte bringt Gast und Koch zusammen. Die Tatsache, daß es dieses Buch vielen Menschen in Indien und überall auf der Welt möglich machen wird, diese Gerichte zu Hause und in Gesellschaft zu genießen, hat mich motiviert, es zu schreiben.

Ich schulde all jenen Dank, die mir bei der Entstehung dieses Buches geholfen haben: den vielen Köchen, Hausfrauen, professionellen Feinschmeckern und den in der Gastronomie Beschäftigten – all jenen, die mir ihre kulinarischen Geheimnisse anvertraut haben. Es war mir nicht möglich, hier all jene aufzuführen, die mir im Laufe der Jahre so viel von ihrer Zeit und ihrem Wissen gewidmet haben, aber ich schulde ihnen großen Dank.

Indiens kulinarische Landschaften

Viele fremde Küchen haben zu unterschiedlichen Zeiten in der Geschichte Indiens ihre Spuren hinterlassen. Sie kamen mit den Eroberern ins Land und wurden Teil der indischen Kultur. Einen besonderen Einfluß auf die Küchentradition übten die alten Hindu-Schriften zur Heilkunde aus – Ayurveda (»die Wissenschaft vom langen Leben«). Und zahllose andere Traditionen, die sich im Laufe der Jahrhunderte entwickelt haben, kamen hinzu. Nachdem auch in Indien sich erste Trends zur mobilen Gesellschaft abzeichnen und die Menschen heute eher bereit sind, einen Arbeitsplatz in einer anderen Region des Landes anzunehmen, entstehen überall auf dem Subkontinent Restaurants, deren Küchen nichts mit der bretreffenden Region zu tun haben. So wird die gegenseitige Beeinflussung der Regionalküchen heute immer stärker. Clevere punjabische Restaurant-Besitzer haben längst *tandoori*-Huhn, *naan,* Huhn in Buttersauce, *chole* und *tarka dal* in ganz Indien und im Ausland bekannt gemacht, ihr Einfluß ist inzwischen auch in der häuslichen Küche Indiens spürbar. Dank der Köche von Udipi, einem Dorf in der Nähe von Mangalore, weiß heute ganz Indien, ja, die halbe Welt, wie *idli, dosa* und Madras-Kaffee schmecken.

Dennoch gibt es viele lokale Küchen, deren Ruhm noch nicht über ihre Region hinausgedrungen ist. Dies mag daran liegen, daß die politischen Grenzen, wie sie 1947 nach der Unabhängigkeit von Großbritannien auf dem indischen Subkontinent gezogen wurden, nicht zwingend mit den ethnischen und somit auch den kulinarischen Grenzen übereinstimmen. Manche Küchen lassen sich daher nicht eindeutig einer bestimmten Region zuordnen.

Wie in den allermeisten Küchen dieser Welt bilden die regionalen Produkte die Basis. So nimmt es nicht wunder, daß an der Malabarküste von Kerala, wo der Pfeffer und die Gewürze fürs *garam masala* in Hülle und Fülle wachsen, diese Produkte auch reichlich in der Küche vertreten und die Speisen meist stark gewürzt und sehr scharf sind. Wenn es hier Ausnahmen gibt, sind sie auf den mäßigen Einfluß des Brahmanismus zurückzuführen, nach dessen Lehre gewürzte Speisen die niederen Gelüste anstacheln und den Menschen daran hindern, sich klaren und erhabenen Gedanken zuzuwenden. Dementsprechend ist das Essen der Brahmanen von Namboodri nur mild gewürzt.

Wichtig sind auch die Einflüsse von Religion und Kaste. Es gibt im Hinduismus zwei Richtungen von Gläubigen, die unterschiedliche Götter verehren. Die einen glauben an Vishnu, die anderen an Shiva. Die Brahmanen beider Richtungen leben größtenteils vegetarisch, aber unter den Vishnu-Verehrern gibt es mehr Vegetarier. Andere Religionen wie der Jainismus, eine Reformbewegung innerhalb des Hinduismus, leben strikt vegetarisch.

Die Geographie des Landes spielt ebenfalls eine wichtige Rolle. In einigen Küstenregionen, besonders in Bengalen und Maharaschtra, ist es den Brahmanen erlaubt, Fisch zu essen, ohne daß sie ihre Kastenzugehörigkeit dadurch verlieren. Klima, Einkommen und religiöse Überzeugung, all dies sind Einflüsse, die sich auf die Küchentraditionen in Indien auswirken. Die Vorliebe für bestimmte Speisen ist oft auch eine Frage des Geschmacks. Die Speisen der Menschen von Nellore und Telangana (in Andhra), Chettinad (in Tamil Nadu) und die der syrischen Christen in Kerala sind höllisch scharf. In Westbengalen sind sie mild, mit einer gewissen Süße, und in Ostbengalen, dem heutigen Bangladesch, sind sie schon wieder schärfer, obwohl die Gerichte in beiden bengalischen Küchen gleich sind. Die Speisen von Gujarat sind zurückhaltend gewürzt und oft leicht gesüßt, da man gern *jaggery* (Palmzucker) beim Kochen verwendet, selbst in ansonsten stärker gewürzten Gerichten. Dagegen kommen im nahe gelegenen Rajasthan mit seiner heißen und trockenen Wüstenlandschaft die Speisen ausgeprägt würzig auf den Tisch.

Soweit es sich um Currys handelt, werden sie in den Regionen mit Reisanbau dünnflüssiger gekocht, weil sie so vom Reis besser aufgenommen werden. Im Weizengürtel von Indien sind sie dickflüssiger, da sie so leichter mit *rotis* und *parathas* zu essen sind. Dieses Buch versucht, einen Einblick in einige ausgewählte Küchen Indiens zu geben und ihre Besonderheiten herauszustellen. Es soll dazu anregen, sich auf eigene Entdeckungsreisen durch die kulinarischen Landschaften Indiens zu begeben.

Kaschmir
Rote Chillies
Safran
AFGHANISTAN
Himachal Pradesch
Äpfel
Punjab
Senf
PAKISTAN
CHINA
Indus
Neu Delhi
Guaven
Zuckerrohr
NEPAL
TIBET
Rajasthan
Uttar Pradesch
Sikkim
BHUTAN
Koriander
Ziegen
Reis
Brahmaputra
Assam
Tee
Ganges
Koriandersamen
Mais
Ananas
Gujarat
BANGLADESCH
Erdnüsse
Madhya Pradesch
Bihar
Kreuzkümmelsamen
Narmada
Kalkutta
Rote Chillies
West-Bengalen
INDIEN
Bombay (Mumbai)
Maharaschtra
Orissa
Zwiebeln
Gelbwurz
Orangen
Limonen
Hirse
Lychees
Schraubenpalmenblüte
GOLF VON BENGALEN
Zimtapfel
Andhra Pradesch
Goa
Mangos
Kokosnuß
INDISCHER OZEAN
Karnataka
Rote Chillies
Weintrauben
Kaffee
Tee
Tamil Nadu
Kerala
Cauvery
Kokosnuß
Gelbwurz
Kokospalmen
Kardamom
Ananas
Rote Bananen
SRI LANKA

Die Philosophie der indischen Küche

Als ich dem berühmten Meisterkoch und Kochbuch-Autor Anton Mosimann erzählte, daß ich an einem indischen Kochbuch arbeite, gab er mir den Rat: »Schreiben Sie auch über die Philosophie der indischen Küche. Es ist ungeheuer schwierig, etwas gut zu kochen, wenn man die dahinterstehende Philosophie der Küche nicht begriffen hat.« Ich muß ihm recht geben. Es ist allerdings nicht einfach, die Philosophie einer so alten und komplexen Küche kurz und bündig zu beschreiben, weil in ihr so viele Aspekte miteinander verwoben sind und sich gegenseitig bedingen. Ich möchte es dennoch versuchen, einige grundlegende Elemente der indischen Küchenphilosophie aufzuzeigen und zu beschreiben.

Der indische Subkontinent ist ebensogroß wie Westeuropa und hat, außer der Lingua franca Englisch, die allerdings nicht von allen Indern beherrscht wird, keine gemeinsame Sprache. Hier leben heute rund eine Milliarde Menschen, die in unterschiedlichen Schriftsystemen schreiben und einer Vielzahl von Religionen angehören. Es ist daher gar nicht so einfach, ihre Küchen unter einem gemeinsamen Begriff zusammenzufassen. Die Unterschiede liegen vor allem in den klimatischen Verhältnissen und dem dadurch bedingten Angebot an Lebensmitteln, in den oft krassen Einkommensunterschieden und schließlich in der Religionszugehörigkeit, den Bräuchen, Traditionen und Überzeugungen.

Den stärksten Einfluß auf die indische Küche hat Ayurveda ausgeübt, wörtlich übersetzt »das Wissen vom Leben«, ein grundlegender Kodex der Hindu-Heilkunst. Der starke Einfluß erklärt sich daraus, daß achtzig Prozent der Inder Hindus sind. *Ayur* stammt von dem Sanskritwort *ayus,* das »Lebensspanne« bedeutet, und *veda* heißt »Wissen«. Die Ursprünge von Ayurveda gehen auf noch ältere Schriften, die *Atharvaveda,* zurück, die um 1000 v. Chr. aufgezeichnet wurden. Um das Jahr 200 v. Chr. verfaßte der Gelehrte Charaka eine medizinische Abhandlung in Sanskrit, die er *Charaka Samhita* nannte, die »Sammlung des Charaka«. Er stützte sich dabei allerdings auf einen früheren Text namens *Agnivesa,* der von seinem Namensvetter und fünf anderen Autoren stammte und sich mit der Wissenschaft, ein langes Leben ohne Krankheiten zu führen, befaßte. Darin werden die Ursprünge der Medizin, die Klassifizierung von Krankheiten, die medizinischen Eigenschaften und Inhaltsstoffe von Lebensmitteln und Getränken, die Behandlung von Erkrankungen, der Einsatz von Medikamenten, Diät und anderen gesundheitserhaltenden Maßnahmen aufgezeigt. Das Werk umfaßt nicht weniger als 150 Kapitel.

Die ayurvedische Tradition brachte im Laufe der Jahrhunderte noch zahlreiche andere Schriften hervor und blieb bis ins 16. Jahrhundert eine lebendige und wachsende Wissenschaft. Ayurvedische Texte wurden auch in andere Sprachen übersetzt, so von Cridos ins Griechische (300 v. Chr.), ins Tibetanische und Chinesische (300 n. Chr.), ins Persische (700 n. Chr.) und ins Arabische (800 n. Chr.).

Das ayurvedische System beschränkt sich nicht nur auf die Medizin, sondern bezieht das ganze menschliche Leben in all seinen Facetten mit ein. Es erklärt den Sinn des Lebens, die Bedeutung von geistiger und körperlicher Gesundheit und die ethischen Verhaltensweisen, die zu einem gesunden Leben gehören. Das Ziel ist Erlösung – den Körper in so guter Verfassung wie möglich zu halten und dem Leben so viel Qualität zu geben, daß der Mensch sich fortentwickeln kann. Leben ist das Zusammenwirken von Geist, Körper und Seele, und dies ist das Zentralthema von Ayurveda.

»Nur der kann gesund bleiben, der sich richtig ernährt, seinen Körper trainiert, sich erholt, der seine Begierden im Zaum halten kann, großzügig, gerecht, wahrhaftig und verzeihend ist und der mit seiner Verwandtschaft gut auskommt.« Es ist erstaunlich, daß diese jahrtausendealten Wahrheiten von den modernen Wissenschaften bestätigt werden: Viele Erkrankungen, so wissen wir heute, entstehen aus verdrängten Gefühlen, aus Bedrückung und negativen Gedanken.

Ayurveda bewertet die Eigenschaften und Wirkungen der Nahrungsmittel anders als die westliche Wissenschaft. Die Biochemie von Eßbarem bedeutet nur wenig. Zum Beispiel werden pflanzliche Öle und Milchfette, wie das *ghee* (geklärte Butter) aus Kuhmilch, nicht nur als Fette betrachtet, sondern unter dem Aspekt ihrer Wirkung auf den Körper, der durchaus unterschiedlich sein kann. *Ghee* wirkt nämlich »kühlend« auf den Körper, während Öl ihn »erhitzt«. *Ghee* kann zudem die guten Eigenschaften der

Nahrungsmittel, mit denen es verarbeitet wird, annehmen, ohne seine eigenen guten Eigenschaften zu verlieren, während Öl seine Eigenschaften verändert, wenn es diesem Prozeß unterworfen wird.

Laut Ayurveda besteht der menschliche Körper aus sieben Elementen oder Grundgeweben. Diese sind Plasma (manchmal auch als »Haut« bezeichnet), Blut, Muskeln, Fett, Knochen, Nerven und Knochenmark sowie die Sekrete der Geschlechtsorgane. Diese verschiedenen Körpergewebe werden durch eine Vielzahl von Kanälen versorgt. Gesundsein bedeutet, daß der Fluß durch diese Kanäle nicht behindert ist und die sieben Körperelemente in einem ausgewogenen Verhältnis zueinander stehen.

Darüber hinaus gibt es drei grundlegende Bioenergien im Körper, drei biologische Körperflüssigkeiten. Im Ayurveda wird Körperflüssigkeit als *dosha* bezeichnet, als etwas, was die Dinge zum Absterben bringt. Die Körperflüssigkeiten stehen in erster Linie mit den Elementen Luft, Feuer und Wasser in Verbindung und werden in Sanskrit *vata, pitta* und *kapha* genannt. *Vata* – »Wind« – bezeichnet das, was sich bewegt – zum Beispiel die Atmung und den Herzschlag; *pitta,* das Feuerelement, steht in Beziehung zur Leber, die in der ayurvedischen Vorstellung die Dinge verdaut, auch Geistiges, und der die Fähigkeit innewohnt, die Realität zu begreifen. *Kapha* ist das Phlegma, all das, was die Dinge zusammenhält.

Ayurveda geht davon aus, daß Krankheiten und ihre unterschiedlichen Symptome entstehen, wenn die Körperflüssigkeiten aus dem Gleichgewicht geraten und sich unkontrolliert stauen. Der Überschuß fließt in die Körperkanäle und verstopft diese. Krankheiten sollten zunächst mit Nahrungsmitteln und erst später mit Arzneimitteln behandelt werden. Die Behandlung mit Nahrungsmitteln basiert auf sechs Geschmacksrichtungen, in Sanskrit *rasa* genannt – süß, sauer, salzig, scharf, bitter und herb. Jede Geschmacksrichtung übt eine spezifische therapeutische Wirkung aus, sie vermehrt oder vermindert die Körperflüssigkeiten. Jeder Mensch braucht eine bestimmte Menge der sechs Geschmacksrichtungen, die in einem Verhältnis zueinander stehen müssen, das seinem Konstitutionstyp entspricht. Ein Zuviel von einer Geschmacksrichtung kann schädlich sein.

Der süße Geschmack stärkt die Gewebebestandteile, ist gut für die Ernährung und bringt Harmonie in die Gedanken. Zu den süß schmeckenden Lebensmitteln gehören nicht nur die, die nach Zucker schmecken, sondern auch Reis, *ghee* und Früchte. Süße Nahrungsmittel sind jedoch schwer verdaulich.

Der saure Geschmack stimuliert das Verdauungsfeuer und die Verdauungsenzyme. Saure Nahrungsmittel, zum Beispiel Limone oder Tamarinde, fördern die Verdauung und stärken das Herz. (Erst kürzlich hat die Ernährungswissenschaft entdeckt, daß Vitamin C eine Schutzwirkung auf das Herz ausübt. Vitamin C ist in vielen sauer schmeckenden Lebensmitteln, zum Beispiel in Zitrusfrüchten, reichlich vorhanden.) Unter »sauer« versteht Ayurveda allerdings nur Naturprodukte, nicht aber vom Menschen hergestellte Säuerungsmittel wie Essig.

Das Salzige regt die Verdauung an und macht verstopfte Körperkanäle wieder frei, löst Schwitzen aus, reduziert aber die Sekrete der Fortpflanzungsorgane. Ein Übermaß an Salz macht die Haare vorzeitig grau und die Haut faltig.

Der scharfe Geschmack, beispielsweise in der Zwiebel, in Pfeffer und Knoblauch, fördert ebenfalls die Verdauung und den Stoffwechsel und erweitert die Körperkanäle. Bitter schmeckende Nahrungsmittel zerstören Mikroorganismen, reinigen das Blut und sind leicht verdaulich. Beispiele dafür sind Bittergurke, Bockshornkleesamen und Zitronenschale. Nahrungsmittel, bei denen der herbe Geschmack vorherrscht, wie zum Beispiel Betelnußblatt, die meisten grünen Gemüsearten und auch Tanninhaltiges wie Tee, sind in der Lage, Geschwüre und Wunden zu heilen. Sie trocknen Feuchtigkeit und Fette im Körper aus und nehmen Wasser auf.

Ähnliche Grundprinzipien finden sich auch in den Küchen von Thailand und Indochina, wo die Geschmacksrichtungen sauer, scharf und herb eine wichtige Rolle spielen. Der Grund dafür mag im Einfluß des Hinduismus liegen, der von Seefahrern hierhergebracht wurde. Belege dafür sind der Name der historischen Hauptstadt von Siam, die Ayutha hieß, nach Ayodhya, der Hauptstadt des Königreichs des Heldengottes Ram in Nordindien, und die Tempel von Angkor Wat, deren Architektur ganz offensichtlich hinduistisch beeinflußt ist. Eine wichtige Gewürzzutat in der thailändischen Küche ist Galgant, das einen herben Geschmack hat und schon in den alten ayurvedischen Texten als Heilpflanze auftaucht.

Fehlt eine der sechs Geschmacksrichtungen in der Nahrung, belastet dies die entsprechenden Körperflüssigkeiten. Dies erklärt auch die Komplexität einer indischen Mahlzeit, in der sich sowohl eine Zubereitung mit würzig-saurem Geschmack findet, eine auf Joghurtbasis, ein wenig von einem scharfen und ein wenig von einem bitteren Pickle (meist Limone mit ihrer bitteren Schale) und eine Süßigkeit. Die traditionelle indische *thali*-Mahlzeit, die in mehreren kleinen Schalen *(thalis)* auf einer großen Silberplatte serviert wird, trägt dieser Komplexität Rechnung.

Ayurveda unterteilt Nahrungs- und Arzneimittel in drei Kategorien:

1. Nach ihrem Geschmack, in Sanskrit *kasa* genannt, der auf entsprechende Körperflüssigkeiten wirkt.
2. Nach der Stärke ihrer Wirkung *(veerya)* auf den Körper. Alle Nahrungsmittel haben entweder eine »hitzeerzeugende« oder »kühlende« Wirkung.

Eine typische Alltagsmahlzeit: Hülsenfrüchte und Reis, Kartoffeln mit grünem Gemüse, Joghurt, rohe Zwiebeln, Limonen-Pickle und Papadam.

3. Nach ihren speziellen Wirkungen auf den Körper *(prabhava)*. So können beispielsweise zwei Nahrungs- oder Arzneimittel in ihrer Geschmacksrichtung und Stärke gleich sein, nicht aber in ihrer speziellen Wirkung. So sind zwar sowohl Feigen wie Datteln süß und »hitzeerzeugend«, doch bei den Feigen kommt noch die abführende Wirkung hinzu.

In ähnlicher Weise können alle Menschen in drei mentale Typen eingeteilt werden. Eine Person besteht nicht nur aus physikalischen oder biochemischen Komponenten, sondern auch aus nicht sichtbaren Bestandteilen. Diese bestimmen die Antwort auf Reize, die das Individuum von außen her erreichen. Diese Unterschiede werden von Eigenschaften gesteuert, die *Satva*, *Rajas* und *Tamas* genannt werden.

Satva bedeutet »licht«, weswegen eine Person, bei der *Satva* vorherrscht, auf hoher intellektueller Ebene zu denken vermag, mehr Neugier besitzt, sich ständig um mehr Wissen bemüht und versucht, im Wettbewerb mit fairen Mitteln zu gewinnen. Ein Mensch mit *Rajas* ist dynamisch, primär ein Macher, fleißig und dominierend, er nutzt alle Mittel, die zum Erfolg führen. Der träge *Tamas*-Mensch hat hingegen kein

Interesse, etwas zu lernen, sich um etwas zu bemühen, er besitzt nicht einmal die intellektuellen Fähigkeiten, eine Situation richtig einzuschätzen.

Auch Nahrungsmittel können danach unterschieden werden, ob sie Einflüsse in Richtung *Satva, Rajas* oder *Tamas* ausüben. Nahrungsmittel, die leicht verdaulich, frisch und im richtigen Reifezustand sind, einfach und schnell zubereitet werden können und von denen man in der Regel nur kleine Mengen ißt, stärken die Kräfte von *Satva*. Wer solche Nahrungsmittel ißt, ist aufgeweckt, begreift schnell und lebt in Harmonie mit der Natur. Schon kleinste Reize lösen seine Aufmerksamkeit aus.

Stark gewürzte Speisen, Nahrungsmittel, die naturfern hergestellt werden, wie zum Beispiel Eier aus der Legebatterie oder das Fleisch von Schlachttieren, sind von *Rajas* geprägt. Wer davon ißt, verliert die Fähigkeit, feinere Reize zu unterscheiden und zu erkennen, und braucht mit der Zeit immer stärkere, um die Dinge um sich herum zu begreifen.

Essen, in dem ölige und würzige Zutaten vorherrschen oder das verkocht, abgestanden oder verunreinigt ist, bildet das Pendant zu Menschen, die im Zustand von *Tamas* (= Unwissenheit) verharren. In diese Kategorie gehört das *junk food* unserer Zeit, da es, lange bevor es gegessen wird, zubereitet wurde.

Folgt man Ayurveda, so sollte sich die Medizin auch mit den Omnisubstanzen des Verhaltens beschäftigen, da sich die Bedürfnisse je nach Persönlichkeitstyp unterscheiden. Der Geisteszustand spielt eine wichtige Rolle bei der Erhaltung der Gesundheit und der Behandlung von Krankheiten.

Ein Ayurveda-Arzt wird, wenn er einem Patienten eine Diät verschreibt, folgendes berücksichtigen: den Körpertypus, dessen Konstitution von den Körperflüssigkeiten bestimmt wird; die Jahreszeit, weil sich die Körperflüssigkeiten je nach Jahreszeit verändern und die Nahrungsmittel im Hinblick auf ihre »hitzeerzeugenden« oder »kühlenden« Eigenschaften angepaßt werden müssen; und nicht zuletzt den gegenwärtigen Gesundheitszustand. Er wird dem Patienten auf alle Fälle raten, das zu essen, was in der Jahreszeit in der Region wächst. Denn die Natur verschafft den Ausgleich für das, was der Mensch braucht.

Die ayurvedischen Texte beschreiben auch, wie man Nahrungsmittel zubereitet und ißt. Sie sollten immer mit Liebe und seelischer Ausgeglichenheit zubereitet werden. Selbst in reichen Familien ist es trotz Haushaltshilfen üblich, daß die Hausfrau selbst das Essen zubereitet, natürlich unterstützt von einer Küchenhilfe, die die vorbereitenden Arbeiten erledigt.

Die Mahlzeiten sollten still zu sich genommen werden, im Gegensatz zur westlichen Tradition, wo Wert auf Gesellschaft und Konversation gelegt wird. Überraschenderweise verbietet Ayurveda den Alkoholkonsum nicht. Im Gegenteil, das *Charaka Samhita* zählt 84 verschiedene Arten von Alkoholika auf, die Geist, Körper und Verdauung stärken und bei der Überwindung von Schlaflosigkeit und Depression hilfreich sein sollen. Auch vom Konsum von Fleisch oder Fisch wird nicht ausdrücklich abgeraten. Das *Charaka Samhita* empfiehlt sogar das Fleisch von Ziege, Huhn, Antilope und Schildkröte als besonders gesundheitsfördernd. Andererseits gilt der Spruch: »Du bist, was du ißt.« Der Fleischgenuß kann den Keim zu Gewalttätigkeit legen und zu den verwandten Gefühlen wie Angst und Haß. Fleisch hat daher in der *Satva*-Ernährung keinen Platz.

Ganz allgemein ermahnen die ayurvedischen Lehren den Menschen, ein reines Leben voller Klarheit und geistiger Ausgeglichenheit zu führen. Die körperliche Reinheit schließt eine gesunde Ernährung mit ein, die sich vor allem auf rohe oder frisch gekochte vegetarische Speisen, reine Luft und sauberes Wasser, beruhigende Körperübungen (Yoga) und körperliche Reinlichkeit stützt. Die geistige Reinheit umfaßt Gewaltlosigkeit, Freundlichkeit und Mitgefühl. Seinen Lebensunterhalt sollte man so verdienen, daß andere nicht geschädigt werden und der Menschheit ein Dienst erwiesen wird.

Warum indisch essen?

Auf der ganzen Welt gibt es beim Essen einen Trend zur Vereinheitlichung. Zuerst trat die eiweißreiche Ernährung ihren Siegeszug um den Globus an, gefolgt von einer Abwandlung, bei der weißes Fleisch propagiert wurde. Vor einiger Zeit gewann die Mittelmeer-Küche, in der Kohlenhydrate und die Aromen von Olivenöl, Tomaten und Basilikum vorherrschen, immer mehr Anhänger. Seit jüngstem gewinnt die Thai-Küche mit ihren aromatischen Mischungen aus Kräutern, Chillies, Ingwer und Zitronengras wachsende Popularität.

Die indische Küche vereint alle diese Eigenschaften. Vor allem Kohlenhydrate dominieren, mit Reis und *chapatis* als unabdingbaren Bestandteilen. Alles andere könnte man als »Begleitung« bezeichnen – Curry ist, wie sich im folgenden zeigen wird, ein aromatisches Gericht, das mit indischem Brot oder mit Reis gegessen wird. Das indische *roti* ist ein Vollweizenbrot, in dem die ganze Qualität des Korns noch enthalten ist. Gewöhnlich wurde es mit etwas *ghee* gegessen, dem gesundheitsfördernde Eigenschaften zugeschrieben wurden, heute ist Pflanzenöl an seine Stelle getreten. Der Reis aus den Anbaugebieten im Süden ist eine Parboiled-Qualität, daß heißt, die Körner werden unter Druck eingeweicht, wobei die Nährstoffe hineingepreßt werden. Nach dem Trocknen werden die Silberhäute ohne Nährwertverlust entfernt und die Körner poliert und geschliffen. So bleiben die Inhaltsstoffe besser als beim polierten geschälten Reis erhalten.

Gemüse spielt in der indischen Küche eine größere Rolle als überall sonst. Zu jeder Mahlzeit gehört ein Gericht aus einem grünen Gemüse und zumindest einem zweiten aus einer anderen Sorte. Die Vielzahl der Gemüsearten, die in Indien wachsen und in der Küche Verwendung finden, ist auf der ganzen Welt unübertroffen. Auch Eiweiß ist ausreichend auf dem indischen Speiseplan vertreten, allerdings werden die Proteine aus Linsen und Milchprodukten denen aus Fleisch vorgezogen. Hülsenfrüchte, *dals,* die mit Kräutern und Tomaten gekocht, mit Gewürzen aromatisiert und mit Reis gegessen werden, liefern den Ausgleich an Aminosäuren, die der Körper braucht.

Fleisch und Fisch spielen zwar auch eine Rolle, werden aber in kleineren Mengen, gut gewürzt und abgeschmeckt, verzehrt. Es ist nicht allgemein bekannt, daß auch reiche Inder Fleisch nur in sehr kleinen Mengen essen; bei einer Mahlzeit kommen höchstens 120 Gramm pro Person Fleisch, Geflügel oder Fisch – einschließlich Knochen oder Gräten – auf den Tisch. Eine Mahlzeit könnte wie folgt zusammengestellt sein: 60 bis 90 Gramm Fleisch oder Fisch, eine Portion Gemüse (zusätzlich eventuell noch ein Wurzelgemüse wie Kartoffeln), Hülsenfrüchte wie Linsen, eine Getreidezubereitung (aus Weizen oder Reis), zwei bis drei Eßlöffel *raita* (geschlagener, gewürzter Joghurt), ein kleines, frisches Kräuter-Chutney und ein *Cachumber* aus rohem Gemüse (Salat aus Tomaten und Zwiebeln).

Joghurt (mit lebenden Kulturen) spielt eine wichtige Rolle in der indischen Küche, da er die Darmflora günstig beeinflußt. Eine vegetarische Mahlzeit ist eher alkalisch und für die Gesundheit günstiger als eine säurehaltige. Auch nach einer nicht vegetarischen Mahlzeit wird in Indien gewöhnlich frisches Obst gereicht, um das Säure-Basen-Gleichgewicht zu stabilisieren.

Wie in der Thai-Küche spielen Ingwer, Chillies und eine Betonung des Sauren eine wesentliche Rolle, daneben Knoblauch und eine Vielzahl von Gewürzen. Gewürze sind wohltuend für den Magen-Darm-Bereich. Sie wirken entzündungshemmend, wie zum Beispiel Gelbwurz; antibakteriell, wie Curryblätter; verdauungsanregend, wie Gewürznelke und Kreuzkümmel; und entblähend, wie Asant. Einige Gewürze sind mit spezifischen Eigenschaften ausgestattet, so wirken Koriandersamen diuretisch, schwarzer Pfeffer verhindert die Schleimbildung. Eine Gewürzmischung erleichtert allgemein die Verdauung und reinigt den Darm – Voraussetzung für eine gute Gesundheit.

Von der zeitlichen Planung her hat die indische Küche bestimmte Vorteile. Vor allem können viele Speisen einen Tag im voraus zubereitet werden. Der Brotteig wird zum Beispiel am Vortag geknetet, ein Lamm-, Hühnerfleisch- oder Fischcurry im voraus zubereitet und im Kühlschrank aufbewahrt. Im übrigen schmecken Currys aufgewärmt sogar besser. Auch Hülsenfrüchte können am Vortag gekocht werden. Sie sollten sie aber erst kurz vor dem Servieren würzen. Gemüse hingegen müssen Sie ganz frisch zubereiten; dies gilt vor allem für *raitas*. Auch Reis sollte frisch gekocht auf den Tisch kommen.

Viele werktätige indische Frauen erleichtern sich ihre Küchenarbeit, indem sie eine Gewürzmischung aus gebratenen Zwiebeln, Ingwer, Knoblauch und *garam masala* vorbereiten, die *daag* genannt wird. Sie läßt sich im Kühlschrank bis zu zwei Wochen, noch länger im Tiefkühlfach, aufbewahren. Für die Zubereitung eines Currys erhitzen sie einige Löffel davon in etwas Öl, geben Fleisch, Huhn, Fisch oder Gemüse dazu, braten die Mischung unter Rühren einige Minuten, fügen ein wenig Wasser hinzu und können mit wenig Aufwand ihr Curry servieren. Sogar ein »trockenes« Gemüsecurry bereiten sie mit der vorbereiteten Gewürzmischung zu. Dafür erhitzen sie einige Löffel davon ein einem Wok, gießen 60 bis 70 ml Wasser auf und garen darin bei schwacher Hitze die Curry-Zutaten.

Indisches Essen ist auch nicht teuer, weil beim Fleisch die preiswerteren Teile ausreichen. Schon kleine Fleischmengen, kombiniert mit Gemüse, Hülsenfrüchten, Joghurt, Reis und *chapatis*, ergeben eine komplette Mahlzeit. Kommen dazu noch Chutneys, *cachumbers* und *papadams* auf den Tisch, wirkt die indische Tafel schon fast verschwenderisch.

Rezept für die *daag*-Gewürzmischung:

1 kg Zwiebeln
1 Stück frischer Ingwer, 4 x 1 cm groß
6 große Knoblauchzehen
3–4 grüne Chilischoten
6 kleine Tomaten
125 ml Öl
4 TL gemahlener Koriander
1/2 TL gemahlener Kreuzkümmel
1/2 TL gemahlene Gelbwurz
1/2 TL garam masala
30 g gehacktes Koriandergrün (nach Belieben)
1 TL Salz

1 Die Zwiebeln fein würfeln. Ingwer, Knoblauch und Chillies hacken, die Tomaten pürieren.

2 Das Öl in einer ausreichend großen Pfanne erhitzen und die Zwiebeln darin in 20–30 Minuten dunkelbraun anschwitzen. Ingwer, Knoblauch und Chillies 3 Minuten mitschwitzen. Gemahlenen Koriander zugeben und 4–5 Minuten ständig rühren, eventuell 2 Eßlöffel Wasser zugießen, falls die Mischung am Topfboden anzusetzen beginnt. Kreuzkümmel, Gelbwurz und *garam masala* unterrühren, nach 30 Sekunden Tomaten und Koriandergrün zufügen und alles gut miteinander vermischen. 500 ml Wasser aufgießen, salzen und bei niedriger Temperatur 15 Minuten köcheln lassen.

3 Vom Herd nehmen, abkühlen lassen, in ein Schraubglas füllen und im Kühlschrank aufbewahren oder, portionsweise verpackt, einfrieren.

Für 500 bis 625 Gramm Lamm- oder Hühnerfleisch, Fisch oder Gemüse reicht ein Viertel der Mischung.

Was ist eigentlich ein Curry?

Curry bedeutet in Indien schlicht und einfach Sauce. In den westlichen Küchen versteht man unter Sauce die Flüssigkeit, die aus dem Fond von Fleisch zubereitet, eventuell mit Mehl gebunden und mit Gewürzen abgeschmeckt wird. Bei einem indischen Curry – oder Sauce – werden Fleisch oder Gemüse mit einer Reihe anderer Zutaten, einschließlich bindender Zutaten und Gewürzmischungen, gekocht, es wird jedoch kein Mehl verwendet. Ragout, Stew und Eintopfgerichte der westlichen Küche kommen dem Curry am nächsten.

Über das Wort »Curry« ist viel geschrieben und spekuliert worden; ob es tatsächlich ein ursprünglich indischer Begriff ist oder ob ihn die Engländer geprägt haben. Die Tamilen, die im Süden Indiens leben, kennen in ihrer Sprache das Wort *kaari*. Die Brahmanen von Tamil Nadu, die sich strikt vegetarisch ernähren, bezeichnen mit *kaari* ein Gemüsegericht, das mit Gewürzen und Kokosnuß gekocht wird. Andere in Tamil Nadu lebende ethnische Gruppen, die keine Vegetarier sind, verstehen unter *kaari* Fleisch, allerdings betonen sie das Wort auf der zweiten Silbe wie in *karee*. Bei ihnen heißt ein Fleischgericht mit Sauce *kaaree kolambu*, wobei *kolambu* die Sauce bezeichnet. Der Ursprung des Wortes »Curry« scheint auf ein Fleisch- oder Gemüsegericht hinzuweisen, das mit Reis gegessen und als Hauptgericht einer Mahlzeit serviert wird.

Es waren Engländer, die als erste im frühen 17. Jahrhundert Handelsstationen und Produktionsstätten, zu jener Zeit Agenturen genannt, an der Westküste Indiens errichteten. Doch erst durch die Aktivitäten von Robert Clive in der Mitte des 18. Jahrhunderts in Madras entstand aus der englischen Siedlung nach und nach eine blühende Handelsniederlassung. Später kamen auch Frauen aus England herüber und gründeten Haushalte, in denen Köche und Diener aus der Gegend beschäftigt wurden. Dies führte zu »Anleihen« und Abwandlungen einiger regionaler Gerichte. Tamilisches »Pfefferwasser« war eines davon: Aus *muloga* (Pfeffer) und *tani* (Wasser) entstand die später allseits beliebte Mulligatawny-Suppe. Noch heute bereiten die Anglo-Inder in Südindien eine Suppe namens Pfefferwasser zu. Madras-Curry wurde zum Synonym für ein scharfes Curry. Die Engländer hatten Gefallen an Currys gefunden. Und jene von ihnen, die später nach England zurückkehrten, trugen zum Aufschwung des Currypulver-Handels bei, der in Madras zu jener Zeit gegründet wurde und bis zum heutigen Tag floriert.

Die Köche in den englischen Haushalten in Madras waren niemals Brahmanen, denn die hätten sich geweigert, mit nichtvegetarischen Nahrungsmitteln umzugehen. Die meisten dieser Köche kamen aus Kasten, die sich zum Christentum bekehren ließen und denen es nichts ausmachte, Lamm-, Rind- und Schweinefleisch zu kochen. Aus ihrer Sicht war ein Curry ein Fleischgericht mit einer Reisbeilage.

In Nordindien, besonders im Punjab, bezeichnet *khadi* ein eher flüssiges Gericht, das aus Kichererbsenmehl und Joghurt zubereitet und mit kleinen Klößchen serviert wird. In Guajarat bezeichnet dasselbe Wort eine mit Joghurt zubereitete Sauce, die mit Reis gegessen wird. Für die Sindhis bedeutet Curry ein Gericht aus Hülsenfrüchten, das aus *thur dal* und Kichererbsenmehl zubereitet und mit einer Gemüsemischung garniert wird. Es ist ein beliebtes Mittagessen am Sonntag, zu dem Reis und gebratene Kartoffeln als Beilage serviert werden. Für die Bori-Moslems von Bombay ist *kaari* ein Curry-Gericht aus ihrer eigenen Küche, das aus Lamm- oder Hühnerfleisch und zerstoßenen Erdnüssen sowie Kichererbsen besteht.

Curry bedeutet demnach ein Gericht mit Sauce, zu dem sich Reis als Beigabe besonders gut eignet. Und da die Inder nach verbreiteter Ansicht immer Reis essen, stellt sich die Frage: Muß auch jede Mahlzeit ein Curry einschließen?

Außer in Südindien und Bengalen ist Reis keineswegs immer Bestandteil einer Mahlzeit. Auch in Guajarat essen die Leute, die es sich leisten können, lieber *poori* oder *chapati* zu einer *thali*-Mahlzeit. Im restlichen Indien werden gern *rotis* aus Hirse oder Weizen zubereitet und nur zu bestimmten Gelegenheiten von Reis begleitet. Sie sind bestens dafür geeignet, ein nicht allzu flüssiges Hülsenfrüchte- oder Gemüsegericht wie mit einem Löffel aufzunehmen. Reis wird gewöhnlich mit Hülsenfrüchten gegessen, die wiederum in der Regel von einem Gemüsegericht begleitet werden. Wer es sich leisten kann, serviert Hülsenfrüchte und Reis, das indische Nationalgericht, mit einem trockenen Fleischcurry oder einem Fischgericht wie *bhuna*. Es ist daher falsch anzunehmen, daß Reis und Curry unabdingbar zusammengehören.

Eine Hausfrau, die ein Curry in ihrem Speiseplan vorsieht, wird zum Reis oder indischen Brot immer ein etwas dünnflüssigeres Hülsenfrüchte- oder Joghurtgericht *(dahi khadi)* einplanen. Anderes Gemüse wird sie eher trocken zubereiten. Alternativ wird sie ein etwas dickflüssigeres Hülsenfrüchtegericht und ein Curry mit reichlich Sauce anstelle eines etwas trockeneren Fleischcurrys zubereiten, besonders dann, wenn sie eine größere Gesellschaft zu bewirten hat. Ein Fleischcurry läßt sich mit Gemüsesorten wie Kartoffeln, Rübchen oder Spinat noch weiter strecken. Das Curry muß andere Gerichte ergänzen, wobei es wichtig ist, die Menge an Sauce, ihre Farbe, ihren Geschmack und ihre Schärfe auf eben diese Gerichte abzustimmen. Sind die anderen Gerichte von brauner oder gelber Farbe, bietet sich ein grünes Curry, das Fleisch und Spinat enthält, an. Ein braunes Curry paßt gut zu einem gelben *dal* und einem grünen Gemüse.

Auf eine gewisse Art ist die indische Küche mit der klassischen indischen Musik vergleichbar: seit Jahrhunderten ohne Niederschrift und von Generation zu Generation überliefert. Deswegen ist das Kochen von Currys ein geeignetes Feld zum Improvisieren.

Da es keine festen oder klassischen Rezepte für ein Curry-Gericht gibt – viele gute Köche haben unterschiedliche Rezepte für die gleiche Zubereitung –, sollte jeder nach der wohlschmeckendsten Version eines bestimmten Currys suchen. Auf diese Weise entstand auch dieses Buch. Die Auswahl eines guten Rezeptes für ein Gericht ist eine subjektive Angelegenheit und bedeutet, daß jeder ein Rezept nach seinem eigenen Geschmack abwandeln kann, ohne irgendwelche Vorschriften zu verletzen. Es ist das Interessante an der indischen Küche, daß sie neben ihrer ungeheuren Vielfalt Raum für weitestgehende Flexibilität bietet. Sie können also nach Ihrem Geschmack mischen und zusammenstellen, die Menge der Zutaten nach Lust und Laune verändern, bis Sie verstehen werden, welche Rolle jede einzelne Zutat für Sie persönlich spielt.

Grundlegende Elemente für die Zubereitung eines Currys

Für die Curry-Zubereitung ist ein Kochgeschirr notwendig, dessen innere Auskleidung mit Lebensmitteln nicht chemisch reagiert. Die meisten Currys enthalten eine säuernde Zutat, deswegen sollten Kupfer- oder Messingtöpfe innen verzinkt sein. Töpfe aus rostfreiem Edelstahl sind solchen aus Aluminium oder Emaille vorzuziehen. Der Topf sollte einen ziemlich dicken Boden haben, damit die Gewürze beim Braten nicht so schnell ansetzen. In Indien werden traditionell Messingtöpfe eingesetzt, die in regelmäßigen Abständen neu verzinkt werden. In der südlichen Küstenregion Indiens verwendet man seit jeher Terrakottatöpfe, besonders für die Zubereitung von Fischcurrys, da die im Curry enthaltenen sauren Zutaten nicht mit dem Material reagieren. Zudem »atmet« Terrakotta und wirkt durch den Luftaustausch kühlend, so daß ein Fischcurry auch im heißen Klima für einige Zeit darin aufbewahrt werden kann. Für die Zubereitung eines Fischcurrys muß der Topf einen großen Durchmesser haben, sollte aber nicht sehr hoch sein; wichtig ist, daß die Fischstücke nebeneinander- und nicht übereinanderliegen. Für ein Curry mit reichlich Flüssigkeit ist natürlich ein etwas höherer Topf erforderlich. In westlichen Ländern läßt sich gut eine hitzebeständige kasserollenähnliche Keramikschüssel zum Kochen aller möglichen Curry-Arten einsetzen. Gut geeignet sind auch Kochtöpfe mit seitlich leicht gewölbten Wänden, in denen sich Gewürze und anderes besser rühren lassen, ebenso auch beschichtete Kochtöpfe, wenn Zwiebeln und Gewürze, die gern zum Ansetzen neigen, angeschwitzt werden müssen.

Alle Currys haben eine Hauptzutat: Fleisch, Geflügel, Eier oder Gemüse wie Kartoffeln, Auberginen, Pilze oder eine Mischung aus verschiedenen Gemüsesorten wie Erbsen, in Würfel geschnittene Möhren, grüne Bohnen oder Kartoffeln und Blumenkohl.

In den meisten Fällen beginnt die Curry-Zubereitung mit dem Erhitzen des Fettes. Traditionell wird in Indien *ghee*, geklärte Butter (ersatzweise Butterschmalz), bevorzugt, da sie nahrhafter ist und dem Essen einen besseren Geschmack gibt. *Ghee* schmeckt tatsächlich besser als alle anderen Kochfette, aber in Anbetracht der heutigen Cholesterinfurcht kochen mehr und mehr Hausfrauen mit Öl. In Westindien ist

Indische Kochtöpfe in unterschiedlichen Größen und Formen für die Zubereitung von Currys

Erdnußöl beliebt, in einigen Teilen Südindiens Sesamöl, in Kaschmir und Bengalen Senföl. Mittlerweile gewinnen zunehmend auch Sonnenblumen- und Maiskeimöl überall im Land ihre Anhänger. Nehmen Sie das Öl, das Ihnen am besten schmeckt. Butter ist nicht so gut geeignet, weil in der Regel zu Beginn Zwiebeln und Gewürze längere Zeit angeschwitzt werden müssen und Butter dabei leicht schwarz wird. Die Fettmenge hängt vom Durchmesser des verwendeten Kochgeschirrs ab; hat der Boden nur einen kleinen Durchmesser, brauchen Sie weniger *ghee* oder Öl. Sollte Ihnen das Gericht nach dem Kochen zu fett erscheinen, lassen Sie es im Kühlschrank erkalten, und heben Sie die erstarrte Fettschicht mit einem Löffel ab.

Ghee gibt es in indischen und orientalischen Läden in Dosen zu kaufen. Es läßt sich aber auch selbst herstellen: Ungesalzene Butter in einem Topf schmelzen und bei kleinster Hitze 45 bis 50 Minuten – die genaue Zeit hängt vom Wassergehalt der Butter ab – köcheln lassen, bis die festen Bestandteile gebräunt sind und sich am Boden sammeln. Das Butterfett durch ein mit einem Mulltuch ausgelegtes Sieb abgießen, in Gläser füllen und im Kühlschrank aufbewahren.

In den westlichen Küchen besteht eine Sauce gewöhnlich aus zwei oder drei Hauptzutaten. Die klassischen Saucen haben entweder eine Basis aus Butter und Mehl oder aus einem Fond und Sahne, mitunter kommt Wein dazu. Kräuter werden meist – abgesehen vom klassischen Bouquet garni oder einer Mischung aus *fines herbes* – nicht mitgekocht, sondern erst zuletzt zugefügt.

Curry-Saucen unterscheiden sich hiervon in vielen Punkten. Die Saucengrundlage ist, falls es sich um ein nichtvegetarisches Gericht handelt, immer Brühe. Die Inder verwenden Fleisch, Huhn oder Fisch zusammen mit den Knochen beziehungsweise Gräten (sie lieben es, das Fleisch von den Knochen abzunagen), weil sie dem Curry einen kräftigeren Geschmack verleihen. Fleisch mit hohem Gallertanteil ist sehr geschätzt, da es das Curry bindet und sämig macht. Ganz besonders beliebt sind die Schenkel, deren Knochen das aromareiche Mark enthalten.

Eine zweite Grundlage im Curry ist das Bindemittel, das dem Gericht die gewünschte Konsistenz verleiht. Es kann sich dabei um Zwiebeln, Kokosmilch, gemahlene Samen oder Nüsse handeln; sie geben dem Curry Volumen und Geschmack. Mehl als Bindemittel wird in der indischen Küche nicht verwendet, da es keinen markanten Geschmack mitbringt.

Dieselben Curry-Zutaten können in den einzelnen Zubereitungen unterschiedliche Aufgaben erfüllen. Je nachdem, wie sie kombiniert und verwendet werden, können sie die Konsistenz, den Geschmack, die Farbe und das Aroma des Gerichts beeinflussen. Zum Beispiel haben Zwiebeln, fein gerieben oder nur leicht angeschwitzt, die Aufgabe, das Curry zu binden, während sie, braun angeschwitzt, einem anderen Curry Farbe geben sollen. Ähnlich ist es mit Joghurt: Er soll dem einen Curry Volumen geben und in einem anderen als Säuerungsmittel dienen. Ein Curry-Rezept läßt sich besser verstehen, wenn die Aufgabe, die jeder Zutat im Gericht zukommt, wirklich bekannt ist. Die Wirkung von Gewürzen ist nicht ganz einfach zu beschreiben. Gewürze sind wie Noten in der Musik; jede Melodie (= Curry) wird aus denselben Noten (= Gewürzen) komponiert.

1. Die Wahl der Gewürze: Sie ergibt das Gesamtspektrum von Aromen und Geschmacksnuancen.
2. Die Reihenfolge, in der die Gewürze in den Topf kommen: Sie ist ebenso wichtig wie die Zeitspanne, die jedes Gewürz zum Braten und zur Entwicklung seines Aromas braucht.
3. Die Art, wie die Gewürze verwendet werden: Sie können vorher in Fett gebraten oder erst später der köchelnden Sauce zugegeben werden. Im musikalischen Vergleich entspräche dies der hohen oder niedrigen Tonlage. In Fett gebratene Gewürze entwickeln einen stärkeren Geschmack als lediglich gekochte.

Die Reihenfolge, in der die Gewürze in den Topf kommen, ist deswegen von Bedeutung, weil jedes Gewürz seine Aromen unter Hitzeeinwirkung nach unterschiedlichem Muster freisetzt. Bei einigen erfolgt dies bereits nach wenigen Sekunden, andere brauchen eine Minute oder noch länger. Es ist nicht ratsam, alle Gewürze gleichzeitig in den Topf zu geben, da einige schnell anbrennen, andere hingegen »roh« (indisch *kacha)* bleiben, das heißt, ihr Aroma nicht freisetzen können. Am besten geben die Gewürze ihr Aroma in heißem Öl frei. Sobald die angebratenen Gewürze befeuchtet werden, wird die Aromafreisetzung eingeschränkt. Dies gilt auch, wenn rohe Zwiebeln oder Tomaten, Wasser oder andere Flüssigkeiten zur Gewürz-Öl-Mischung gegeben werden. Aus diesem Grund müssen die Zwiebeln zuerst ins Fett und so lange schwitzen, bis ihre Feuchtigkeit fast vollständig verdampft ist. Erst dann kommen die Gewürze hinzu. Deswegen sollten Sie die Rezepte genau befolgen und die Gewürze in der genannten Reihenfolge zufügen, denn nur dann wird das Gericht seinen authentischen Geschmack erlangen.

Wer schon ein wenig über die indische Küche und indisches Essen weiß, kennt den Begriff *bhuna,* der einen Kochprozeß beschreibt, bei dem entweder Gewürze für sich allein in Öl gebraten werden oder aber zusammen mit Fleisch und Gemüse, wobei ständig gerührt wird, so daß die Gewürze immer in Kontakt mit dem heißen Öl und dem Boden des Kochgeschirrs sind, aber nicht ansetzen können. Dieser Prozeß des ständigen Rührens bringt das Aroma der Gewürze höchst effektiv zur Geltung und ist daher für das Gelingen eines Currys von größter Bedeutung. In einigen Rezepten werden die Gewürze erst nach dem *bhuna*-Prozeß zugegeben, nachdem bereits Wasser oder viel Flüssigkeit enthaltende Zutaten hinzugekommen sind. Dies geschieht besonders dann, wenn die Gewürze nur die zweite Stimme in der Curry-Melodie sind. Die Tatsache, daß in indischen Restaurants die Speisen oft sehr fetthaltig sind, läßt sich aus dem vorher Gesagten erklären. Wird beim *bhuna* weniger Öl genommen, muß man wirklich konsequent rühren, sonst setzen die Gewürze an – ein arbeitsintensiver Vorgang. Wenn genug Öl alle Gewürze bedeckt, sind sie vor dem Ansetzen geschützt, und es kann in drei bis vier Töpfen gleichzeitig gekocht und gerührt werden. Der zweite Grund für die verschwenderische Verwendung von Öl in den Restaurants ist der, daß sich die Speisen dadurch auch ohne Kühlung eine Weile halten. Ein Gericht, das am Morgen gekocht wurde, kann somit am Abend oder erst am nächsten Tag serviert werden.

Kochbuchautoren und internationale Küchenchefs haben mir ihre Verwunderung darüber zum Ausdruck gebracht, daß fast jedes Gericht die gleiche Art von Gewürzen enthält – anders als in der westlichen Küche, wo jedes Gericht von einem bestimmten Gewürz dominiert wird. Dennoch verfügt die indische Küche in ihren Curry-Zubereitungen über eine Vielzahl von Geschmacksnuancen, die durch ein großes Spektrum unterschiedlicher Gewürze bedingt ist. Letztendlich werden Geschmack und Aroma durch das Verhältnis der Gewürze zueinander und deren Zubereitung bedingt, zu einem großen Teil auch durch das Gleichgewicht von Gewürzen und anderen geschmackgebenden Zutaten. Wenn ein Rezept zum Beispiel eine große Menge rote Chillies enthält, wird deren Schärfe durch die Zugabe von Kokosmilch gemildert; ist der Anteil der Kokosmilch im Curry höher als der an Chilischoten, ergibt sich eine ausgewogene aromatische Symphonie.

Currys haben gewöhnlich eine Zutat, die ihnen ihre charakteristische Farbe, und eine andere, die eine säuerliche Geschmacksnuance verleiht, was besonders in der Kombination mit anderen Zutaten wichtig ist. Ein weiterer wichtiger Aspekt ist die Stärke der Hitze. Es war und ist in vielen Teilen Indiens üblich, Currys über einem Kohlen- oder Holzkohlenfeuer zu kochen. Auch heute noch bedienen sich indische Spitzenköche, die auf traditionelle Weise in großen Messing- oder Kupfertöpfen kochen, dieser Methode. Während des *bhuna*-Vorgangs wird das Feuer auf mittlerer Temperatur gehalten, danach köchelt das Curry im zugedeckten Topf, damit die Aromen nicht entweichen, über einer sehr kleinen Flamme. Damit es gleichmäßig gart, werden einige glühende Kohlenstücke auf den Topfdeckel gelegt.

Bindende Zutaten

Viele Zutaten können als Bindemittel für Currys verwendet werden, die gebräuchlichsten sind Zwiebeln.

Zwiebeln

Zwiebeln werden fein oder grob gehackt, in Scheiben geschnitten oder püriert. Dabei spielt ihr Mengenverhältnis zur Hauptzutat des Currys eine wichtige Rolle, weil Zwiebeln das liebliche Element einer Speise ebenso bestimmen wie die Sämigkeit einer Sauce. Je feiner die Zwiebeln geschnitten werden, desto kürzer müssen sie schwitzen oder köcheln, um sich gut mit der Sauce zu verbinden. Häufig werden sie auch püriert und manchmal ohne Zugabe von Öl in ihrem eigenen Saft geköchelt, damit die Sauce noch sämiger wird. Diese Technik wird eher in Restaurants eingesetzt, wo das Ergebnis von den Küchenchefs »gekochte Zwiebelpaste« heißt, als in den häuslichen Küchen. Je länger Zwiebeln schwitzen, desto stärker bräunen sie und desto dunkler wird das Curry ausfallen. Man kann sie auch dunkelbraun und knusprig ausbacken, anschließend im Mixer zerkleinern und unter die Sauce rühren. So verleihen sie einem Gericht ein gutes Aroma und eine angenehme Konsistenz, wie zum Beispiel bei der geschmorten Lammkeule aus Lucknow (siehe Seite 64).

Zwiebeln, nur kurz mit einer leichten rosa Tönung angeschwitzt, geben einem Curry einen süßlichen Geschmack. Einige Zwiebelsorten, wie zum Beispiel Gemüsezwiebeln, sind für die Curry-Zubereitung nicht geeignet, da sie zu süß und milde schmecken. Mit einfachen Haushaltszwiebeln können Sie hingegen nichts falsch machen, ebensogut eignen sich Schalotten.

Während des Anschwitzens der Zwiebeln werden häufig Ingwer und Knoblauch zugegeben. Knoblauch bräunt schneller als Zwiebeln und wird deshalb gewöhnlich später zugegeben. Die genauen Zeiten sind in den jeweiligen Rezepten angegeben.

Joghurt

Joghurt gibt einem Curry Volumen und eine cremige Konsistenz, obwohl er in Indien meist als Säuerungsmittel verwendet wird (siehe Seite 30).

Sahne *(malai)* und abgetropfter Joghurt

Für die Zubereitung bestimmter Gerichte, vor allem aus der Ganges-Ebene, wird Sahne oder *malai,* wie sie im nördlichen Indien heißt, verwendet. Später wurde sie auch in die Mogul-Küche, beeinflußt durch die Küche um die Regionen Faizabad und Lucknow, in denen viel Milchwirtschaft betrieben wird, integriert. So wird auch Joghurt, den man in einem Mulltuch abtropfen läßt, zum Kochen verwendet. Auf diese Weise vorbehandelt, kann er beim Kochen nicht gerinnen.

Kokosmilch

Kokosnußfleisch wird entweder zusammen mit Gewürzen zu einer Paste verarbeitet, oder man raspelt es und läßt es 30 Minuten in heißem Wasser ziehen, oder aber man verarbeitet es mit heißem Wasser im Mixer und gewinnt daraus Kokosmilch. Der erste Auszug ergibt eine relativ dicke Milch. Wird die geriebene Kokosnuß nochmals mit heißem Wasser aufgegossen, erhält man einen zweiten, dünneren Aufguß, der länger in einem Curry mitkochen kann, ohne daß er zuviel Öl abgibt. Bitte beachten Sie dies bei der Zubereitung, und richten Sie sich nach den Rezeptanleitungen.

Verwenden Sie Kokosmilch aus Dosen, Kokosflocken, Kokosmilchpulver (Nestlé) oder Kokossahne, gehärtet in Blöcken, gelten andere Bedingungen. Gefriergetrocknetes Kokosnußfleisch hat häufig einen süßlichen Geschmack und wird deshalb im Westen gern für die Zubereitung von Nachspeisen verwendet. Das Fleisch einer frischen Kokosnuß ist in jedem Fall allen anderen Formen vorzuziehen. Beim Kauf einer frischen Kokosnuß sollten Sie sie ein wenig schütteln, um festzustellen, daß sie genügend Flüssigkeit besitzt – ein Zeichen dafür, daß sie frisch ist.

Verwendung von Kokosnuß Currys auf Kokosnußbasis sind aus der südlichen Hälfte Indiens nicht wegzudenken. Kokosnuß wird auf zweierlei Arten verwendet: Entweder sie wird zusammen mit anderen Gewürzen im Mixer püriert (manchmal wird sie auch vor dem Pürieren geraspelt und geröstet) und das Püree in Öl angebraten. Oder man läßt das zerkleinerte oder geriebene Kokosnußfleisch in heißem

Wasser ziehen, verarbeitet das Ganze im Mixer und seiht die so gewonnene Kokosmilch durch ein Sieb ab. In diesem Fall werden die Gewürze zuerst angebraten und anschließend die Kokosmilch zugegossen.

Der Geschmack frischer Kokosnuß ist mit fertigen Kokosprodukten kaum zu erreichen. Es ist bedauerlich, daß Supermärkte immer noch kein frisch geraspeltes Kokosnußfleisch anbieten, obwohl gelegentlich gefriergetrocknetes Kokosnußfleisch zu bekommen ist, das jedoch meist süßlicher schmeckt. Auch frisch püriertes Kokosnußfleisch wäre sehr nützlich – nicht nur für die indische, sondern auch für die indonesische oder thailändische Küche, denn daraus läßt sich besonders einfach Kokosmilch gewinnen – das Kokospüree zusammen mit heißem Wasser im Mixer verarbeiten oder einfach nur in heißem Wasser ziehen lassen.

Ich habe anstelle von püriertem Kokosnußfleisch und Kokosmilch auch getrocknetes Kokosnußpulver ausprobiert, das Ergebnis war nicht zufriedenstellend, mit einer Ausnahme: dem Kokosnußpulver von Nestlé, das eine gute Alternative zur Kokosmilch darstellt. Es gibt unter den verschiedenen Handelsmarken große Unterschiede – einige schmecken besser als andere.

Eine frische Kokosnuß wird mit einem Hammer oder auf einem harten Fußboden aufgeschlagen und die in der Frucht enthaltene Flüssigkeit in einer Schüssel aufgefangen. In Südindien gibt es einen Aberglauben, der besagt, daß man eine Kokosnuß nicht nach Sonnenuntergang – nach etwa 19 Uhr – öffnen solle. Zu allen freudigen Anlässen schlägt man in Indien eine Kokosnuß auf dem Fußboden auf – so wie man in der westlichen Welt zu einer Eröffnung von Straßen usw. ein Band durchschneidet. Nach dem Öffnen wird das Fruchtfleisch mit einem an der Spitze abgerundeten Messer vorsichtig aus der Schale gelöst und die braune Haut entfernt. Es empfiehlt sich, das Kokosnußfleisch zu raspeln, obwohl das Vermahlen im Mixer einfacher und schneller geht. Dafür muß das Gerät mit einem starken Motor ausgerü-

stet sein, selbst wenn Sie das Kokosnußfleisch in kleine Stücke geschnitten hineingeben. Außerdem sollten Sie etwas Wasser oder – falls das Rezept es vorsieht – Essig zufügen.

Nüsse und Samen

Gemahlene Mandeln, Cashew- und Erdnüsse sind nicht nur wegen ihrer bindenden Eigenschaften, sondern auch wegen ihres Aromas Bestandteil eines Currys. Vermutlich waren es zuerst die Mogulen, die in Indien ein Curry mit Mandeln zubereiteten; und heute noch sind Mandeln in der echten Mogulen-Küche weit verbreitet, sowohl in Delhi als auch in der Ganges-Ebene. Da Mandeln in Indien mittlerweile teuer geworden sind, das Land inzwischen aber Cashewnüsse aus Südostafrika (Tansania und Mosambik) einführt und sie in großem Stil weiterverarbeitet, haben Cashewnüsse die Mandeln selbst aus den Mogul-Gerichten zum Teil oder sogar ganz verdrängt.
In diesem Buch stelle ich Ihnen ein Rezept für ein *korma* vor, das zweifellos aus der Mogul-Küche stammt, hier aber mit Pistazien zubereitet wird.

Erdnüsse, die in Gujarat weit verbreitet sind, werden in der dortigen regionalen Küche und um Bombay herum als Bindemittel und zum Aromatisieren von Currys verwendet.

Weiße Mohnsamen werden ebenfalls gern in einigen Mogul-Gerichten und Speisen aus Hyderabad sowie in den Küchen der Moslems in Bombay und Südindien zum Binden verwendet.

Senfkörner werden seltener zum Binden eingesetzt. Es gibt nur wenige Gerichte, in denen gemahlene Senfkörner und *methi* (Bockshornkleesamen) diesem Zweck dienen sollen. In Bengalen verwendet man gemahlene Senfkörner in erster Linie zum Aromatisieren, obwohl sie in großen Mengen einer Sauce auch Volumen verleihen können. In dem bengalischen Fischcurry (Fisch in Senfsauce, siehe Seite 125), werden Senfkörner zusammen mit Mohnsamen als Bindemittel eingesetzt.

Kürbis- und Melonenkerne. Eine Mischung aus Melonen- und Kürbiskernen heißt *chaar magaz*. Sie taucht schon in den Rezepten des Hofes von Delhi auf und wird bis heute in der Ganges-Ebene für die Zubereitung von Speisen verwendet. *Chaar magaz* wird mit ein wenig Wasser zu einer Paste verarbeitet und sowohl zum Aromatisieren als auch zum Binden verwendet.

Sesamsamen. Sesam, indisch *til,* ist eine in Indien heimische Pflanze. Gemahlene weiße Sesamsamen geben der Küche des westlichen und südlichen Indiens sowie der Moslem-Küche von Bombay, Hyderabad und Südindien ein einzigartiges Aroma. Die Samen werden nur in kleinen Mengen verwendet und deshalb mit anderen bindenden Zutaten kombiniert. Sesam wird häufig auch für die Zubereitung von Süßspeisen verwendet, die allerdings eher im Winter gegessen werden, denn man schreibt ihnen »hitzeerzeugende« Eigenschaften zu. In Maharaschtra werden traditionell an *Makar Sankrant* – dem Tag der Wintersonnenwende, wenn die Sonne den Wendekreis des Steinbocks erreicht – *ladoos,* süße runde Bällchen aus Sesam und *jaggery,* unter Freunden verteilt.

Linsen

Linsen *(dal)* werden entweder zu Mehl vermahlen oder separat gekocht und anschließend püriert als Bindemittel verwendet. Gerichte wie das *dhansak* der Parsis, das nordindische *dal gosht,* das *dalcha* aus Hyderabad, das moslemische *khichda* der Bori-Moslems und das moslemische *haleem* sind Beispiele für Fleisch- und Linsengerichte.
Die Rezepte für *dhansak* und *dalcha* finden Sie in diesem Buch auf den Seiten 84 und 98. Das Curry auf Sindhi-Art auf Seite 152 ist ein rein vegetarisches *dal*-Gericht.

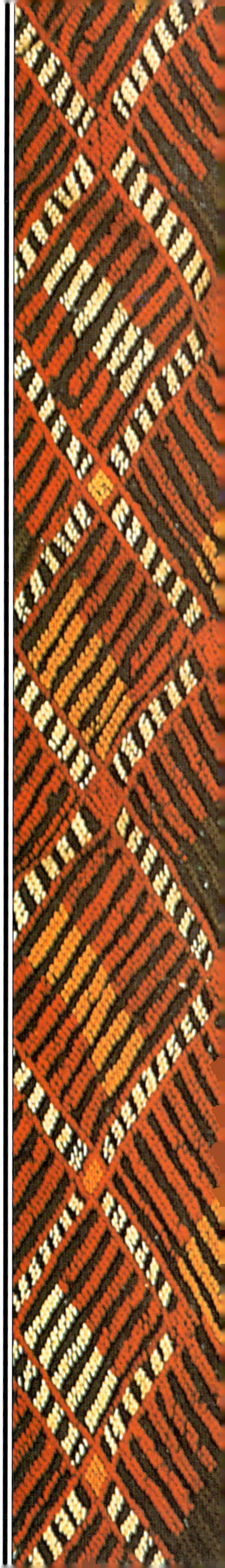

Wie ein Curry seine Farbe bekommt

Folgende Zutaten verleihen dem Curry Farbe:

1. Gelbwurz: **leuchtend gelb.**
2. Safran: **helles Apricot.**
3. Rote Chillies: **rotbraun.** Die als Kaschmir-Chillies bekannte Variante: **zinnoberrot.**
4. Frisches Koriandergrün, in großen Mengen verwendet: **grün.** Dunkler bei längerem Kochen.
5. Rote Tomaten: **rosa,** wenn mit Joghurt kombiniert, und **rötlich,** wenn allein verwendet.
6. Zwiebeln: **tiefbraun,** wenn eine große Menge ohne viel Wasserzugabe dunkelbraun geschwitzt wird.
7. Gemahlener Koriander: **tiefbraun,** wenn er 5 bis 6 Minuten brät.
8. *Garam masala:* **tiefbraun,** wenn es 1 Minute brät.

Gibt man alle diese Zutaten hinein, wird die Farbe von den jeweils verwendeten Mengen und ihrem Verhältnis zu den weiteren Zutaten des Currys bestimmt.

Ein blühendes Zwiebelfeld in Kaschmir.
Für ein Curry ist die richtige Zubereitung der Zwiebeln sehr wichtig.

Färbende Zutaten

Säuernde Zutaten

Ein Curry setzt sich aus einer Vielzahl unterschiedlicher Aromen zusammen. Fast immer gehört auch eine säuerliche Geschmacksnuance dazu, die das Gericht in Verbindung mit der Schärfe von Chillies sowie der Milde von Zwiebeln, Joghurt und Kokosnuß angenehm abrundet. In der Hindu-Küche erfreuen sich Säuerungsmittel großer Beliebtheit, während sie in den Mogulen-Gerichten – mit Ausnahme der Zubereitungen der Moslems von Hyderabad, die ebenfalls säuernde Zutaten verwenden – nicht vorkommen. Hyderabad-Speisen sind eine wunderbare Mischung aus der Küche der Mogulen und der von Decca.

Tomaten

Tomaten wurden im 16. Jahrhundert von den Portugiesen nach Indien eingeführt, aber erst im 20. Jahrhundert in größerem Umfang für den allgemeinen Verbrauch angebaut. Mittlerweile wachsen sie überall in Indien das ganze Jahr hindurch. Tomaten nehmen in der indischen Küche einen wichtigen Platz ein – sie verleihen einer Speise Farbe, Aroma und eine angenehme Säure.
Selbst eine vollreife indische Tomate hat noch – verglichen mit den Früchten aus Europa oder Amerika – einen etwas säuerlicheren Geschmack. Zur Zubereitung eines Currys sind die meist lieblicheren italienischen Tomaten nicht geeignet.

Joghurt

Die indische Hausfrau stellt ihren täglichen Joghurtbedarf meist selbst her (kommerziell produzierter Joghurt ist in Indien eine Seltenheit): Etwas Joghurtkultur mit warmer Milch vermischen und über Nacht stehenlassen. Das tropische Klima begünstigt die schnelle Joghurtbildung.
Für die Zubereitung einiger Gerichte wird ein besonders säurehaltiger Joghurt verlangt. Sie sollten dafür wie folgt vorgehen:

a) Nehmen Sie eine saure Joghurtkultur.
b) Verwenden Sie je $^1/_2$ Liter Milch knapp 2 Eßlöffel Joghurtkultur.
c) Vermischen Sie die Kultur mit der leicht erwärmten Milch.
d) Stellen Sie den Ansatz an einen relativ warmen Platz. Ein Thermogefäß, mit warmem Wasser leicht angewärmt, ist für die Joghurtherstellung gut geeignet.
e) Verwenden Sie statt Vollmilch fettarme Milch.

Wenn der Joghurt zu säuern beginnt, bilden sich auf der Oberfläche Wassertröpfchen. Je mehr Wassertröpfchen sich zeigen, um so weiter ist der Säuerungsprozeß fortgeschritten. Sobald er den gewünschten Säuregrad erreicht hat, stellen Sie ihn in den Kühlschrank, damit die Säuerung nicht weiter fortschreitet.

Essig

Essig wird hauptsächlich in der portugiesisch beeinflußten indischen Küche – in Goa, Mangalore, Kerala – sowie in der anglo-indischen und Parsi-Küche verwendet. An der Westküste des Landes nehmen die Inder einen Essig zum Kochen, der aus Kokosnuß hergestellt wird – falls in westlichen Ländern nicht erhältlich, läßt er sich am ehesten durch Apfel- oder milden Reisessig ersetzen. Die Parsis verwenden einen Essig aus Zuckerrohr.

Tamarinde

Das beliebteste Säuerungsmittel in Südindien ist die Tamarinde, auch Indische Dattel oder Sauerdattel genannt. Sie stammt ursprünglich aus dem tropischen Afrika, doch heute ist Indien das Hauptanbaugebiet. Sie ist die Hülsenfrucht eines großen Tropenbaums, die gesammelt, entkernt und deren Fruchtmark getrocknet wird. Tamarinde muß in heißem Wasser eingeweicht, abgeseiht und dabei ihr Saft herausgedrückt werden. Das aufgefangene Tamarindenwasser wird dann für die Curry-Zubereitung verwendet. In einigen Rezepten aus Goa und Mangalore wird Tamarinde zusammen mit anderen Gewürzen vermahlen. Tamarinde ist in indischen Lebensmittelläden erhältlich.

Limone

In Indien sind sowohl Limonen als auch Zitronen heimisch, obwohl Limonen mittlerweile häufiger angeboten und verwendet werden. In der Hindu-Sprache heißt die Limone *nimbu* und wird in einigen Curry-Gerichten verwendet. Den Limonensaft gibt man immer ganz zum Schluß zu, weil er verhindern würde, daß das Fleisch zart wird.

Kokum

Kokum, eine Baumfrucht, die entlang der indischen Westküste wächst, hat tiefrotes Fruchtfleisch, das einen großen Stein umschließt. Sie verleiht Speisen einen blaß-purpurroten Farbton und einen säuerlichen Geschmack. Sindhis verwenden Kokum für die Zubereitung ihres Kichererbsenmehlcurrys und die Hindus aus Goa für Fischcurrys. An der Westküste Indiens wird es in *sherbets* gemischt, erfrischende Getränke, die aus Früchten, Essenzen und Kräutern – unreife Mango, Limone, Lychees, Mandeln und Rosenblütenwasser – zubereitet werden. Kokum besitzt eine bemerkenswerte antiallergische Wirkung und wird deshalb auch als Naturheilmittel eingesetzt: Kokum-Wasser, drei Tage lang auf nüchternen Magen getrunken, kuriert angeblich Nesselfieber.

Unreife Mangos

Mangos *(kairi)* wachsen im Sommer überall in Indien. Ungefähr zwei bis drei Monate vor der Reifezeit, etwa ab Mitte März, sind die Märkte voll von leuchtendgrünen, unreifen Mangos der verschiedensten Sorten. Sie werden zu Pickles und Chutneys und, fein gehackt, zu einem Gewürz verarbeitet. Im Frühling kommen die »Wangen« unreifer Mangos als Säuerungsmittel in Currys und *dals*. Ihr Fruchtfleisch wird auch in der Sonne getrocknet und zu Pulver vermahlen, das *amchoor* heißt *(aamb* = Mango und *choor* = Pulver). Es wird nur zum Garnieren verwendet, zum Bestreuen gebratener Gemüse- *(chaat)* oder *dal*-Gerichte, kocht jedoch nicht mit.

Zum Gebrauch der Gewürze

Currypulver, wie man es in westlichen Ländern kennt, ist eine Erfindung aus Madras. Es wurde für den Export nach England hergestellt, um jene Engländer zu versorgen, die aus Indien heimgekehrt und nach vertrauten Currys süchtig waren. Die indische Küche kennt nur wenige standardisierte Gewürzmischungen, jedes Gewürz wird nach seiner Eigenart eingesetzt, und die Kenntnis darüber wird von Generation zu Generation in den Familien – von der Großmutter an die Mutter und von ihr an die Tochter – weitergegeben. Jeder Landstrich in Indien und jede lokale Küche haben ihre eigene traditionelle Gewürzpalette.

Berufsköche in Indien wissen über die Eigenart, die Verwendung und die Beschränkung jedes Gewürzes genau Bescheid. So kommt zum Beispiel der Pfeffer offensichtlich in Kerala und im tiefen Süden von Indien, wo er wächst, in den Gerichten besser zur Geltung als anderswo, während die Pandanus-Essenz *(keora)* den Speisen von Lucknow ihren charakteristischen Geschmack gibt.

Obwohl immer wieder das Gegenteil behauptet wird, gibt es in der indischen Küchentradition einige Gewürzmischungen, denen man das Etikett »Currypulver« durchaus anhängen kann. Im Westen von Maharaschtra wird ein *masala* aus gemahlenen Zutaten hergestellt (siehe Seite 37), die allerdings variieren können. Das *kaala masala,* zu deutsch schwarze Gewürzmischung, das in vielen Gerichten verwendet wird, besteht aus Pfeffer, Gewürznelken, Zimt und anderen dunklen Gewürzen.

Die ostindischen christlichen Glaubensgemeinschaften von Bombay und Bassein stellen ein Currypulver aus rund dreißig Gewürzen her, von denen viele fast unbekannt sind. Bei dieser Mischung wird das Problem, daß bei kommerziell hergestellten Currypulvern einige der enthaltenen Gewürze bei der Curry-Zubereitung nicht lange genug kochen, elegant umgangen; denn jedes einzelne Gewürz wird vor dem Mahlen nach genau bemessenen Zeiten geröstet.

Das Currypulver wird kurz vor Beginn der heißen Saison zubereitet und, luftdicht in langen grünen Flaschen verpackt, für ein ganzes Jahr gelagert. Ähnlich verfahren die Chettiars in Tamil Nadu, die Gewürze und Zwiebeln im März und April in der Sonne trocknen lassen und daraus mit etwas Öl murmelgroße Currypulverkügelchen, *kaarivadagam* genannt, formen, die sich ebenfalls ein gutes Jahr lang aufbewahren lassen.

Im großen und ganzen werden Gewürze in der indischen Küche jedoch sehr individuell behandelt. Während man in den vergangenen Jahrhunderten auch immer auf die medizinischen und konservierenden Eigenschaften der Gewürze achtete, stehen heute ihr Geschmack und das Aroma, das sie Gerichten verleihen, im Vordergrund, ebenso ihre verdauungsfördernde Wirkung.

Gewürze mahlen

Dies ist ein wichtiger Teil der Curry-Zubereitung. Werden die Gewürze nicht korrekt gemahlen, wird das Curry weder die richtige Konsistenz noch den richtigen Geschmack haben. In früheren Tagen hatte der Koch oder die Köchin in einem großen Haushalt eine Küchenhilfe, die *masaalchi* hieß und dafür zuständig war, die Gewürzmischungen zu mahlen. Die heutigen Berufsköche in den Restaurant- und

Hotelküchen hingegen halten die Rezepte für ihre Gewürzmischungen geheim. Niemand darf ihnen zusehen, wenn sie die genau bemessenen Gewürzmengen in die Mühle füllen.
Jeder Haushalt in Indien, wie arm er auch sein mag, besitzt einen Reibstein zum Mahlen von Gewürzen. Meistens besteht er aus einem flachen Stück Granit und einer Steinwalze, zwischen denen die Gewürze zerkleinert werden. In Südindien verwendet man eine flache Steinschale mit einer Vertiefung in der Mitte, in die ein zugehöriger Stößel paßt. Mit starkem Druck werden die Gewürze zu einer glatten, feinen Mischung vermahlen. Für die meisten Inder macht es einen großen Unterschied, ob die Gewürze auf einem Stein oder in einem elektrischen Mixer gemahlen werden. In Südindien gibt es eine Variante der südindischen Steinreibe, die mit einem elektrischen Motor ausgestattet ist. Mit ihrer Hilfe lassen sich auch Reis und Linsen mahlen, die für die Zubereitung von *idlis* und *dosas* (ein wichtiger Bestandteil des südindischen Frühstücks) gebraucht werden.
Im letzten Jahrzehnt sind in Indien eine Reihe von elektrischen Küchenmaschinen auf den Markt gekommen, die eigens auf die Besonderheiten der indischen Küche zugeschnitten wurden. So sind die Mixer mit tieferliegenden Schneideblättern ausgestattet, so daß die Gewürze feiner gemahlen werden als in den im Westen üblichen Mixern. Für diese Mixer gibt es Aufsätze in unterschiedlichen Größen, kleine für Gewürze und größere, in denen man große Mengen, zum Beispiel das Fleisch einer ganzen Kokosnuß, verarbeiten kann. Die Geräte sind mit starken Motoren ausgestattet und laufen daher nicht so schnell heiß. Gewürze können darin ohne weiteres 10 bis 15 Minuten gemahlen werden. Der Mixer ist vor allem dann praktisch, wenn Gewürze, wie man es in Indien nennt, »naß« gemahlen werden, das heißt unter Zugabe von ein wenig Flüssigkeit oder auch wasserhaltigen Zutaten wie Kokosnuß. Auch rote Chillies werden »naß« zu einer feinen, glatten Paste vermahlen, dazu weicht man sie vorher 30 Minuten in heißem Wasser ein.
Wer häufig indisch kocht, sollte sich zum Mahlen der jeweils benötigten Gewürzmenge eine zusätzliche Kaffeemühle anschaffen, die er nur für diesen Zweck gebraucht. Zum Zerkleinern von Ingwer, Knoblauch, grünen Chilischoten und Koriandergrün gibt es kleine Kräutermühlen, die allerdings in westlichen Ländern nicht so leicht erhältlich sind.

Gewürze für den Geschmack

Alle Gewürze haben natürlich einen eigenständigen Geschmack, doch bei einigen dominiert dieser, andere hinterlassen ein weniger ausgeprägtes Aroma. Hier die hauptsächlichen Geschmacksträger.

Koriandersamen und gemahlener Koriander *(dhania)*

Gemahlener Koriander ist das wichtigste Gewürz dieser Kategorie. Um das Aroma noch zu verstärken, sollten die Koriandersamen vor dem Mahlen in einer heißen *tawa* oder Pfanne ohne Fettzugabe etwa 3 Minuten geröstet werden. Zum Mahlen eignet sich eine Gewürzmühle oder aber eine Kaffeemühle – speziell zum Mahlen von Gewürzen. Hausfrauen und professionelle Köche in Indien, denen das Aroma ihres Currys besonders am Herzen liegt, rösten und mahlen ihren Koriander täglich frisch. Wird gemahlener Koriander in Öl gebraten, ergibt das den typischen »Curry«-Geschmack. Gemahlener Koriander muß mindestens 5 Minuten in heißem Öl bei niedriger Temperatur gebraten werden, damit er sein volles Aroma entwickeln kann. Die Zugabe von ein oder zwei Eßlöffel Wasser beeinträchtigt das Aroma nicht. Bei zu starker Temperatur besteht jedoch die Gefahr, daß der gemahlene Koriander anbrennt und verklebt. Um ein Ansetzen am Topf- oder Pfannenboden zu vermeiden, wird der gemahlene Koriander unter ständigem Rühren in Öl gebraten. Beim Anbraten von Fleisch in gemahlenem Koriander (unter ständigem Rühren) wird er innerhalb der ersten 10 Minuten nicht anbrennen, da genügend Fleischsaft austritt, um dies zu verhindern. Diese *bhuna* genannte Methode des Anbratens gibt dem Gericht einen ganz charakteristischen Geschmack (siehe auch Seite 63).
Koriandersamen besitzen harntreibende Eigenschaften. Koriander wächst überall in Indien, aber Rajasthan und Zentralindien sind die Hauptanbauzentren. Aus dem goldbraunen, besonders aromatischen Koriander aus Rajasthan wird in Indien Korianderpulver für den Handel hergestellt. Der Koriander aus der Gegend um Indore in Zentralindien hat einen frischen Beigeschmack und wird meist in Form von Samen verwendet.
Der in Europa angebotene Koriander wird häufig aus Nordafrika und Osteuropa importiert.

Gelbwurz *(haldi)*

Die getrockneten Wurzeln werden meist zu Pulver vermahlen. Frische Gelbwurz, in Indien von Dezember bis März erhältlich, verleiht einer Speise eine intensivere Farbe und ein kräftigeres Aroma als getrocknete. Es ist schwierig, Gelbwurz selbst zu Pulver zu verarbeiten. Da aber auf indischen Märkten häufig schon veraltetes Gelbwurzpulver angeboten wird, haben es sich pfiffige indische Hausfrauen zur Gewohnheit gemacht, ihren Bedarf an Gelbwurz vor dem Sommer zu decken und diese später in ihrer Gegenwart mahlen zu lassen. Gelbwurz besitzt antiseptische Eigenschaften und wird deshalb von den Hindus besonders gern zum Marinieren von Fisch gebraucht. Bei der Curry-Zubereitung wurde Gelbwurz häufiger von den Hindus als von den Moslems verwendet; in vielen moslemischen Rezepten wird auf Gelbwurz ganz verzichtet. Gelbwurz setzt beim Braten leicht am Topfboden an. Da sie allerdings nur einige Sekunden braten muß, um ihr volles Aroma zu entfalten, besteht keine Gefahr, daß sie anbrennt. Sie kann bei jedem Schritt eines Kochvorgangs in den Topf gegeben werden, auch wenn lediglich Gewürze ohne Fleisch, Fisch oder Gemüse angebraten werden. Die Hauptanbaugebiete von Gelbwurz liegen bei der Stadt Erode in Tamil Nadu, in Andhra und Maharaschtra. Aus dem Gebiet um Allepey in Kerala stammt die Sorte mit dem leuchtendsten Gelb. Der größte Gelbwurzmarkt der Welt ist Sangli, wo man die Wurzeln in großen Erdgruben lagert.

Getrocknete rote Chilischoten und Chilipulver

Sie werden in einem eigenen Kapitel (siehe Seite 46) behandelt. Enthält ein Curry-Rezept Chilipulver, wird dies erst in der zweiten Hälfte des Bratvorgangs der Gewürze zugegeben; denn Chilipulver entwickelt in wenigen Sekunden beißende Dämpfe, die zu Hustenreiz führen. Ein paar Tropfen Wasser, unter die Gewürzmischung gerührt, wirken dem entgegen. Zusammen mit Huhn oder Fleisch kann man Chilipulver wie gemahlenen Koriander oder Gelbwurz gut 10 Minuten braten lassen.

Kreuzkümmelsamen *(jeera)*

Kreuzkümmelsamen werden in der indischen Küche ganz oder gemahlen verwendet. Werden sie vor dem Mahlen in einer heißen *tawa* oder Pfanne ohne Fettzugabe gerade 1 Minute geröstet, entfalten sie ihr volles Aroma. Kreuzkümmel, ob als Samen oder gemahlen verwendet, brennt schneller an als die meisten anderen Gewürze und wird schnell schwarz und dann auch bitter. Deshalb sollte er weniger als $^1/_2$ Minute braten. Tomaten, Joghurt oder andere, Flüssigkeit enthaltende Zutaten kommen hinzu, sobald er dunkel zu werden beginnt, auf diese Weise wird der Bräunungsprozeß gestoppt. Kreuzkümmel wird auch für die Zubereitung von »trockenen« Gemüsegerichten wie *jeera aloo* (mit Kartoffeln) verwendet. Kreuzkümmelsamen, in etwas Öl gebraten, werden gern über gekochten Reis oder *dal* (Hülsenfrüchte) gestreut.

Kreuzkümmel hat verdauungsfördernde Eigenschaften. *Jeera paani* (Kreuzkümmelwasser) wird aus Kreuzkümmel, Limonensaft und frischem Koriandergrün zubereitet und hat »kühlende« Eigenschaften.

Zimt und Nelken *(tuj/dalchini* und *lavang)*

Diese beiden Gewürze gehören sowohl in die geschmack- wie auch in die aromagebende Kategorie. Man verwendet sie im ganzen für die Zubereitung einiger Fleischgerichte, zusammen mit grünem Kardamom beim Kochen von Reis für ein einfaches Pilaw oder zusammen gemahlen mit schwarzem Kardamom in einem *garam masala* (siehe Seite 37). Es gibt zwar *garam masala* fertig zu kaufen, was ich aber nur unter Vorbehalt empfehlen möchte, denn viele Hersteller sparen bei den teureren Zutaten und geben statt dessen mehr von den preiswerteren Gewürzen hinein. Das ist der Grund, warum viele indische Hausfrauen ihr eigenes *garam masala* herstellen.

Es gibt zwei Zimtarten, die jedoch derselben botanischen Familie *(Lauraceae)* angehören: Die eine stammt von der hellbraunen Rinde von Schößlingen des Canehlstrauches und wird in langen, feinen Streifen heruntergeschält; die andere (Gattung Cassia), die etwas lieblicher schmeckt, von der oberflächlich geschälten dunkelbraunen, groberen Baumrinde. Man sollte beim Einkauf die erstere Sorte bevorzugen.

Die unzerteilten Gewürze lassen sich einige Minuten braten, ohne anzubrennen: Zimt ohne weiteres 5 Minuten und Nelken bis zu 2 Minuten, wenn keine anderen, Flüssigkeit enthaltenden Zutaten im Topf

Die wichtigsten Gewürze für die Curry-Zubereitung

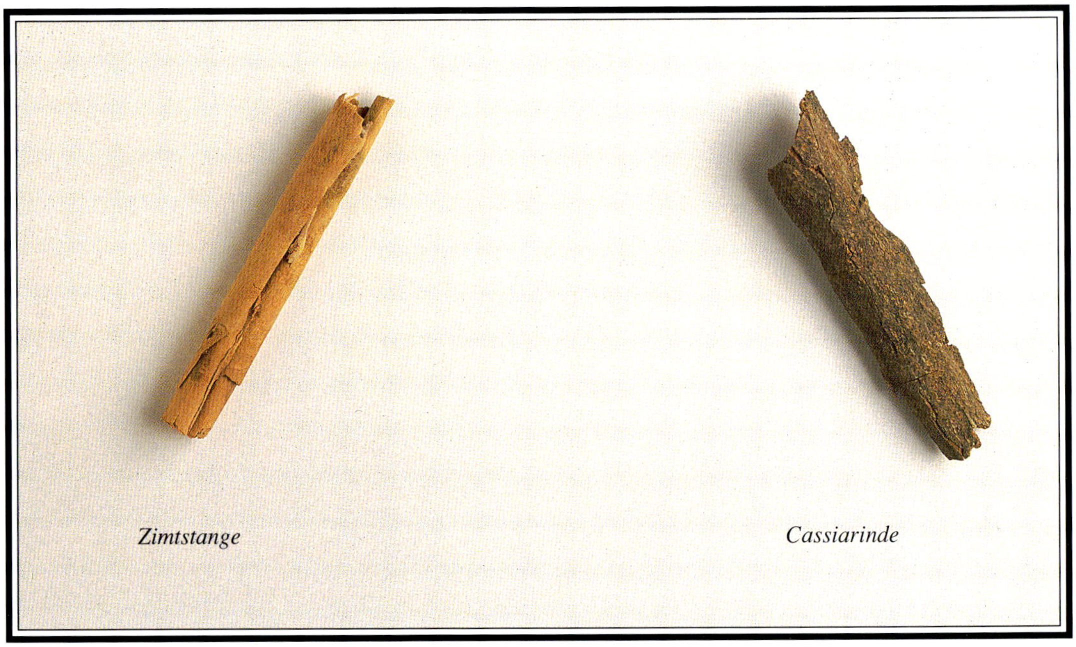

sind. Werden sie gemahlen und zusammen mit anderen Gewürzen ohne Fettzugabe geröstet, sollte der Vorgang maximal 2 Minuten bei niedriger Temperatur dauern.
Es ist nicht zwingend erforderlich, Zimt und Nelken zu braten, obwohl sie dadurch ihre Aromen besser an das Öl abgeben können. Auch ohne Anbraten gelingt ein Curry oder ein Reisgericht vorzüglich. Nelken haben ein starkes Aroma, da genügen zwei oder drei für ein aromatisches Gericht. Nelken brennen beim Braten schneller an als Zimt, deshalb werden sie immer erst nach dem Zimt zugegeben.

Schwarzkümmelsamen *(kalonji)*

Der Schwarzkümmel *(Nigella sativa),* auch häufig als Zwiebelsamen bezeichnet, ist weder mit dem Kümmel noch mit der Zwiebel verwandt, sondern ein Hahnenfußgewächs. Die dreikantigen, runzeligen tiefschwarzen Samen erinnern geschmacklich ein wenig an Oregano und werden in der indischen Küche ungemahlen als Gewürz für Pickles, Gemüse und zum Bestreuen von *naans,* im Tandoor gebackenen Hefebroten, verwendet.

Pfeffer *(kali mirchi)*

Pfeffer wächst hauptsächlich in Kerala. Schon im 2. Jahrhundert n. Chr. gehörte er zu den kostbarsten Handelsgütern. Pfeffer aus Malabar wurde nach Rom eingeführt und mit Gold aufgewogen. Als Christoph Kolumbus zu seinen Entdeckungsreisen aufbrach, war der wahre Grund seiner Unternehmung die Suche nach Pfeffer und Gewürznelken. In jenen Tagen war Pfeffer besonders wegen seiner konservierenden Eigenschaften hochgeschätzt.
Ein Aufguß aus heißem Wasser, Pfefferkörnern und indischen Basilikumblättern *(tulsi)* wird in Indien gegen Bronchitis oder Asthma getrunken. Besonders in der Kerala-Küche wird Pfeffer großzügig verwendet. Die ganzen Körner werden nicht länger als 1 Minute angebraten, wenn keine anderen, Feuchtigkeit enthaltenden Zutaten im Topf oder in der Pfanne sind.
In Indien werden viele Gewürze im ganzen verwendet, damit sie sich während der Zubereitung des Currys nicht auflösen. Beim Essen werden sie dann einfach an den Tellerrand geschoben oder diskret aus dem Mund genommen. Man kann die Gewürze aber auch in ein kleines Mulltuch binden und nach dem Braten entfernen.

Senfkörner *(rai* oder *sarson)*

Senfkörner werden in südindischen Currys und Gemüsegerichten im ganzen verwendet. Sie werden meist vor den anderen Gewürzen einige Sekunden in Öl gebraten. Besonders in Bengalen, wo Senf im

Überfluß gedeiht, schätzt man die Senfkörner sehr. Dort werden sie mit ganz wenig Flüssigkeit im Mörser oder im Mixer zu einer Paste verarbeitet und zum Aromatisieren von Fischgerichten verwendet. Auch das scharfe Senföl ist in Bengalen und Kaschmir eine weitverbreitete Zutat. Im Punjab sind die Blätter der Senfpflanze ein beliebtes Wintergemüse.

Ganze Senfkörner werden 10 bis 15 Sekunden im heißen Öl gebraten. Sobald sie zu zischen und zu springen beginnen, kommt die nächste in dem Rezept vorgesehene Zutat hinzu. In der indischen Küche ist der Gebrauch von Senfpulver oder angemachtem Senf kaum üblich.

Die schwarzen Samen *(rai)* werden am meisten verwendet, obwohl im Norden und Osten Indiens die rötlichbraunen Senfkörner *(sarson)* üblich sind.

Bockshornkleesamen *(methi)*

Sie werden gewöhnlich ganz verwendet, und das auch nur in wenigen Rezepten. In der südindischen Küche kommen Bockshornkleesamen gleich nach den Senfkörnern ins heiße Öl, sie braten einige Sekunden, dann folgen die anderen Zutaten. Geröstet und gemahlen ergeben sie, zusammen mit rotem Chilipulver und anderen Gewürzen, eine Gewürzmischung, *muligapuri* genannt, die man in Indien mit *idli* und *dosas* ißt.

Mohnsamen *(khus khus)*

Für ein Curry werden sie fast immer mit etwas Wasser zu einer Paste verarbeitet. Es ist nicht ganz einfach, sie zu mahlen. Deshalb: zuerst 3 bis 4 Minuten in einer Pfanne leicht rösten und dann – mit etwas Wasser, falls nötig – in einer Kaffeemühle mahlen. Mohnsamen haben ein sehr mildes Aroma und werden gern über Kartoffeln gestreut. Beim Braten entwickeln sie einen nußähnlichen Geschmack, den sie auch an das Curry abgeben, in dem sie zum Andicken verwendet werden.

Fenchelsamen *(saunf)*

Gemahlener Fenchel ist manchmal Bestandteil von *garam masala* und wird vor allem in der Küche von Kaschmir sowohl von Hindus wie von Moslems verwendet. Auch die Mapla-Moslems in Kerala wissen *saunf* zu schätzen. Da gemahlener Fenchel sehr aromatisch ist, wird er in kaschmirischen Currys nicht vorher angebraten. In der Küche von Chettinad gehören Fenchelsamen zu den wichtigsten Gewürzen.

In einigen indischen Kochbüchern werden Anissamen als Gewürzzutat verlangt, die in der indischen Küche aber nicht vorkommen. Hier sind Fenchelsamen gemeint.

Gewürze für das Aroma

Es ist schwierig, zwischen Gewürzen für den Geschmack und für das Aroma zu unterscheiden, denn alle Gewürze besitzen eigentlich beide Eigenschaften. Dennoch geben manche Gewürze mehr Geschmack, andere wiederum mehr Aroma ab. Die Einteilung in diese beiden Gruppen macht es vielleicht denjenigen leichter, mit Gewürzen umzugehen, die damit nicht besonders vertraut sind. *Garam masala* zum Beispiel, in der Anfangsmischung gebraten, bewirkt Geschmack, es teilt sein Aroma aber kräftiger mit, wenn es am Ende der Zubereitung als Pulver eingestreut wird. Die Gewürze, die eher Aroma geben, sollen in diesem Kapitel behandelt werden.

Garam masala

Wie schon erwähnt, gehört *garam masala* zu den geschmack- und aromagebenden Gewürzen, aber das Aroma dominiert. *Garam* bedeutet in diesem Zusammenhang »erhitzen«, obwohl die wörtliche Übersetzung in der Hindu-Sprache »heiß« ist. *Garam masala* ist eine Mischung aus jenen Gewürzen, die im Körper Hitze verursachen – Zimt, Gewürznelken, schwarzer Pfeffer und schwarzer Kardamom. Interessanterweise wurden die beiden ersteren zur Zeit des großen Gewürzhandels nach Indien exportiert. Heutzutage bereiten indische Hausfrauen *garam-masala*-Mischungen zu, die auch »kühlende« Gewürze wie grünen Kardamom, *tej patta* (Indisches Lorbeerblatt) und Fenchelsamen *(saunf)* enthalten. Küchenchefs verwenden eine Vielzahl von Zutaten; sogar Rosenblütenblätter geben sie hinein. Kein *garam-masala*-Rezept gleicht dem anderen. Um das beste Aroma zu erhalten, ist es ratsam, eine kleine Menge Gewürze unmittelbar vor der Verwendung zu mahlen.

Garam masala wird häufig in Fleischgerichten, in kleineren Mengen auch in Geflügel- oder Reisgerichten verwendet. Da es ein sehr kräftiges Aroma besitzt, findet man es selten in Fisch- oder Gemüsegerichten.

Garam masala selbst herstellen:
Indische Hausfrauen kaufen die *garam-masala*-Gewürze im ganzen (Zimtstange, Gewürznelken, Pfefferkörner und schwarze Kardamomkapseln, manchmal auch Kreuzkümmel- und Koriandersamen). Sie werden in einer Pfanne ohne Fettzugabe geröstet und im Mörser fein zerstoßen. Heute haben die Küchenmaschinen in Indien ein Zusatzgerät (wie eine Kaffeemühle) zum Mahlen von kleinen Mengen, so daß man sich das mühsame Zerstoßen im Mörser sparen kann.
Es gibt zwei Möglichkeiten, ein *garam masala* herzustellen. Man kauft ganze Gewürze und mahlt sie, wie oben beschrieben. Oder man kauft gemahlene Gewürze und vermischt sie nur noch in einer Schüssel.
Ein klassisches *garam masala* besteht aus den gleichen Gewichtsmengen Zimt, Gewürznelken und schwarzem Pfeffer und wird mit etwas schwarzem Kardamom vermischt. Weitere Gewürze bleiben den eigenen Geschmacksvorlieben überlassen. Ich gebe zum Beispiel gern Fenchelsamen und einen Hauch von Zimtblatt hinein.
Wenn Sie ganze Gewürze verwenden, nehmen Sie 6 Gramm Zimt (was eine relativ große Menge ist, denn Zimt wiegt nicht viel), jeweils 6 Gramm Nelke und Pfeffer und 1 schwarze Kardamomkapsel (2 Gramm). Sie können 1 Teelöffel Fenchelsamen und 1 Zimt- oder Lorbeerblatt zu der Mischung geben.
Bewahren Sie *garam masala* in einem fest verschließbaren Schraubglas im Kühlschrank auf, wo es sich bis zu 6 Monate hält, wenn man frische Gewürze verwendet. Es ist jedoch empfehlenswert, es innerhalb von 3 Monaten aufzubrauchen.

Zimtblatt *(tej* oder *tuj patta)*

Tej bedeutet in der Hindu-Sprache »scharf«, und *patta* »Blatt«. *Tej patta* ist in Indien also ein Blatt mit einem scharfen und starken Aroma. Aber *tej* ist eigentlich eine Verballhornung des aus der Gujarati-Sprache (die in Bombay, Indiens größter Gewürz-Stadt, gesprochen wird) stammenden *tuj,* das Zimt bedeutet. *Tej pattas* sind also die aromatischen Blätter eines Baums, der dem Zimtbaum ähnelt. (Aus den Blättern wird übrigens auch das aromatische Zimtblattöl gewonnen.)
Zimt gehört ebenso zur botanischen Familie der Lauraceae wie der mediterrane Lorbeerbaum *(Laurus nobilis).* Der echte Zimt heißt botanisch *Cinnamomum zeylenicum,* Cassia mit ihrem zimtähnlichen Aroma *Cinnamomum aromaticum* und das *tej patta*-Blatt *Cinnamomum tamala.* Zimtblätter kommen aus Nordostindien und Kerala.

Zimtblätter werden gewöhnlich zu Beginn einer Curry-Zubereitung gebraten. Sie verbrennen selbst dann nicht, wenn sie bei niedriger bis mittlerer Temperatur 10 Minuten braten, sie werden lediglich braun und geben ihr Aroma langsam frei. Man kann sie auch in die kochende Sauce oder in einen Reis geben. Vor dem Servieren entfernen.
Indische Zimtblätter sind nicht überall im Westen erhältlich, sie können durch Lorbeerblätter ersetzt werden.

Großer schwarzer Kardamom *(barra elaichi)*

Barra bedeutet »groß«, denn schwarzer Kardamom ist etwa sechs- bis achtmal größer als der grüne. Schwarzer Kardamom wird hauptsächlich in indischen Currys verwendet, man findet ihn aber auch in der chinesischen Küche. Er wächst in Nordostindien und in Sikkim. Seine Samen besitzen ein kräftiges Aroma. Er wird deshalb sparsam verwendet, sollte aber in keinem *garam masala* fehlen.
Ganze Kardamomkapseln werden vor dem Servieren entfernt. Verwendet man lediglich die ausgelösten Samen, kommen sie gemahlen hinzu und werden während des Kochprozesses vollständig aufgenommen. Schwarzer Kardamom kommt in diesem Buch in einer Reihe von Rezepten vor; er ist in indischen Lebensmittelläden erhältlich.

Grüner Kardamom *(elaichi powder)*

Grüner Kardamom trägt mit seinem einzigartigen Aroma zum Wohlgeschmack eines Gerichts bei. Auf den Gebrauch von weißem Kardamom (= gebleichter grüner Kardamom) sollten Sie verzichten, er ist nicht sonderlich aromatisch. Gemahlener grüner Kardamom, einige Minuten vor Ende der Kochzeit über ein delikates Lamm- oder Hammelgericht gestreut, gibt dem Ganzen ein wunderbares Aroma (dabei den Topf zugedeckt lassen, damit das feine Aroma nicht entweichen kann). Man kann ganze oder zerstoßene Kardamomkapseln natürlich auch in einem Curry mitkochen, so daß zum Schluß kein einzelnes Gewürz dominiert.
Zerstoßener Kardamom wird auch für die Zubereitung von Süßspeisen wie *shrikand* (ein aromatisches Joghurt-Dessert) und in erfrischenden Getränken wie *thandai* mit seinem Mandelaroma verwendet. Kardamom besitzt »kühlende« Eigenschaften, obgleich ihn einige indische Hausfrauen in ihr *garam masala* geben.

Muskatnuß *(jaiphal)*

Die Muskatnuß kommt ursprünglich aus Indonesien und wurde von den Molukken nach Indien exportiert. Heute wächst der Muskatbaum im indischen Kerala.
Muskatnuß wird in der indischen Küche sparsam verwendet, sowohl in Currys als auch in Süßspeisen. Sie wird gerieben und normalerweise während des Kochens zugegeben, man brät sie also nicht mit anderen Gewürzen an. Geben Sie etwas frischgeriebene Muskatnuß über pürierten Spinat – einfach köstlich.

Grüner Kardamom

Gemahlene Muskatblüte *(javitri)*

Javitri ist die netzartige Samenhülle der Muskatnuß. Wie der Kardamom gibt auch die gemahlene Muskatblüte ein wunderbares Aroma, wenn man sie zum Ende der Kochzeit über ein Fleischgericht streut oder über einen Pilaw, bei dem der Reis beispielsweise zusammen mit Lamm oder gemischten Gemüsen zubereitet wird. Muskatblüte wird vor allem von den moslemischen Hofköchen aus Lucknow geschätzt, die sie in scharfen *kormas* mitkochen oder über das fertige Gericht streuen. Wichtig bei der Verwendung von Muskatblüte ist, daß der Topf geschlossen bleibt, damit das Aroma nicht entweichen kann.

Asant *(hing)*

Dieses stark aromatische Gewürz wird vornehmlich als Mittel gegen Blähungen eingesetzt. Es wird aus der Pflanze *Ferula assa-foetida* gewonnen und hauptsächlich aus dem Iran eingeführt. Man verwendet Asant nur in winzigen Mengen.

Sternanis *(chakraphool* oder *badian)*

Dieses Gewürz stammt aus China und wird im allgemeinen in der indischen Küche nicht verwendet. Nur in den Küchen von Kaschmir und in Chettinad an der Südostküste von Indien, das mit China und Südwestasien jahrhundertelang Handel führte, ist Sternanis verbreitet. Auch im ostindischen *masala* und in wenigen Goa-Gerichten ist Sternanis vertreten.

Safran *(kesar)*

Safran besitzt ein köstliches Aroma und ist wohl das teuerste Gewürz der Welt. Safran *(Crocus sativus)* sind die Blütennarben einer Pflanze, die ursprünglich aus Westasien stammt. Er gedeiht in Kaschmir und in der Türkei sowie in Mittelmeerländern, der überwiegende Teil kommt mittlerweile aus Spanien. Safran ist für die indische Küche unverzichtbar; besonders aus den Moghlai-Gerichten ist Safran nicht wegzudenken, da er seit jeher an den Mogul-Höfen hochgeschätzt wurde. In Indien gibt man Safran in *biryanis, Pilaws, kesari*-Huhn (einem sämigen Safran-Curry) und Desserts wie *kesari kulfi*. Die Safranfäden müssen vor der weiteren Verwendung in etwas warmem Wasser oder Milch eingeweicht werden. Safran verleiht weißem Reis oder aus Milch zubereiteten Nachspeisen eine goldgelbe Farbe. Er verliert nach etwa einem Monat an Aroma und sollte deshalb am besten fest verschlossen im Kühlschrank aufbewahrt werden.

Gemahlene Rosenblütenblätter *(gulab)*

Gemahlene Rosenblütenblätter werden wegen ihres Aromas und ihrer konservierenden Eigenschaften für die Zubereitung von Fleischgerichten verwendet. Dies wird noch heute deutlich bei den Gerichten, die traditionell am Hof von Lucknow zubereitet wurden, besonders bei den hellen, delikaten *kormas*, wie zum Beispiel dem weißen auf Seite 88. Die indische Rose ist klein, mit einer doppelten Reihe von Blütenblättern, und duftet wesentlich intensiver als die westlichen Varianten. Die kleinen Rosen *(gulabs)* aus der Gegend von Udaipur, Mysore und der Umgebung von Kanauj in Nordindien eignen sich für die Küche am besten. Aus den Udaipur-Rosen wird auch ein aromatischer Schnaps destilliert, ebenfalls *Gulab* genannt. Die Rosenblütenblätter werden in der Sonne getrocknet und anschließend gemahlen. Sie haben »kühlende« Eigenschaften und wirken zudem adstringierend und entzündungshemmend. Rosenblütenwasser wird gern für die Zubereitung von *sherbets* verwendet. Man besprenkelt auch *biryanis* und Pilaws damit und weicht Safran darin ein.

Pandanus-Essenz *(keora essence)*

Die männlichen gelben Blüten der Schraubenpalme *(Pandanus odoratissimus)*, die in Orissa und auch in Kerala wächst, haben ein starkes, süßliches Aroma. Aus ihnen wird eine Essenz gewonnen, mit der sowohl gewürzte wie auch süße Speisen parfümiert werden. *Keora*-Öl wird in der indischen Medizin als Stimulans verabreicht.

Pandanus-Essenz wird von den Köchen in Lucknow für die Zubereitung von *biryanis, Kebabs* und *kormas* verwendet und ist inzwischen in ganz Indien beliebt.

Aromatische Gewürze
Kümmel
Bockshornkleesamen
Weiße Mohnsamen
Kreuzkümmelsamen
Grüner Kardamom
Schwarzkümmelsamen
Fenchelsamen
Muskatblüte
Muskatnuß
Sternanis
Getrocknete Rosenblütenblätter
Schwarze Senfkörner
Asantpulver
Gelbe Senfkörner
Sichuan-Pfeffer

Frische Kräuter und Gewürze

Mit *hara masala* werden »grüne Gewürze« bezeichnet, wie frischer Ingwer, Knoblauch, grüne Chilischoten, frisches Koriandergrün, Curryblätter, Bockshornkleeblätter, Minze, Limone, Frühlingszwiebeln, und alle frischen Kräuter, wie zum Beispiel Dill. Die meisten Currys enthalten *hara masala* in der einen oder anderen Form. Auf indischen Gemüsemärkten gibt es Händler, die sich auf den Verkauf dieser Kräuter spezialisiert haben.

Fast alle Currys werden mit **Ingwer** und **Knoblauch** zubereitet. Traditionell werden sie fein gehackt und mit den Zwiebeln angeschwitzt. Meist werden sie zusammen verwendet, häufig sogar in gleichen Mengen. Der Grund dafür: Ingwer steigert angeblich den Blutdruck, während Knoblauch ihn senkt – so wird also für Ausgleich gesorgt. Ich weiß allerdings nicht, ob man dieser Theorie Glauben schenken kann.

Die Küchenprofis indischer Restaurants stellen aus den gleichen Mengen Knoblauch und Ingwer, zusammen oder getrennt, ein Püree her, das sich zugedeckt einige Tage im Kühlschrank aufbewahren läßt. Indische Hausfrauen tun es ihnen aus Bequemlichkeit gleich.

In Indien gibt es zwei Arten von Knoblauch, die ich nirgendwo sonst gefunden habe. Eine wird *taaza lasan* (frischer Knoblauch) genannt. Dieser junge Sprößling einer normalen Knoblauchpflanze, die auf sandigem Boden gedeiht, ist etwa 17 Zentimeter hoch und trägt an der Wurzelspitze eine einzelne Knolle. Sie ist besonders im Winter in Bombay geschätzt. Die Sindhis verwenden sie in Fischgerichten, von den Parsis werden sie zum Würzen von Rühreiern und von den Boris für Hackfleisch verwendet. Die andere Art heißt Perlknoblauch und hat eine sehr kleine, perlenartige Knolle beziehungsweise Zwiebel, von der die Gemüsehändler behaupten, sie sei gesund fürs Herz. Die silbrig glänzenden Zwiebeln zeichnen sich durch einen angenehmen Knoblauchgeschmack aus mit einer leicht bitteren Komponente.

Ingwer wird immer frisch verwendet – er läßt sich gut einige Monate an einem kalten Ort, zum Beispiel im Kühlschrank, aufbewahren. Gemahlener Ingwer wird vor allem in Kaschmir sowie für die Zubereitung von *chaat*-Gerichten in Nordindien verwendet.

Verschiedene indische Knoblauchsorten

Frisches Koriandergrün, auch Blattkoriander oder chinesische Petersilie genannt, ist das Kraut einer einjährigen Pflanze, die zu den ältesten bekannten Gewürzpflanzen zählt. Die Blätter werden sowohl zu Beginn einer Zubereitung gleich mitgekocht als auch zum Schluß zum Garnieren und Aromatisieren verwendet. Frische Korianderblätter, die in der internationalen Gastronomie »Cilantro« heißen, sind eine der Hauptzutaten in einem grünen Curry. Koriandergrün, Minze, Ingwer, Limonensaft und Zucker, zusammen im Mixer püriert, ergeben ein köstliches grünes Chutney. Koriandergrün hilft bei Magen- und Darmstörungen.

Knoblauch-
knolle
Dill
Koriandergrün
Kaschmir-
Schoten
Grüne Chillies
Bockshornklee
Afrikanische Chillies
Rote Chillies
Curryblätter
Perlknoblauch
Frische Minze
Frischer Knoblauch
Ingwer

Bockshornklee

Minze wird hauptsächlich für die Zubereitung von *dhansak* und *biryani* verwendet. Sie wird erst ganz zum Schluß zugegeben, damit sich ihr Aroma nicht verflüchtigt. Minze sollte man nicht zusammen mit *masala* braten, weil sie sich schnell schwarz verfärbt und die Farbe an das Curry abgeben würde.

Curryblätter werden vorzugsweise in den Küchen der westlichen und südlichen Küstenregionen Indiens verwendet, von Bombay bis hinunter nach Kerala, ausgenommen Goa. Sie sind sehr aromatisch und können während des Bratens oder Köchelns zugegeben werden. Ganz zum Schluß zugefügt, bekommt das Gericht ein Maximum an Aroma, vorausgesetzt, sie ziehen mindestens 5 Minuten im Curry durch. Sie werden zum Würzen von Gerichten ohne Sauce, von *dals, khadis,* in Joghurt und Gemüsegerichten, Fleisch- und einigen Fischcurrys aus Kerala und Madras verwendet. Getrocknet haben Curryblätter ein weniger starkes Aroma.
Curryblätter stammen aus derselben Familie wie der Indische Zedrach (Paternosterbaum), dessen Blätter antibakterielle Eigenschaften besitzen und als natürliche Pestizide eingesetzt werden.

Bockshornkleeblätter finden nur in der indischen Küche Verwendung. Es gibt zweierlei Arten von Bockshornklee *(methi):* Die kleine, etwa 7 Zentimeter hohe Pflanze mit winzigen, knospenähnlichen Blättern ist zwar aromatischer, im Sommer leider aber nur sehr kurze Zeit zu bekommen. Die Pflanze mit den größeren Blättern wird etwa 25 Zentimeter hoch und ist in Indien das ganze Jahr über erhältlich. Bockshornklee läßt sich aber bei uns aus Samen leicht selbst ziehen. Die kleinere Sorte ist eigentlich der junge Sproß der größeren, nur daß sie auf sandigem Boden wächst. Sie besitzt ein intensiveres Aroma und ist nur in Bombay und in Westindien zu bekommen.
Methi-Blätter besitzen ein einzigartiges Aroma mit einem leicht bitteren Beigeschmack. Ein in Indien besonders beliebtes Gericht ist *aloo methi* (Kartoffeln mit Bockshornkleeblättern). *Methi*-Blätter werden überall in Indien verwendet. Im Punjab gibt man sie in viele Gerichte, wie beispielsweise zum Huhn in Buttersauce, die Parsis verwenden sie für die Zubereitung von *dhansak,* und die Sindhis lieben es, Fisch mit frischem Knoblauch, den sie *thoom* nennen, und Bockshornkleeblättern zu kochen.
Bockshornkleeblätter gibt es auch getrocknet in Päckchen zu kaufen, *kasuri methi* genannt, die in den meisten indischen Lebensmittelläden erhältlich sind. Sie besitzen ein kräftiges Aroma und sollten deshalb sparsam verwendet werden. Eine Prise davon ist meist ausreichend. Getrocknetes *methi* stammt von einer anderen Pflanze als frisches.

Dill *(sooaa)* wird zum Aromatisieren von Spinat und anderem grünen Blattgemüse sowie *dhansak* verwendet. In der Sindhi-Küche gibt es ein Spinatgericht, das *sai bhaji* heißt. Außerdem bereiten sie einen Reis mit Dill zu, das Rezept finden Sie auf Seite 157.

Eine typische Pfanne zum Braten von Gewürzen

Chillies

Wer ein Curry zubereiten will, sollte einiges über den Gebrauch von Chilischoten, einer in Indien und Südostasien praktisch unverzichtbaren Zutat, wissen, zumal ihre Verwendung in westlichen Ländern nicht sehr verbreitet ist. Lediglich in einigen Ländern Amerikas erfreuen sich Chilischoten ähnlicher Beliebtheit, inzwischen auch in den USA, was wohl auf den Einfluß der mexikanischen Küche zurückzuführen ist, in der ebenfalls mit einer Vielzahl von Chilischoten gekocht wird.

In der indischen Küche werden zwei Arten von Chillies verwendet – die frische grüne Schote und die getrocknete rote. Grüne Chilischoten variieren in Größe (Länge) und Schärfe, deshalb sind die in den Rezepten angegebenen Mengen nicht zwingend zu befolgen. Handelt es sich um ein scharfes Curry, wird dies aus dem Rezept hervorgehen. Und sollten die von Ihnen verwendeten Chillies milder sein, erhöhen Sie einfach ihre Anzahl.

Rohe Chilischoten sind immer schärfer als gebratene oder geschmorte, deshalb ist ein fertiggegartes Gericht nicht so scharf, wie es auf Grund der Anzahl der verwendeten Chillies zunächst erscheinen mag. Chilischoten enthalten Vitamin C und fördern die Verdauung. In Indien werden sie roh verzehrt in einem *cachumber* (Salat) oder einem frischen grünen Chutney, und genausogern werden sie gekocht gegessen als Bestandteil in fast allen pikanten Gerichten.

Rote Chilischoten werden oft zusätzlich zu grünen in ein Curry gegeben, damit sie dem Gericht Farbe und Schärfe verleihen. An der West- und Ostküste Indiens trocknet und mahlt man sie und gibt sie zusammen mit geriebener Kokosnuß in ein Curry.

Der richtige Gebrauch von roten Chillies ist keine Nebensache, wenn ein Curry perfekt gelingen soll. Die indische Hausfrau bereitet ihre Speisen so zu, wie es in ihrer Region Brauch ist, und kauft die am Ort erhältlichen Chilischoten, ohne über deren Herkunft lange nachzudenken.

Als ich in meiner Küche in Bombay die aus verschiedenen Teilen Indiens zusammengetragenen Rezepte nachkochte, mußte ich feststellen, daß sie geschmacklich teilweise erheblich von den Originalzubereitungen abwichen. Der Grund lag auf der Hand: Die Chillies schmecken von Region zu Region unterschiedlich. Dennoch wird in indischen Kochbüchern, in indischen Restaurants und in indischen Haushalten selten zwischen den verschiedenen Chilisorten, die für die Regionalrezepte charakteristisch sind, unterschieden.

Einzige Ausnahme ist die häufig erwähnte sogenannte **Kaschmir-Chilischote,** die sich seit einigen Jahren großer Beliebtheit erfreut, weil sie den Gerichten eine leuchtendrote Farbe und eine angenehm milde Schärfe verleiht. Ich sage ausdrücklich *sogenannte* Kaschmir-Chilischote, denn als ich auf den Märkten »echte« Kaschmir-Chillies einkaufte, mußte ich feststellen, daß Kaschmir niemals die Mengen an Kaschmir-Chillies exportieren kann, die unter diesem Namen überall verkauft werden. Ich erfuhr, daß ähnliche Sorten in Nord-Karnataka, der Region östlich von Goa, und in Andhra angebaut und in ganz Indien als Kaschmir-Chillies angeboten werden.

Wer Kaschmir-Chillies durch andere Sorten ersetzen will, sollte etwa fingerlange Schoten wählen, die dem Gericht mehr leuchtendrote Farbe als Schärfe geben. Kaschmir-Chillies lassen sich durch – bei uns selten erhältliche – New-Mexico-Chilischoten ersetzen, die allerdings die Speisen nicht so leuchtend rot färben.

Indien ist der weltgrößte Chili-Produzent mit jährlich etwa 80000 Tonnen, von denen lediglich 25000 Tonnen exportiert werden. Das Exportgeschäft mit Chili-Ölen und -Essenzen für den Massenlebensmittelhandel, für die man die Schoten mit der intensivsten roten Farbe verwendet, kann einen schwunghaften Zuwachs verzeichnen. Chilischoten für den täglichen Gebrauch wachsen überall im Land. Die bedeutendsten professionellen Chili-Produzenten gibt es in Maharaschtra, Tamil Nadu (Madras-Chillies), Andhra (Guntur-Chillies, sie gehören zu den schärfsten, deshalb wird aus ihnen meist rotes Chilipulver für den Handel hergestellt), Karnata (Bedgi- und Kaschmir-Chillies) und Rajasthan. Die leuchtendrote Kaschmir-Schote wird meist nur für den lokalen häuslichen Gebrauch verwendet, da ihr Transport aus dem Bergland kommerziell nicht lohnt. Auch in Goa wird eine eigene Chilisorte angebaut, die ideal für das Goa-Curry geeignet ist, obwohl man dort mittlerweile auch an den Kaschmir-Chillies

Kaschmir-Chillies

Sogenannte Kaschmir-Chillies

Gefallen gefunden hat. Im Norden Indiens verwenden Feinschmecker für die Zubereitung ihrer weißen oder gelben Curry-Gerichte eine getrocknete leuchtendgelbe Chilischote, die um das Sonepat-Gebiet herum im Punjab gedeiht.

Grüne Chilischoten werden entweder im ganzen, aufgeschlitzt oder gehackt verwendet, wobei die Art und Weise, wie und ob man sie zerteilt, für die Schärfe des Currys maßgeblich ist. Aufgeschlitzte Schoten geben etwas mehr Schärfe ab, ganze Schoten erheblich weniger. Für einige Zubereitungen werden rote Chillies zerbröckelt, für andere gemahlen oder zerstoßen und mit etwas Wasser oder Essig zu einer Paste verarbeitet, für wiederum andere werden sie zu rotem Chilipulver gemahlen. Die Stiele der Schoten werden dabei jeweils vor dem Gebrauch entfernt.

Um einen leuchtendroten Farbton zu erzielen, kann ein weniger scharfes Chilipulver mit Paprikapulver vermischt werden. Wer grundsätzlich die Schärfe von grünen oder roten Chillies mildern will, entfernt vor der weiteren Verwendung die Samen. Dies sollten Sie unter fließendem kaltem Wasser tun, dabei nach Möglichkeit Gummihandschuhe tragen und die Hände anschließend gründlich mit Seife waschen. In den Rezepten dieses Buches werden dann bestimmte Chilisorten verlangt, wenn sie für den Geschmack des jeweiligen Gerichts entscheidend sind. Ich hoffe, daß sich indische Lebensmittelgeschäfte und Supermärkte außerhalb Indiens der Tatsache bewußt sind, daß jede Chilisorte ein besonderes Aroma hat und deswegen Produzenten dazu verpflichtet werden, sowohl ganze Chilischoten als auch Chilipulver exakt zu spezifizieren.

Einige rote Chillies

Der Curry-Fahrplan

Ausgangspunkt	**Name des Currys**	**Farbe**	**Bindemittel**	**Dominierendes Gewürz**	**Weitere Gewürze**	**Säuerungsmittel**	**Verwendete Chilisorte**	**Beilagen**
1. Ich möchte ein mildes Fischcurry essen.	Fisch in Kokosmilch (Fish Molee)	Blaßgelb	Kokosmilch	Ingwer	Nelke Zimt Kardamom	—	Aufgeschlitzte grüne Chillies	Weißer Reis Tomatenreis, grüner Reis
2. Ich möchte ein Lammcurry mit Brot essen.	Lamm langsam gegart in Zwiebeln und Joghurt (Seyal Gosht)	Helles Braun	Zwiebeln und Joghurt	Gemahlener Koriander	Ganze Nelken Zimt Kardomom	Joghurt und Tomaten	Frische grüne Chillies, rotes Chilipulver	Pilaw
3. Ich möchte ein mildes Hühnercurry ohne Kokosnuß mit Reis oder/und indischem Brot *(roti)* essen.	Kaschmirisches Hühnercurry	Ockerfarben	Zwiebeln	Kardamom Zimt	Gemahlener Ingwer Nelken	Joghurt	Grüne Chillies	Beliebiger Reis, *roti*
4. Ich möchte Lamm- oder Hühnerfleisch mit Gemüse oder Hülsenfrüchten kombinieren und dazu nur Reis, keine andere Beilage, essen. Das Gericht soll sich über Nacht im Kühlschrank halten.	Huhn mit Linsen und Gemüse (Dhansak)	Dunkelgrün bis bräunlich	Linsen	Gemahlener Koriander Gemahlener Kreuzkümmel	Bockshornkleeblätter Nelken Zimt	Limonensaft Tamarinde	Frische grüne Chillies, rotes Chilipulver	Dunkler Pilaw, grünes Kokosnuß-Chutney, Zwiebel-/Tomaten-Salat, ausgebackene *papadams*
5. Ich möchte ein einfaches Curry, das sowohl für Vegetarier wie Nichtvegetarier geeignet ist.	Fischcurry aus Goa – mit Schaltieren und gemischtem Gemüse	Orangerot	Geriebene Kokosnuß	Chillies Koriander	Koriander Gelbwurz	Tamarinde (oder Essig)	Getrocknete kaschmirische Chilischoten oder Chili- und Paprikapulver, gemischt	Weißer Reis

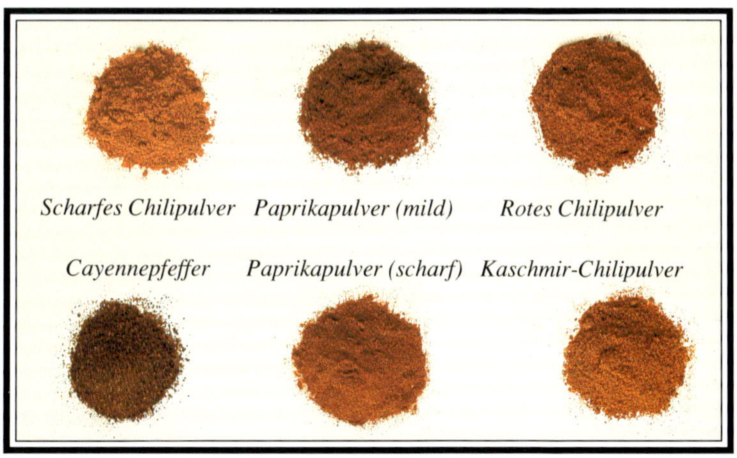

Chilipulver

Tips und Tricks

Bevor Sie zu kochen beginnen, sollten alle Zutaten vorbereitet sein. Besonders ein indisches Gericht besteht aus einer großen Anzahl von Zutaten, da ist es hilfreich, wenn alles für die weitere Zubereitung parat steht. Auch die Gewürze und Kräuter sollten griffbereit sein.

Für ein Essen mit mehreren Gästen können Sie Curry und *dal* einen Tag im voraus kochen; Sie sollten das *dal* (Gericht aus Hülsenfrüchten) jedoch erst kurz vor dem Servieren würzen. Das Gemüse läßt sich ebenfalls einen Tag im voraus putzen und kleinschneiden, möglichst aber nicht mehr als einige Stunden im voraus zubereiten. Das gleiche gilt für ein *raita,* das frisch angerührt am besten schmeckt. Auch der Brotteig für *rotis* kann am Vortag hergestellt werden, die *rotis* selbst lassen sich einige Stunden im voraus zubereiten. Man beträufelt sie dann mit etwas Butter, wickelt sie in Alufolie und backt sie unmittelbar vor dem Essen im Ofen auf. Das Chutney, ebenfalls am Vortag fertiggestellt, wird im Kühlschrank aufbewahrt. Das Tomaten-Chutney ist gut gekühlt sogar eine Woche haltbar. Das *cachumber* sollte jedoch nicht länger als eine Stunde vor der Mahlzeit angemacht, die *papadams* unmittelbar vor dem Essen geröstet werden.

Curry-Zubereitungen mit Fleisch oder Huhn lassen sich gut einfrieren, während die Konsistenz von gegartem Fisch darunter leidet. Gekochte Hülsenfrüchte, Kichererbsen und Gemüse eignen sich bestens zum Einfrieren.

Falls Ihre Zeit knapp bemessen ist und Sie die Mahlzeit flink zubereiten wollen, ohne noch lange schälen und schneiden zu müssen, können Sie zum Beispiel eingelegten Ingwer oder fertiges Knoblauchpüree, das in einigen Ländern in Tuben erhältlich ist, verwenden. Auch Tomatenmark oder -püree und Kokosmilch oder -sahne gibt es fertig zu kaufen. Den Zeitaufwand für das lange Bräunen von Zwiebeln kann ich Ihnen leider nicht ersparen – es sei denn, Sie braten große Mengen und frieren sie anschließend ein.

Noch ein Tip, um Zeit zu sparen: Machen Sie es wie viele Hausfrauen in und außerhalb Indiens, schälen und pürieren Sie größere Mengen Ingwer und Knoblauch, und bewahren Sie sie in Gläsern im Kühlschrank auf.

Verwenden Sie keine zu milden Zwiebeln. Sie sollten auch nicht zuviel Saft enthalten – in Indien reifen Zwiebeln relativ schnell und sind nicht milde im Geschmack. Bereiten Sie die in diesem Buch vorgestellten Rezepte deshalb mit gewöhnlichen Haushaltszwiebeln zu, die süßlichen spanischen Sorten eignen sich dafür nicht.

Für die meisten Gerichte sind frische Tomaten vorgesehen. Sie können natürlich auch Dosentomaten verwenden, die dem Curry eine kräftigere Farbe geben. Doch müssen Sie dann gegebenenfalls mit säuernden Zutaten, Salz und Chilischoten großzügiger verfahren.

Pannenhilfe in der Küche

1 Von angebrannten Zwiebeln die verbrannten Stücke entfernen, einen neuen Topf nehmen, die »geretteten« Zwiebeln mit etwas frischem Öl hineingeben und nochmals beginnen. Frisches Öl und frischer Topf sind wichtig, weil das Curry sonst angebrannt schmecken würde.

2 Falls Ihnen das Curry zu scharf geraten ist und Tomaten und/oder Joghurt oder Kokosmilch enthält, zusätzlich 1 oder 2 Tomaten und 1/2 bis 1 Teelöffel Zucker hineingeben. Bei einem säuerlichen Curry entsprechend mehr säuernde Zutaten zufügen.

3 Sollten Sie das Curry zu stark gesalzen haben, einige Kartoffelstücke oder etwas Teig hineingeben, die die Flüssigkeit aufnehmen; vor dem Servieren wieder entfernen und 1/4 Liter Wasser zugießen, um den Salzgehalt auszugleichen.

4 Ein zu dünnflüssiges Curry wird ohne Deckel einige Minuten eingekocht.

5 Hat das Curry nicht die gewünschte Schärfe, Gewürze nach eigener Wahl mit gehackten grünen Chillies in etwas heißem Öl in einer kleinen Pfanne braten (vorsichtig, die Chillies können spritzen!) und zum Curry geben.

Ein einfaches hausgemachtes Curry

oder:

Der erste Schritt zur Curry-Zubereitung

Bevor Sie sich an die Curry-Rezepte dieses Buches heranwagen, sollten Sie dieses einfache hausgemachte Curry ausprobieren. Sie können frischen Ingwer und Knoblauch durch eingelegten Ingwer und Knoblauchpüree ersetzen. Wollen Sie dieses Curry lediglich für eine Person zubereiten, läßt sich die zweite Portion gut einfrieren.

Curry für 2 Personen

HÜHNERCURRY

450 g Stubenküken oder
2 Hühnerbrustfilets oder
4 Hühnerkeulen oder
6 Hühner-Unterschenkel

LAMMCURRY

300 g Lammfleisch zum Schmoren

FISCHCURRY

2 Kabeljaufilets von etwa 225 g oder
2 Lachssteaks

GEMÜSECURRY

225 g gemischtes Gemüse, in Würfel geschnitten

CURRY-SAUCE

4 EL Öl
1 große Zwiebel, sehr fein gehackt
2 Knoblauchzehen, gehackt
½ cm frischer Ingwer, gehackt
¾ TL gemahlener Koriander
1 Prise gemahlene Gelbwurz
¼ TL gemahlener Kreuzkümmel
¼ TL garam masala
1 TL Paprikapulver
2 Tomaten, gehackt
Salz
gehacktes Koriandergrün zum Garnieren

1 Das Öl in einem schweren Topf erhitzen und die Zwiebel darin bei mittlerer Temperatur in 20–25 Minuten dunkelbraun anschwitzen. Knoblauch und Ingwer 1 Minute mitschwitzen. Gemahlenen Koriander zugeben und 1 weitere Minute rühren, dann Gelbwurz, Kreuzkümmel, *garam masala* und das Paprikapulver zugeben und 30 Sekunden unter Rühren braten. 250 ml Wasser zugießen und 10 Minuten köcheln lassen. Die Tomaten unterrühren und die Sauce weitere 5 Minuten köcheln lassen.

2 Die Curry-Sauce ist nun fertig. Mit Salz abschmecken. Hühner- oder Lammfleisch, Fisch oder Gemüse zugeben. Zum Hühnercurry 375 ml Wasser, zum Lammcurry 625 ml, 250 ml zum Fischcurry und 500 ml zum Gemüsecurry zugießen und Fleisch/Fisch/Gemüse gar köcheln. Mit gehacktem Koriandergrün bestreuen und servieren.

Mit Reis, Pitta-Brot oder auf Brotscheiben servieren.

Die Currys

ROGAN JOSH

Lamm in Knoblauch-Joghurt-Sauce

KASCHMIR

Rogan bezeichnet das im Fleisch enthaltene Fett, und *josh* heißt wörtlich »Hitze«, im übertragenen Sinn »Intensität«. Traditionell wird dieses Gericht aus fettem Fleisch mit Knochen zubereitet, es wird langsam im eigenen Fett gegart und bekommt dadurch ein besonders intensives Aroma. In unserer heute sehr cholesterinbewußten Zeit wird auf tierisches Fett verzichtet und statt dessen möglichst wenig Öl verwendet. *Rogan josh* bekommt seine »Hitze« und sein intensives Aroma durch die großzügige Zugabe von »warmen« Gewürzen wie schwarzem Kardamom und Nelken, die, so glauben die Hindus, innere Hitze erzeugen.

Das besondere Charakteristikum des Gerichtes, wie es in Kaschmir zubereitet wird, ist der verschwenderische Gebrauch von echtem kaschmirischem Chilipulver, das von zurückhaltender Schärfe ist, dafür aber dem Gericht eine leuchtendrote Farbe gibt. Die Moslems in Kaschmir verwenden zum Kochen *praan*, eine dort heimische Schalottenart, deren Geschmack Knoblauch ähnelt, und *maval*, die roten Blätter von Hahnenkammblüten, die die Farbe des Gerichtes noch stärker betonen und denen man »kühlende« Eigenschaften nachsagt. Die kaschmirischen Hindus wiederum verwenden weder *praan* noch andere Zwiebeln oder Knoblauch, sondern geben dem Gericht Volumen und Geschmack, indem sie Joghurt darunterrühren. Das kaschmirische *rogan josh* unterscheidet sich von seinen anderen indischen Variationen durch die Verwendung von gemahlenem Fenchel. Ich habe die Rezepte der Hindus und Moslems miteinander kombiniert und exotische Zutaten durch hier erhältliche ersetzt. *Rogan josh* ist eher mild und von angenehmem Geschmack. Das Curry wird gewöhnlich mit gekochtem Reis gegessen. Man kann aber auch *rotis* (Rezept Seite 158) oder einen Safran-Pilaw (Rezept Seite 156) dazu servieren.

Für 4 Personen

700 g Lammfleisch zum Schmoren oder Lammkoteletts
250 g Lammknochen für die Brühe
4 Knoblauchzehen, gehackt
Salz
$2\,^1/_2$ TL Chilipulver (vorzugsweise kaschmirisches) oder 2 TL Chili- und 1 TL Paprikapulver
125 ml Sahnejoghurt
4 EL ghee *oder Öl*
250 g Schalotten, gehackt
4 Nelken
2 große schwarze Kardamomkapseln
4 grüne Kardamomkapseln
2 Zimt- oder Lorbeerblätter
1 Muskatblüte
1 TL gemahlener Koriander
1 TL gemahlener Fenchel
1 TL gemahlener Ingwer
$^1/_4$ TL gemahlene Gelbwurz

1 Lammfleisch und -knochen zusammen mit den Knoblauchzehen, $^1/_2$ Teelöffel Salz und $1\,^1/_2$ Liter Wasser in einen Topf füllen und 20 Minuten kochen lassen. Den Topf vom Herd ziehen, das Fleisch herausnehmen und beiseite stellen. Den Schaum von der Brühe abschöpfen, die Brühe durch ein Sieb gießen und beiseite stellen.

2 Chilipulver, eventuell Paprikapulver und etwas Wasser zu einer Paste verrühren. Den Joghurt mit einer Gabel aufschlagen.

3 *Ghee* oder Öl in einem Topf erhitzen und die Schalotten in etwa 12 Minuten darin goldbraun schwitzen. Nelken, Kardamom, Zimt- oder Lorbeerblätter und die Muskatblüte zugeben und 1 Minute mitschwitzen. Koriander, Fenchel, Ingwer und Gelbwurz sowie die Chilipaste und 2 Eßlöffel Wasser zufügen und 2 Minuten ständig rühren. Das Fleisch zugeben und 5 Minuten anbraten. Die Hitze reduzieren, den Joghurt gründlich einrühren und das Fleisch einige Minuten schmoren lassen.

4 Mit Salz abschmecken. 1 Liter Lammbrühe zugießen, aufkochen und das Fleisch gar schmoren. Vor dem Servieren Zimt- oder Lorbeerblätter, Kardamomkapseln und Muskatblüte entfernen.

SHALGAM GOSHT

Lamm mit weissen Rübchen

KASCHMIR

Im Winter gehören weiße Rübchen *(shalgam)* mit ihren hübschen malvenfarbigen Tönungen zu den wenigen in Kaschmir angebotenen Gemüsesorten. Sie werden in Gruben im Schnee gelagert. Die dortige Rübchenart hat die Größe einer mittelgroßen Zwiebel und gedeiht überall im Norden Indiens. *Shalgam gosht* erfreut sich auch in Lucknow großer Beliebtheit.

Die kaschmirischen roten Chilischoten geben diesem Gericht eine wunderschöne rote Färbung, die man ersatzweise erreichen kann, indem man gemahlene Chilischoten mit Paprikapulver vermischt. Der schwarze Kardamom mit seinen muskatnußgroßen Kapseln, der zu den »warmen« Gewürzen gehört und, wie die Hindus meinen, Hitze im Körper erzeugt – ein Vorteil im Winter –, verleiht dem Gericht zusammen mit dem gemahlenen Fenchel ein köstliches Aroma. Die Rübchen verlieren ihren strengen Geschmack, wenn man sie vor der Zubereitung mit Salz einreibt und ziehen läßt.

Für 4 Personen

300 g kleine weiße Rübchen
Salz
400 g kleine Zwiebeln
2 Knoblauchzehen
4 cm frischer Ingwer
250 g mittelgroße Tomaten
etwa 250 g Lammknochen für die Brühe
1 Lorbeerblatt
5 EL Öl
1 TL rotes Chilipulver
1 1/2 TL Paprikapulver
1 TL gemahlene Gelbwurz
3/4 TL gemahlener Fenchel
1 1/2 TL gemahlener Koriander
2 schwarze Kardamomkapseln
4 grüne Kardamomkapseln
4 cm Zimtstange
700 g Lammfleisch zum Schmoren, in Stücke geschnitten

1 Die weißen Rübchen schälen und in Viertel schneiden. Jedes Stück einige Male mit einem Zahnstocher anstechen, mit Salz bestreuen, gut einreiben und mindestens 1 Stunde bei Zimmertemperatur ziehen lassen. Das Salz abspülen und die Rübchen beiseite stellen.

2 Zwiebeln, 1 Knoblauchzehe und den Ingwer hacken. Die Tomaten halbieren und reiben, die Häute dabei entfernen. Alternativ kann man die Tomaten auch häuten und im Mixer pürieren.

3 Aus den Lammknochen eine Brühe zubereiten. Dafür läßt man sie 45 Minuten mit 500 ml Wasser, 1 Knoblauchzehe und dem Lorbeerblatt kochen. Den Schaum abschöpfen und die Brühe durch ein Sieb gießen.

4 In einer Pfanne 3 Eßlöffel Öl erhitzen und die Rübchen etwa 20 Minuten darin braten, bis sie goldgelb und leicht knusprig sind. Dabei einige Male wenden, damit sie von allen Seiten Farbe annehmen. Aus der Pfanne nehmen und auf Küchenpapier abtropfen lassen.

5 Das Öl aus der Pfanne in einen Schmortopf gießen. 1 Eßlöffel Öl dazugeben und erhitzen. Die Zwiebeln darin 20–25 Minuten bei niedriger bis mittlerer Temperatur goldbraun schwitzen. Dabei darauf achten, daß die Temperatur nicht zu hoch ist, weil sie sonst ungleichmäßig bräunen. Gehackten Ingwer und Knoblauch zugeben und 5 Minuten mitschwitzen.

6 Chili- und Paprikapulver, gemahlene Gelbwurz, Fenchel und Koriander, Kardamom, Zimtstange, den restlichen Eßlöffel Öl, 2 Eßlöffel Wasser und das Lammfleisch zugeben und alles gründlich miteinander vermengen. Das Fleisch etwa 2 Minuten unter ständigem Rühren anbraten, es sollte gleichmäßig von den Gewürzen überzogen sein. Zugedeckt etwa 10 Minuten schmoren lassen, damit sich der austretende Fleischsaft mit den Gewürzen vermischen und einkochen kann.

7 Sobald die Flüssigkeit fast vollständig aufgenommen ist, den Deckel entfernen. Mit einem Kochlöffel das Fleisch etwa 5 Minuten lang ständig rühren und wenden. Durch den Kontakt mit dem heißen Topfboden kann die Gewürzmischung, die das Fleisch wie eine Hülle umschließt, ihr Aroma besonders gut entfalten und dem Gericht seinen speziellen Duft verleihen. Diese Methode heißt *bhuna*-Prozeß.

8 Mit 1 1/4 Teelöffel Salz würzen. Die pürierten Tomaten zugeben und alles gründlich miteinander verrühren. Die Brühe zugießen und das Fleisch zugedeckt etwa 30 Minuten schmoren lassen. Ungefähr 5 Minuten vor Ende der Garzeit die weißen Rübchen unterrühren. Abschmecken, eventuell nachsalzen und noch einige Minuten ziehen lassen. Vor dem Servieren eventuell Knochen entfernen. Den Herd abschalten. Falls ein Rest übrig bleibt, wird beim Erhitzen nach Belieben noch ein wenig Wasser zugegeben, da die Rübchen meist etwas Flüssigkeit aufnehmen.

Dieses Curry hat eine tiefrote Farbe. Es schmeckt jedoch nicht so scharf, wie es aussieht. Falls Sie es schärfer gewürzt mögen, sollten Sie einfach mehr Chilipulver hineingeben.

In Kaschmir bereitet man Enten mit weißen Rübchen auf dieselbe Art zu. Anstelle der weißen Rübchen schmecken auch Kartoffeln sehr gut, sie müssen allerdings nicht in Salz ziehen.

AAB GOSHT

Lamm in Milch

KASCHMIR

Dies ist ein moslemisches Rezept aus Kaschmir. *Aab* bedeutet im Persischen »Wasser« und bezieht sich auf die eher flüssige Konsistenz dieses Currys. Ein Gericht gleichen Namens, das sich jedoch von diesem Rezept unterscheidet, bereiten die Moslems in Bombay zu. Sie verwenden statt der Milch Kokosmilch. Wie in der koscheren Küche dürfen die Hindus Fleisch und Milch nicht zusammen zubereiten.

Dieses Curry ist eines der wenigen, in denen weder Chillies noch Ingwer oder Knoblauch verwendet werden. Es hat ein angenehmes, delikates Aroma und einen Hauch Süße. Es ist daher auch für Kinder geeignet (in diesem Fall sollte man den weißen Pfeffer weglassen). Zu diesem Curry passen gekochter Reis, Duftreis (Rezept Seite 156), aber auch *rotis* (Rezept Seite 158).

Für 4 Personen

8 Safranfäden
700 g Lammfleisch zum Schmoren, in Würfel geschnitten, oder Lammkoteletts
100 g Schalotten
4 EL Öl
250 g Lammknochen für die Brühe
Salz
1 Zimt- oder Lorbeerblatt
2 Nelken
6 grüne Kardamomkapseln
2 Zimtstangen, je 4 cm lang
1,2 l Milch
2 EL Sahne
$1\frac{1}{4}$ TL gemahlener Fenchel
$\frac{1}{2}$ TL gemahlener Kreuzkümmel
$\frac{1}{4}$ TL gemahlener weißer Pfeffer
$\frac{1}{2}$ TL Zucker

1 Den Safran in 4 Eßlöffel Wasser einweichen. Das Lammfleisch 30 Minuten in lauwarmes Wasser legen, bis es seine dunkle Farbe verliert.

2 Die geschälten Schalotten im Mixer pürieren oder reiben. 2 Eßlöffel Öl in einer Pfanne erhitzen und die Schalotten darin goldgelb schwitzen.

3 Lammfleisch und -knochen zusammen mit $1\frac{1}{2}$ Liter Wasser, $\frac{3}{4}$ Teelöffel Salz, Zimt- oder Lorbeerblatt, 1 Nelke, 3 Kardamomkapseln, 1 Zimtstange und den Schalotten in einen Topf füllen und gar kochen. Das Fleisch herausnehmen und beiseite stellen. Die Brühe durch ein Sieb gießen und die Knochen wegwerfen.

4 Inzwischen in einem anderen Topf die Milch mit der restlichen Nelke, 3 Kardamomkapseln und der zweiten Zimtstange aufkochen. Dabei einen Holzlöffel in den Topf halten, damit sie nicht überkocht. Die Milch unter gelegentlichem Rühren um ein Drittel einkochen lassen, vom Herd nehmen und abkühlen lassen. Durch ein Sieb gießen und die Sahne unterrühren. Das Fleisch und 750 ml Brühe dazugeben.

5 Das restliche Öl in einer kleinen Pfanne bei mittlerer Temperatur erhitzen. Gemahlenen Fenchel einrühren, nach 20 Sekunden Kreuzkümmel und Pfeffer zufügen und 10 Sekunden anbraten. Zum Fleisch geben und mit Zucker und Salz abschmecken. Das Fleisch zugedeckt einige Minuten köcheln lassen. Der Deckel verhindert, daß sich das Fleisch dunkel verfärbt.

6 Zum Servieren das Fleisch ohne Deckel etwa 2 Minuten köcheln lassen. Erst unmittelbar vor dem Anrichten den Safran unterrühren.

Falls Sie das Curry etwas schärfer mögen, geben Sie 10 Minuten vor Ende der Kochzeit, also vor dem Abgießen der Brühe (Arbeitsschritt 3), einige aufgeschlitzte grüne Chilischoten zu.

KEBAB CURRY

KEBAB-CURRY

KASCHMIR

Dieses Curry wird mit langen Fleischröllchen aus gehacktem Lammfleisch zubereitet. Das Rezept stammt von einer der führenden kaschmirischen Familien, den Dhars, die das Gericht *kofta*-Curry nennen. Sie sind der Meinung, daß längliche Fleischröllchen die Aromen des Currys besser aufnehmen als runde Fleischbällchen. Die *koftas* sind besonders zart, die Sauce ist dünnflüssig, aber sehr aromatisch.

Die verwendeten Gewürze sind traditionell für die Küche in Kaschmir – getrockneter Ingwer (frischen Ingwer gab es früher nicht in Kaschmir), gemahlener Fenchel, große schwarze Kardamomkapseln und natürlich das kaschmirische Chilipulver.

Zu diesem Gericht werden Reis (Rezepte Seite 156) und/oder *rotis* (Rezepte Seite 158) serviert.

Für 6 bis 7 Personen

FÜR DIE KEBABS

900 g sehr feines Lammhackfleisch
3 TL gemahlener Fenchel
1 1/2 TL gemahlener Ingwer
6 große schwarze Kardamomkapseln
1 1/2 TL rotes Chilipulver
1 EL Öl
Salz
1 Ei

FÜR DIE SAUCE

5 EL Sahnejoghurt
6 EL Öl
8 Nelken
5 cm Zimtstange
4 kleine Tomaten, gehackt
1 EL Tomatenmark
2 EL rotes Chilipulver
1 TL gemahlener Ingwer
Salz

1 Für die Kebabs das Lammhackfleisch noch einmal hacken oder durch den Fleischwolf drehen, es soll ganz fein sein.

2 Gemahlenen Fenchel und Ingwer vermischen. Die Kardamomsamen aus den Kapseln lösen und im Mörser zerstoßen. Alle Gewürze zusammen mit dem Fleisch in eine Schüssel geben und gründlich vermengen. Öl, Salz und das Ei zugeben und zu einem geschmeidigen Fleischteig verarbeiten.

3 Eine Schüssel mit warmem Wasser bereitstellen, in das man die Hände zum Formen der Kebabs tauchen kann. Eine Handvoll Fleischteig, etwa in Größe einer Limone, abnehmen und zu einer 7 1/2 cm langen Wurst formen. Die Fleischröllchen auf einer flachen Platte nebeneinanderlegen. Es ergeben sich 30 Fleischröllchen, die beim Garen auf etwa 5 cm zusammenschrumpfen.

4 Den Joghurt für die Sauce aufschlagen und beiseite stellen.

5 In einem flachen Kochtopf mit mindestens 25 bis 30 cm Durchmesser, so daß die Kebabs ausreichend Platz haben, das Öl bei niedriger Temperatur erhitzen. Die Nelken und die Zimtstange anbraten, nach 1 Minute die Tomaten zufügen und so lange dünsten, bis ihre Flüssigkeit fast vollständig verdampft ist. Dann das Tomatenmark unterrühren.

6 Das Chilipulver einrühren und 1 Minute mitdünsten. Den Joghurt und den gemahlenen Ingwer zugeben und 5 Minuten unter ständigem Rühren – damit der Joghurt nicht gerinnt – köcheln lassen.

7 Nun 1 1/4 Liter heißes Wasser zugießen und aufkochen lassen. Nacheinander vorsichtig die Kebabs einlegen und bei niedriger Temperatur etwa 20 Minuten in der Sauce garziehen lassen. Die Kebabs nehmen dabei viel Flüssigkeit auf. *Nicht rühren, während die Fleischröllchen garziehen. Falls die Sauce umgerührt werden muß, den Topf vorsichtig hin und her rütteln.*

8 Abschmecken und eventuell mit etwas Salz nachwürzen, das man in wenig Wasser auflöst und an verschiedenen Stellen in die Sauce gibt. Wenn sich das Öl auf der Oberfläche der Sauce absetzt, ist das Gericht fertig.

Wer das Kebab-Curry vorbereiten und aufgewärmt servieren möchte, sollte es nur so lange auf dem Herd lassen, bis sich das Öl auf der Oberfläche der Sauce abzusetzen beginnt, und dann beiseite stellen. Vor dem Servieren wird es 5–7 Minuten vorsichtig erhitzt.

Falls das Lammhackfleisch sehr fett ist, geben Sie 2 Eier in den Fleischteig. Dämpfen Sie die Kebabs 10 Minuten, damit überschüssiges Fett austreten kann, erst danach kommen sie in die Sauce.

BHUNA GOSHT

LAMM MIT GEBRATENEN GEWÜRZEN

DELHI

Bhuna bezeichnet eine charakteristische Kochmethode in der Curry-Zubereitung, bei der die Gewürze in Öl ohne Zugabe von Wasser unter ständigem Rühren angebraten werden. Ein Curry, das die Bezeichnung *bhuna* trägt, hat durch das lange Anbraten der Gewürze – etwa 20 Minuten – ein besonders intensives Aroma. Durch das ständige Rühren wird verhindert, daß die Gewürze am Topfboden ansetzen. Das Fleisch wird ohne Zugabe von Wasser mit den Gewürzen im eigenen Saft gegart, dadurch erhält dieses Gericht einen besonders kräftigen Geschmack. Das Resultat ist ein köstliches Curry, das gleichermaßen gut mit Reis, *roti* (Rezept Seite 158) oder Brot schmeckt. Damit sich der Arbeitsaufwand lohnt, ist dieses Rezept für 1 Kilogramm Lammfleisch berechnet. Was nicht sofort gegessen wird, läßt sich gut einfrieren.

Für 6 Personen

5 EL Öl
3 Zimt- oder Lorbeerblätter
1 schwarze Kardamomkapsel
8 cm Zimtstange
10 Pfefferkörner
6 Nelken
300 g Zwiebeln, sehr fein gehackt
25 g frischer Ingwer, gerieben
20 g Knoblauch, fein gehackt
8 g grüne Chilischoten, gehackt

1 kg Lammfleisch mit oder ohne Knochen, in grobe Würfel geschnitten (250 g Lammknochen, falls ausgelöstes Lammfleisch verwendet wird)
Salz
$^1/_2$ TL gemahlene Gelbwurz
1$^1/_2$ TL gemahlener Koriander
1 TL rotes Chilipulver
1 TL garam masala
250 g Tomaten, püriert
5 EL Sahnejoghurt
1 EL gehacktes Koriandergrün zum Garnieren

1 Das Öl in einem Topf zusammen mit den Zimt- oder Lorbeerblättern, Kardamom und Zimtstange erhitzen. Sobald die Blätter zu braten beginnen, die Pfefferkörner und die Nelken mitbraten. Nach 1 Minute die Zwiebeln einrühren und in etwa 15 Minuten mit leichter Farbe anschwitzen.

2 Ingwer, Knoblauch, grüne Chillies, Lammfleisch und -knochen sowie 1 Teelöffel Salz zugeben und bei niedriger Temperatur unter ständigem Rühren etwa 20 Minuten braten. Dabei alle paar Sekunden die Gewürze vom Topfboden kratzen. Falls das Ganze zu trocken wird, 2 Eßlöffel Wasser zufügen.

3 Gelbwurz, Koriander, rotes Chilipulver und *garam masala* einstreuen und unter ständigem Rühren noch 5 Minuten mitbraten. 2 Eßlöffel Wasser und die pürierten Tomaten zugeben und unter häufigem Rühren 5 Minuten köcheln lassen.

4 Nun 1 Liter Wasser zugießen und 15 Minuten köcheln lassen. Die Hitze reduzieren. Den Joghurt leicht aufschlagen, einrühren, alles gut vermischen und das Lammfleisch bei mittlerer Temperatur gar schmoren. Mit gehacktem Koriandergrün bestreuen und servieren.

NALLI KORMA

Geschmorte Lammkeule

LUCKNOW

Dieses Gericht aus Lucknow wird nur aus Lammkeulen, den *nallis,* wie sie in Indien heißen, zubereitet. Dazu gehört eine gehaltvolle, dicke Sauce, die nicht besonders scharf, aber durch die Verwendung von Kardamom, Muskatblüte, *keora*-(Pandanus-)Essenz und Safran sehr aromatisch ist. Das Gericht stammt aus der Mogulen-Küche. Ursprünglich wurden anstelle der Cashewnüsse Mandeln verwendet, man kann auch beide miteinander mischen. Der Keulenknochen gibt dem Gericht ein unverwechselbares Aroma und ist deshalb für die Zubereitung unverzichtbar. Falls Sie lieber ausgebeintes Lammfleisch verwenden, sollten Sie aus den entfernten Knochen, Wasser, 2 Knoblauchzehen und 1 Lorbeerblatt eine Brühe kochen – Kochzeit etwa 1 Stunde. Die Brühe anschließend durch ein Sieb gießen und anstelle des im Rezept angegebenen Wassers verwenden.

Für 4 Personen

Einige Safranfäden
1 EL keora-Essenz *oder Rosenblütenwasser*
125 ml Öl
400 g Zwiebeln, in dünne Scheiben geschnitten
40 g Cashewnüsse oder eine Mischung aus Cashewnüssen und Mandeln
4 grüne Chilischoten, gehackt
2 Zimt- oder Lorbeerblätter
1 EL gehackter frischer Ingwer
1 EL gehackter Knoblauch
1 kg Lammkeule
2 TL gemahlener Koriander
1 TL garam masala
Salz
2 TL rotes Chilipulver
3 EL Sahnejoghurt
$^{3}/_{4}$ *TL gemahlene Muskatblüte*
$^{1}/_{3}$ *TL gemahlener Kardamom (oder 3 grüne Kardamomkapseln, mit etwas Wasser zerstoßen)*
Saft von 1 Limone

1 Den Safran in der *keora*-Essenz oder in Rosenblütenwasser mindestens 15 Minuten einweichen.

2 Die Hälfte des Öls in einem Topf erhitzen und die Zwiebeln darin goldbraun anschwitzen. Cashewnüsse und eventuell Mandeln zugeben und weiterschwitzen, bis die Zwiebeln dunkelbraun sind.

3 Mit einem Spatel die Zwiebeln an den Topfrand drücken und dabei das Öl mit dem Pfannenwender oder Löffelrücken kräftig herauspressen. Zwiebeln und Nüsse aus dem Topf nehmen und in einer Schüssel abkühlen lassen. Zusammen im Mixer pürieren.

4 Im restlichen Öl die grünen Chillies, Zimt- oder Lorbeerblätter, Ingwer, Knoblauch, Lammfleisch, gemahlenen Koriander, die Hälfte des *garam masala* und $1^{1}/_{2}$ Teelöffel Salz unter ständigem Rühren und Wenden 10 Minuten anbraten. Die Hitze reduzieren, Chilipulver und Joghurt untermischen und unter ständigem Rühren 3 Minuten köcheln lassen, bis der Joghurt aufgenommen ist.

5 Das Zwiebel-Nuß-Püree gründlich unterrühren. Das restliche *garam masala,* Muskatblüte und Kardamom einstreuen und das Ganze einige Minuten unter Rühren köcheln lassen. 1 Liter Wasser zugießen, aufkochen lassen und das Fleisch garen. Vor dem Anrichten den Limonensaft und den Safran mit dem Rosenwasser unterrühren.

Anstelle der Lammkeule können Sie auch Lammkoteletts oder -steaks verwenden. Lammkeulen sind in Indien im allgemeinen viel kleiner als in westlichen Ländern.

JEERA ALOO SALAN

LAMMCURRY MIT KREUZKÜMMEL-KARTOFFELN

LUCKNOW

Mit *salan* bezeichnen die indischen Moslems ein Curry, in dem gleichzeitig Fleisch und Gemüse gegart werden. Fleisch wird überall im Norden Indiens und in Pakistan gern mit Kartoffeln kombiniert. Dieses Rezept stammt von einer moslemischen Feinschmeckerfamilie aus Lucknow.

Für 4 Personen

4 Kartoffeln, etwas größer als ein Ei
Salz
1 TL garam masala
2 TL gemahlener Koriander
1 TL gemahlener Kreuzkümmel
1 TL rotes Chili- oder Paprikapulver
5 EL Öl
¾ TL Kreuzkümmelsamen
200 g Zwiebeln, in dünne Scheiben geschnitten
2 Zimt- oder Lorbeerblätter
6 grüne Kardamomkapseln
2 große schwarze Kardamomkapseln
½ cm Muskatblüte
2 TL gehackter frischer Ingwer
2 TL gehackter Knoblauch
700 g Lammfleisch zum Schmoren, grob zerteilt
Einige Lammknochen, grob zerhackt
5 cm Zimtstange
6 Nelken
200 g Tomaten, fein gehackt

1 Die Kartoffeln schälen, mit etwas Salz einreiben und etwa 15 Minuten ziehen lassen. Gründlich abspülen und trockentupfen. Die 4 gemahlenen Gewürze mit etwas Wasser zu einer Paste verrühren und beiseite stellen.

2 Öl und Kreuzkümmelsamen in einem Topf erhitzen. Die Kartoffeln darin goldbraun und knusprig braten, aus dem Topf nehmen und beiseite stellen. Das Öl aus dem Topf durch ein Sieb gießen und 3 Eßlöffel davon zurück in den Topf geben.

3 Die Zwiebeln in dem Öl unter gelegentlichem Rühren goldbraun anschwitzen. Zimt- oder Lorbeerblätter sowie die ganzen grünen Kardamomkapseln, die ausgelösten Samen der schwarzen Kardamomkapseln und die Muskatblüte zugeben und so lange mitschwitzen, bis die Zwiebeln dunkelbraun sind, insgesamt etwa 25 Minuten.

4 Die Gewürzpaste zugeben und 1–2 Minuten weiterrühren. 2 Eßlöffel Wasser untermischen. Ingwer und Knoblauch zufügen und weitere 30 Sekunden rühren.

5 Lammfleisch und -knochen mit der Zimtstange und den Nelken dazugeben und 5–7 Minuten unter Rühren anbraten. Zuletzt die Tomaten untermischen und ihre Flüssigkeit einkochen lassen.

6 Nun 875 ml Wasser zugießen, 1¼ Teelöffel Salz einstreuen und zugedeckt bei niedriger Temperatur etwa 35 Minuten köcheln lassen. Die gebratenen Kartoffeln zufügen und das Fleisch gar schmoren. Dabei darauf achten, daß die Kartoffeln nicht länger als 8–10 Minuten zusammen mit dem Fleisch schmoren, damit sie nicht zerfallen. Knochen und Zimt- oder Lorbeerblätter entfernen. Das Curry abschmecken und eventuell mit etwas Salz nachwürzen.

Falls Sie etwas mehr Sauce wünschen, geben Sie mit den Kartoffeln zusätzlich 125 ml Wasser zum Curry.

AACHAR GOSHT

Lamm mit Aachar-Gewürzen

BHOPAL

Aachar ist die indische Entsprechung der englischen *pickles*. Die Basis für ein *aachar* sind meist Senföl und eine spezielle Gewürzmischung (dieselben Gewürze, wie sie für die Zubereitung dieses Gerichts verwendet werden). Dieses Curry wurde ursprünglich von vornehmen Familien in Bhopal gekocht und erschien im Taj Mahal Hotel in Delhi zum ersten Mal auf einer Restaurant-Speisekarte. Das grüne Curry, ein gutes Beispiel für indische Hausmannskost, hat einen leicht säuerlichen Geschmack und ist nicht so feurig, wie die Zutaten vermuten lassen: Die Schärfe der Chilischoten wird durch den Joghurt gemildert. Wer das Curry noch weniger scharf möchte, entfernt die Samen aus den grünen Chilischoten. Die traditionelle Zubereitungsart sieht Senföl vor, das ein eindeutiges, kräftiges Aroma besitzt, welches allerdings nicht jedermanns Geschmack ist. Es kann durch ein neutrales Öl ersetzt werden.

Zu diesem Gericht passen *pulao* (Pilaw, Rezept Seite 156), ein trockener gekochter Reis, der die Sauce gut aufnimmt, oder weiche *rotis* oder *parathas* (Rezepte Seite 158, 160).

Für 4 Personen

700 g Lammfleisch zum Schmoren mit einigen Lammknochen oder 4 Lammkoteletts mit etwas Lammfleisch zum Schmoren
250 g Sahnejoghurt
1 Bund Koriandergrün mit Stengeln
250 g Zwiebeln, gehackt
2 TL gehackter Knoblauch
$1\frac{1}{2}$ TL gehackter frischer Ingwer
$1\frac{1}{2}$ TL Fenchelsamen
1 TL Kreuzkümmelsamen
1 TL Schwarzkümmelsamen (kalonji)
$\frac{3}{4}$ TL Bockshornkleesamen
$\frac{3}{4}$ TL Senfkörner
8 scharfe grüne Chilischoten
4 EL Öl
1 Prise gemahlene Gelbwurz
Salz

1 Das Lammfleisch etwa 15 Minuten in warmes Wasser legen, damit es seine dunkle Farbe verliert. Joghurt und Koriandergrün im Mixer pürieren und beiseite stellen. Zwiebeln, Knoblauch und Ingwer ebenfalls im Mixer pürieren.

2 Fenchel-, Kreuzkümmel-, Schwarzkümmel- und Bockshornkleesamen sowie die Senfkörner im Mörser leicht zerstoßen. Die Chilischoten längs aufschlitzen und mit der Hälfte der zerstoßenen Gewürze füllen. Die restliche Gewürzmischung beiseite stellen.

3 Das Öl in einem flachen Topf oder in einer tiefen Pfanne erhitzen. Die Chilischoten darin braten, bis sie ihre grüne Farbe verlieren. Das Zwiebel-Knoblauch-Ingwer-Püree hineingeben und 7–10 Minuten bei mittlerer Temperatur schwitzen lassen, bis sich die Mischung leicht rosa verfärbt.

4 Die Hitze reduzieren, die restliche Gewürzmischung einstreuen und 1 Minute mitschwitzen. Den Joghurt mit dem Koriandergrün unterrühren und mit Gelbwurz und 1 Teelöffel Salz würzen. Dabei ständig rühren, damit der Joghurt nicht gerinnt. Aufkochen lassen, das Fleisch (und eventuell Knochen) zugeben und gut mit der Gewürzmischung überziehen. Nach 1 Minute die Temperatur ganz herunterschalten und das Fleisch zugedeckt gar schmoren (etwa 45 Minuten). Vor dem Servieren die Knochen entfernen.

PALAK GOSHT

Lamm mit Spinat

PUNJAB

Im Punjab pflegt man eine bodenständige Küche. Hier gibt es große Weizen-, Reis- und Maisfelder. Auch Senfpflanzen, Tomaten und andere wohlschmeckende Gemüsesorten werden angebaut, die die Leute mit einer großzügigen Portion selbstgemachter Butter gut zuzubereiten verstehen. Darüber hinaus schätzen sie das Fleisch ihrer Hühner und Schafe, die in freier Natur aufgezogen werden. Dieses Hausmannsgericht ist inzwischen auch häufig auf den Speisekarten von Restaurants zu finden. Am besten schmeckt es mit *parathas* oder *rotis* (Rezepte Seite 158, 160).

Für 4 Personen

700 g Lammfleisch, grob zerteilt
1 Stück frischer Ingwer, 2 cm x 5 mm groß
2 große Knoblauchzehen
1–2 grüne Chilischoten
125 ml Joghurt
1/4 TL gemahlener Kreuzkümmel
200 g frischer oder tiefgefrorener Spinat
4 EL Öl
1 Zimt- oder Lorbeerblatt
1 schwarze Kardamomkapsel
2 Nelken
225 g Zwiebeln, gehackt
1 TL gemahlener Koriander
1/2 TL gemahlener Kreuzkümmel
2 mittelgroße Tomaten, gehackt
1 EL Tomatenmark
1 TL Salz
Etwas geriebene Muskatnuß zum Bestreuen
Etwas Butter (nach Belieben)

1 Das Lammfleisch etwa 15 Minuten in eine Schüssel legen und mit warmem Wasser bedecken, es verliert auf dieses Weise seine dunkle Farbe.

2 Ingwer, Knoblauch und grüne Chilischoten im Mixer pürieren. Den Joghurt aufschlagen und zusammen mit dem gemahlenen Kreuzkümmel unter das Püree rühren.

3 Das Lammfleisch mindestens 1 Stunde, nach Möglichkeit länger in dieser Mischung marinieren. In der Zwischenzeit den frischen Spinat 10 Sekunden in kochendem Salzwasser blanchieren. Das Wasser abgießen, den Spinat (ebenso den tiefgefrorenen) gut abtropfen lassen und pürieren.

4 Das Öl zusammen mit dem Zimt- oder Lorbeerblatt, Kardamom und den Nelken in einem Topf erhitzen. Sobald das Zimt- oder Lorbeerblatt zu braten beginnt, die Zwiebeln dazugeben und bei niedriger bis mittlerer Temperatur 15 Minuten anschwitzen.

5 Den gemahlenen Koriander einstreuen und unter ständigem Rühren 2 Minuten mitschwitzen. Den gemahlenen Kreuzkümmel einrühren, nach 10 Sekunden etwas Wasser zugeben und kurz köcheln lassen.

6 Das Lammfleisch samt der Marinade in den Topf füllen, gut umrühren, bei mittlerer Temperatur 10 Minuten schmoren lassen, bis der Joghurt aufgenommen ist, und weitere 3 Minuten ständig rühren. Die Tomaten und das Tomatenmark untermischen und einige Minuten durchschwitzen. Gut 300 ml heißes Wasser zugießen und mit 3/4 Teelöffel Salz würzen. Die Temperatur herunterschalten und das Fleisch zugedeckt bei niedriger Temperatur schmoren lassen. Sobald es weich ist, den pürierten Spinat unterrühren und nochmals mit Salz abschmecken. Ohne Deckel noch 5 Minuten köcheln lassen. Vor dem Servieren mit etwas geriebener Muskatnuß bestreuen und nach Belieben ein Stückchen Butter zugeben.

ELAICHI GOSHT

Lamm mit Kardamom

SINDHI-REZEPT AUS BOMBAY

Die Sindhis hinduistischen Glaubens emigrierten 1947 aus dem Staat Sindh, der heute zu Pakistan gehört, nach Indien. Die Mehrzahl von ihnen ließ sich in Bombay nieder. Sindhi-Gerichte werden nur im Familienkreis, nicht in Restaurants gekocht. Das Rezept für *elaichi gosht* stammt von meiner Mutter. Man benötigt nur wenige Zutaten, und die Zubereitung ist ganz einfach.

Dieses Lammgericht mit seiner dünnflüssigen Sauce, die das kräftige Aroma von Kardamom *(elaichi)* und schwarzem Pfeffer hat, ist ein Lieblingsessen der Sindhis. In vielen Teilen Indiens ist es Brauch, Frauen nach der Geburt eines Kindes gepfefferte Speisen zu servieren, und in der Region um die Stadt Hyderabad in Sindh wurde dieses Gericht jeden Tag jungen Müttern vorgesetzt. Traditionell ißt man dazu *chapatis* (Rezept Seite 158), mit Reis schmeckt es aber genausogut.

Für 6 Personen

1 kg Lammfleisch, mit oder ohne Knochen, grob gewürfelt
125 ml Sahnejoghurt
35 grüne Kardamomkapseln
125 ml Öl
2 TL gemahlener schwarzer Pfeffer
1 TL gemahlene Gelbwurz
1 TL Chilipulver
2 TL gemahlener Koriander
3 mittelgroße säuerliche Tomaten, fein gehackt
Salz

1 Lammfleisch mit Knochen unter warmem Wasser abspülen. Den Joghurt in einer Schüssel mit einer Gabel aufschlagen.

2 Die grünen Kardamomkapseln mit einigen Tropfen Wasser im Mixer pürieren oder in einer Gewürzmühle mahlen und dann mit etwas Wasser zu einer Paste verrühren.

3 In einem Topf das Öl erhitzen. Die Kardamompaste und den Pfeffer darin bei niedriger Temperatur trocken schwitzen, das dauert 2–3 Minuten. Das Fleisch mit Gelbwurz, Chilipulver und Koriander zugeben und unter ständigem Wenden 10 Minuten anbraten. Dabei darauf achten, daß nichts am Topfboden ansetzt. Eventuell einige Tropfen Wasser zugeben.

4 Bei niedriger Temperatur Joghurt, Tomaten und Salz zufügen und unter ständigem Wenden 5 Minuten schmoren lassen. Etwa 1 Liter Wasser zugießen und das Fleisch zugedeckt, ebenfalls bei niedriger Temperatur, garen.

Das Geheimnis für das Gelingen dieses Gerichts liegt darin, daß Fleisch und Gewürze ganze 10 Minuten gebraten werden (Arbeitsschritt 3) und die Gewürze dabei nicht anbrennen dürfen. Daher ist es wichtig, die Temperatur niedrig zu halten und die gesamte im Rezept angegebene Menge Öl zu verwenden.

SEYAL GOSHT

Lamm in Zwiebeln und Joghurt

SINDHI-REZEPT AUS BOMBAY

S*eyal* bedeutet in der Sprache der Sindhis, etwas in Zwiebeln und Gewürzen ohne Zugabe von Wasser langsam zu garen. Lammfleisch (in Indien gewöhnlich Hammelfleisch) wird zusammen mit einer großen Menge gehackter Zwiebeln, Tomaten und Joghurt zubereitet und mit ganzen sowie gemahlenen Gewürzen und Kräutern aromatisiert. Diesem Gericht, das aus der Familienküche stammt, sagt man gesundheitsfördernde Eigenschaften nach. Durch die Zwiebeln bekommt die Curry-Sauce eine sämige Konsistenz.

Zu diesem Gericht schmecken *rotis*, ungesäuerte indische Brotsorten (Rezept Seite 158), besonders gut. Das Curry kann aber auch samt seiner dicken Zwiebelsauce auf Brotscheiben angerichtet und zum Brunch oder zum sonntäglichen Mittagsimbiß serviert werden. Wer Reis dazu möchte, sollte einen Pilaw (Rezept Seite 156) zubereiten.

Für 6 Personen

850 g große Zwiebeln, gehackt
450 g Tomaten
375 ml Sahnejoghurt
2 reichliche Handvoll Koriandergrün
3 grüne Chilischoten
1 kg Lammfleisch zum Schmoren und -koteletts, gemischt
4 Zimt- oder Lorbeerblätter
2 große schwarze Kardamomkapseln
6 grüne Kardamomkapseln
1 Muskatblüte
5 cm Zimtstange
12 Pfefferkörner
6 Nelken
150 ml Öl
6 TL gehackter frischer Ingwer
6 TL gehackter Knoblauch
$4\frac{1}{2}$ TL gemahlener Koriander
2 TL gemahlener Kreuzkümmel
$\frac{1}{2}$ TL gemahlene Gelbwurz
2 TL rotes Chilipulver (oder Paprikapulver, wenn man es milder mag)
Salz
1 TL Kümmel
1 TL gemahlener grüner Kardamom

1 Die Zwiebeln im Mixer pürieren und in einer Schüssel beiseite stellen. Die Tomaten ebenfalls im Mixer pürieren und in einer anderen Schüssel beiseite stellen.

2 Joghurt, Koriandergrün und grüne Chilischoten zusammen im Mixer zu einer glatten Marinade vermischen. Das Lammfleisch mindestens 1 Stunde darin ziehen lassen.

3 Zimt- oder Lorbeerblätter, schwarze und grüne Kardamomkapseln, Muskatblüte, Zimtstange, Pfefferkörner und Nelken in ein kleines Mulltuch binden. (In Indien gibt man diese Gewürze direkt in den Topf und entfernt sie während des Essens. So können Sie es natürlich auch machen und auf das Gewürzsäckchen verzichten.)

4 In einem Topf die Hälfte des Öls erhitzen. Das Zwiebelpüree darin bei mittlerer Temperatur 20 Minuten schwitzen lassen, so daß ein Teil seiner Flüssigkeit verdampft. Dabei gelegentlich umrühren.

5 In der Zwischenzeit das restliche Öl mit dem Gewürzsäckchen oder den ganzen Gewürzen in eine Pfanne geben und bei niedriger Temperatur erhitzen. Nach 2 Minuten Ingwer und Knoblauch zugeben, nach weiteren 2 Minuten Koriander, Kreuzkümmel, Gelbwurz und rotes Chilipulver zusammen mit 3 Eßlöffel Wasser einrühren. Alles gründlich miteinander vermischen und zu den Zwiebeln in den Topf geben.

6 Die pürierten Tomaten unterrühren, 5 Minuten köcheln, dann abkühlen lassen. Das Fleisch mit der Joghurtmarinade untermischen und nochmals 1 Stunde marinieren.

7 Etwa 2 Teelöffel Salz einstreuen und gründlich unterrühren. Erhitzen und 5 Minuten bei hoher Temperatur halten, damit sich die Fleischporen schließen. Die Hitze reduzieren und das Fleisch gar schmoren. Wer mag, gibt alles in eine feuerfeste Tonform und schiebt sie etwa $1\frac{1}{2}$ Stunden in den auf 160 °C vorgeheizten Ofen. Vor dem Servieren das Gewürzsäckchen entfernen. Den Kümmel zerstoßen und zusammen mit dem gemahlenen Kardamom über das Gericht streuen. Das ergibt ein herrliches Aroma.

Weil für die Zubereitung dieses Gerichts keine Brühe vorgesehen ist, sollten Sie Lammfleisch mit Knochen bevorzugen. Es müssen nicht unbedingt Lammkoteletts sein, andere Fleischstücke mit Knochen sind genausogut. Falls Sie jedoch ausgebeintes Lammfleisch vorziehen, sollten Sie mindestens 2 mittelgroße Knochen mitschmoren und vor dem Servieren entfernen.

JARDALOO BOTI

LAMM MIT APRIKOSEN

BOMBAY

Lamm oder Huhn mit Aprikosen ist ein beliebtes Parsi-Gericht. Der persische Einfluß zeigt sich in der Verwendung von Hunza- oder afghanischen Aprikosen, die meiner Meinung nach am besten sind. Man kann sie jedoch durch getrocknete Aprikosen ersetzen.
Dieses Gericht mit seiner süß-sauren Note läßt sich einfach zubereiten. Am besten schmeckt es mit Reis; man kann es aber auch mit einer Gemüsebeilage – wie in westlichen Küchen üblich – servieren.

Für 4 Personen

100 g getrocknete Aprikosen
1½ TL Weinessig
4 EL Öl
2 Zwiebeln, sehr fein gehackt
1 Würfel Ingwer mit 1 cm Kantenlänge, gehackt
2 große Knoblauchzehen, fein gehackt
7½ cm Zimtstange
6 grüne Kardamomkapseln
1½ TL rotes Chilipulver
½ TL gemahlener Kreuzkümmel
2 Tomaten, gehackt
700 g Lammfleisch zum Schmoren, grob zerteilt
¾ TL garam masala
¼ TL gemahlener schwarzer Pfeffer
Salz
1 TL Zucker

1 Die Aprikosen in 250 ml Wasser, mit ½ Teelöffel Essig vermischt, 3 Stunden einweichen. Anschließend die Steine entfernen.

2 Das Öl in einem Topf erhitzen und die Zwiebeln darin in etwa 12 Minuten goldbraun schwitzen. Ingwer und Knoblauch einrühren, nach 3 Minuten die Zimtstange und den Kardamom und nach einer weiteren Minute das Chilipulver und den gemahlenen Kreuzkümmel mitschwitzen.

3 Die Tomaten untermischen und 5 Minuten köcheln lassen. Das Fleisch, *garam masala* und den Pfeffer zugeben und unter Rühren etwa 5 Minuten schmoren lassen. Salz und 250 ml Wasser zufügen und das Fleisch bei sehr niedriger Temperatur langsam gar schmoren. Falls zu wenig Flüssigkeit im Topf ist, etwa 125 ml Wasser nachgießen.

4 Den restlichen Teelöffel Essig, Zucker und die abgetropften Aprikosen zum Fleisch geben, alles gründlich vermischen und noch 10 Minuten weiterschmoren lassen. Servieren.

KAARI

BORI-CURRY

BOMBAY

Die Boris sind moslemische Kaufleute, die eigentlich aus dem indischen Staat Gujarat stammen. Sie leben jetzt in Bombay und nur noch an einigen wenigen Orten in Gujarat selbst, wie zum Beispiel Surat. Ihre Küche wird von den Einwohnern Bombays sehr geschätzt, vor allem Gerichte wie *biryani* (reichhaltiger Pilaw) und *khichda* (eine Art Eintopf aus Weizen, Fleisch und Linsen). Das folgende Curry ist nicht besonders bekannt, da es in keinem Restaurant auf der Speisekarte steht. Es heißt *kaari,* und die Aga Khanis, ebenfalls eine moslemische Minderheit, nennen es *curry chawal (chawal* heißt Reis), also Curry und Reis. Sie bereiten das Gericht mit einer fertigen Curry-Mischung zu, die die Bori-Gewürzhändler vorrätig halten und die gemahlene Erdnüsse und Kichererbsen *(chanas)* enthält. Da diese Mischung im Westen kaum erhältlich ist, habe ich die Zutaten dafür einzeln aufgelistet.

Für dieses köstliche Gericht werden Fleisch und Kartoffeln zusammen gekocht. Das goldgelbe Curry hat eine cremige Konsistenz und einen milden Geschmack, in dem sich der Reichtum der Mogulen-Küche, in der häufig Nüsse verwendet werden, mit den Aromen von Bombay – Kokosnuß, Sesamsamen und Curryblätter – verbindet.

Für 4 Personen

10 Mandeln
8 Cashewnüsse
1 EL geröstete Erdnüsse
1 EL geröstete Kichererbsen
2 TL Sesamsamen
1 Zwiebel, gehackt
4 gehäufte TL Koriandersamen
2 TL Kreuzkümmelsamen
12 getrocknete rote Chilischoten
6 TL getrocknete Kokosflocken
70 g frische Koskosnuß
25 g Tamarinde
250 g mittelgroße Kartoffeln
150 ml Öl
5 Nelken
15 cm Zimtstange
10–12 Pfefferkörner
15 Curryblätter
Salz
250 g kleine Zwiebeln, in Scheiben geschnitten
700 g Lammfleisch zum Schmoren, grob zerteilt, und einige Knochen für die Brühe
½ TL gemahlene Gelbwurz
½ TL garam masala
3 grüne Chilischoten
1 Handvoll Koriandergrün, gehackt
1 EL gehackte Minzeblätter

1 Für die Gewürzmischung die Mandeln, Cashew- und Erdnüsse, Kichererbsen, Sesamsamen und die Zwiebel in einer Pfanne ohne Zugabe von Fett etwa 5 Minuten rösten. Herausnehmen und beiseite stellen. Koriander- und Kreuzkümmelsamen, getrocknete rote Chilischoten und Koskosflocken 2 Minuten rösten (die Pfanne ist ja bereits heiß). Alle Nüsse und Gewürze zusammen mit 125 ml Wasser im Mixer zu einer Paste verarbeiten.

2 Die frische Kokosnuß in Stücke schneiden. Zusammen mit 500 ml heißem Wasser im Mixer zu einer feinen Milch verarbeiten. Die Flüssigkeit durch ein Sieb abgießen und dabei die zermahlene Kokosnuß mit einem Löffelrücken gut ausdrücken. Die Milch beiseite stellen.

3 Die Tamarinde in 125 ml heißem Wasser einweichen, durch ein Sieb abgießen und dabei die Tamarinde gut ausdrücken. Das Tamarindenwasser beiseite stellen. Die Kartoffeln schälen und quer halbieren, größere Kartoffeln vierteln.

4 Das Öl in einem Topf erhitzen. Die Nelken, Zimtstange, Pfefferkörner und die Hälfte der Curryblätter darin bei niedriger Temperatur 2 Minuten anbraten. Die Kartoffeln und etwas Salz hineingeben und 5 Minuten mitbraten. Die Kartoffeln herausnehmen und beiseite stellen.

5 Die Zwiebelscheiben in den Topf geben und 7–8 Minuten in dem würzigen Öl anschwitzen. Das Fleisch zufügen und 5 Minuten rundum anbraten. Die restlichen Curryblätter zugeben, 750 ml Wasser aufgießen und mit Salz würzen. Bei niedriger Temperatur etwa 40 Minuten köcheln lassen.

6 Die Nuß-Gewürz-Paste, Gelbwurz, *garam masala,* die Chilischoten und das abgesiebte Tamarindenwasser unterrühren.

7 Kartoffeln, Kokosmilch, Koriander- und Minzeblätter zugeben und das Fleisch zugedeckt in 30 Minuten garen. Den Topf vom Herd nehmen und zugedeckt bis zum Servieren beiseite stellen, damit die Gewürze ihr volles Aroma entwickeln.

Anstelle der Kichererbsen können Sie besan-*Mehl verwenden, das aus gerösteten Kichererbsen hergestellt wird; es ist in indischen Lebensmittelläden erhältlich. Anstatt der ganzen gerösteten Kichererbsen kommt 1 Eßlöffel Kichererbsenmehl zu der Gewürzmischung in den Mixer.*

ANDHRA STYLE LAMB CURRY

Lammcurry auf Andhra-Art

NELLORE IN ANDHRA

Die Andhra-Küche ist die würzigste und pikanteste Indiens. Das in diesem Rezept verwendete Chilipulver aus Guntur ist eines der schärfsten, allerdings mildert hier der Joghurt seine Schärfe. Das Rezept stammt aus dem Hause von Mr. Chenna Reddy, dem ehemaligen Ministerpräsidenten des indischen Staates Andhra, bei dem man hervorragend zu speisen pflegt. Seine Frau beaufsichtigt die Arbeiten in der Küche, und dieses Gericht hat sie selbst kreiert. Ich habe die Mengen von Knoblauch und Ingwer um jeweils einen halben Teelöffel reduziert, weil die ganze Menge die Geschmacksnerven westlicher Gaumen überfordern könnte.
Dieses Curry sollte mit Reis serviert werden. Falls das Gericht eine sämigere Konsistenz hat, schmecken auch *rotis* (Rezept Seite 158) hervorragend dazu.

Für 4 Personen

200 ml Sahnejoghurt
$2\frac{1}{2}$ TL zerdrückter Knoblauch
$2\frac{1}{2}$ TL geriebener frischer Ingwer
2 TL rotes Chilipulver
$\frac{1}{2}$ TL gemahlene Gelbwurz
2 EL gehacktes Koriandergrün
700 g Lammfleisch zum Schmoren, grob zerteilt
3 EL Öl
2 mittelgroße Zwiebeln, fein gehackt
2 grüne Kardamomkapseln
4 Nelken
3 mittelgroße Tomaten, fein gehackt
$\frac{1}{2}$ TL Kümmel
10–12 Curryblätter
Salz

1 Den Joghurt mit einer Gabel aufschlagen und Knoblauch, Ingwer, Chilipulver, Gelbwurz und Koriandergrün unterrühren. Das Fleisch in dieser Mischung 2–4 Stunden marinieren. Bei warmem Wetter das Fleisch zum Marinieren in den Kühlschrank stellen.

2 Das Öl in einem Topf erhitzen und die Zwiebeln darin goldbraun anschwitzen. Kardamom und Nelken 1 Minute mitschwitzen.

3 Das Fleisch mit der Marinade in den Topf füllen und nach 5 Minuten die Temperatur ganz klein schalten. In etwa 10 Minuten die Marinade vollständig einkochen lassen und das Fleisch weitere 5 Minuten ständig wenden *(bhuna*-Technik).

4 Die Tomaten zugeben und 5 Minuten köcheln lassen, bis ihre Flüssigkeit verdampft ist. Das Fleisch erneut 5 Minuten ständig wenden.

5 Den Kümmel, die Curryblätter und Salz zugeben und 2 Minuten rühren. $\frac{3}{4}$–1 Liter heißes Wasser (je nach gewünschter Konsistenz der Sauce) zugießen und das Fleisch zugedeckt bei niedriger Temperatur gar schmoren.

Nach Belieben können Sie das Gericht auch mit Kartoffeln anreichern. Dafür 2 mittelgroße Kartoffeln schälen, vierteln und 20 Minuten vor Ende der Garzeit zum Fleisch geben. Statt der beiden mittelgroßen können es auch 6–8 kleine Kartoffeln sein. Die Wassermenge dabei um 200 ml erhöhen und eine zusätzliche Prise Salz zugeben.

DHANIYA KEEMA

Lammgehacktes mit Koriander

HYDERABAD

Seinen Gästen Hackfleisch vorzusetzen, gehört in der westlichen Welt nicht gerade zur feinen Art, aber bei den indischen Moslems zählt Lammgehacktes, das sie hervorragend zuzubereiten verstehen, zu den Delikatessen. Es wäre daher schade, auf dieses Rezept zu verzichten. Aus Hyderabad kommt dieses Gericht mit frischem Koriandergrün. Das Geheimnis der Zubereitung besteht darin, daß absolut mageres Fleisch verwendet und besonders fein gehackt wird. Servieren Sie dieses Gericht mit *roti* (Rezept Seite 158), Reis oder als Teil einer westlich orientierten Mahlzeit, zusammen mit einer Gemüsebeilage. Auch mit Nudeln schmeckt es gut.

Für 4 Personen

700 g besonders fein durchgedrehtes Lammfleisch
3 Knoblauchzehen
2 Zimt- oder Lorbeerblätter
150 ml Öl
300 g Zwiebeln, fein gehackt
5 cm Zimtstange
3 Nelken
3 grüne Kardamomkapseln
1 Stück frischer Ingwer, 1 cm x 5 mm groß, fein gehackt
1–2 grüne Chilischoten, fein gehackt
1/4 TL gemahlene Gelbwurz
3/4 TL gemahlener Kreuzkümmel
1 TL gemahlener Koriander
1 TL garam masala
2 Tomaten, fein gehackt
Salz
2 Handvoll Koriandergrün, fein gehackt

1 Das Lammhackfleisch mit 500 ml Wasser, 1 ganzen geschälten Knoblauchzehe und den Zimt- oder Lorbeerblättern zum Kochen bringen und 10 Minuten köcheln lassen. Das Wasser abgießen. Auf diese Weise verliert das Lammfleisch seinen strengen Geruch.

2 Die restlichen beiden Knoblauchzehen fein hacken.

3 Das Öl in einem Topf erhitzen und die Zwiebeln darin in etwa 20 Minuten goldbraun schwitzen. Die Zimtstange, Nelken, Kardamom, Ingwer, Knoblauch und die Chilischoten 2 Minuten mitschwitzen. Das Lammhackfleisch zufügen und unter ständigem Wenden 5 Minuten anbraten. Gelbwurz, Kreuzkümmel, Koriander und die Hälfte des *garam masala* untermischen und 5 Minuten unter gelegentlichem Rühren weiterbraten. Die Tomaten einrühren und mit Salz würzen.

4 Sobald die Tomaten vollständig verkocht sind, noch 2 Minuten weiterrühren. Knapp 500 ml Wasser zugießen und das Fleisch weich garen. Zum Schluß das Koriandergrün und das restliche *garam masala* untermischen und ohne Deckel noch 3 Minuten rühren. Es darf nur wenig Sauce zurückbleiben.

DALCHA

Lamm mit Hülsenfrüchten

HYDERABAD

Lamm- oder Hammelfleisch mit Hülsenfrüchten zu kombinieren ist eine beliebte Zubereitungsart im Norden und Westen Indiens. Die Nordinder bereiten ein Gericht namens *daal gosht* zu, die Parsis im Westen des Landes *dhansak,* die Boris aus Bombay *khichda* und die Moslems in Hyderabad *haleem* und *dalcha. Dalcha* hat einen etwas säuerlichen Geschmack, der von den Curryblättern und frischem Koriander leicht übertönt wird.

Für 8 Personen

Einige Lammknochen
1 Lorbeerblatt
1 Knoblauchzehe
250 g Kichererbsen (chana dal)
250 g rote Linsen (toor dal)
50 g Tamarinde
Salz
$^3/_4$ TL gemahlene Gelbwurz
6 grüne Chilischoten, gehackt
3 EL gehacktes Koriandergrün
25 Curryblätter
8 EL Öl
250 g Zwiebeln, in Scheiben geschnitten
6 Nelken
6 grüne Kardamomkapseln
10 cm Zimtstange
2 TL rotes Chilipulver
3 TL zerdrückter Knoblauch
3 TL geriebener frischer Ingwer
700 g Lammfleisch zum Schmoren, grob zerteilt
3 Tomaten, gehackt

ZUM WÜRZEN

6 getrocknete rote Chilischoten (nach Belieben)
3 Knoblauchzehen, zerdrückt
1 TL Kreuzkümmelsamen
$^1/_4$ TL Senfkörner
$^1/_3$ TL garam masala

1 Die Lammknochen zusammen mit $1^1/_4$ Liter Wasser, dem Lorbeerblatt und der Knoblauchzehe in einen Topf füllen und 30 Minuten kochen lassen. Dabei den aufsteigenden Schaum von der Oberfläche abschöpfen. Die Brühe durch ein Sieb gießen und beiseite stellen.

2 Die Hülsenfrüchte gründlich abspülen und getrennt 4 Stunden in kaltem Wasser einweichen. Die Tamarinde in 250 ml heißem Wasser 1 Stunde einweichen. Durch ein Sieb abgießen, dabei die Tamarinde gut ausdrücken und das Tamarindenwasser beiseite stellen.

3 Die Hülsenfrüchte abgießen. Zusammen mit 2 Liter frischem Wasser und 1 Teelöffel Salz, gemahlener Gelbwurz, 3 grünen Chilischoten, 1 Eßlöffel Koriandergrün und 10 Curryblättern in einen Topf geben und in etwa $1^1/_2$ Stunden weich kochen. Zu einem cremigen Püree verrühren.

4 Die Hälfte des Öls in einem anderen großen Topf erhitzen und die Zwiebeln darin 5–7 Minuten anschwitzen. Die Nelken, Kardamom, die Zimtstange, die restlichen grünen Chillies, rotes Chilipulver, die restlichen Koriander- und Curryblätter, Knoblauch und Ingwer zugeben und mitschwitzen. Dabei rühren, damit die Gewürze nicht am Topfboden ansetzen. Falls nötig, mit 2 Eßlöffel Wasser beträufeln.

5 Das Lammfleisch in den Topf geben und bei mittlerer Temperatur 5 Minuten anbraten. Die Tomaten untermischen und weitere 5 Minuten schmoren lassen. Das *dal*-Püree einrühren, die Brühe aufgießen (eventuell mit Wasser auf 1 Liter ergänzen) und mit Salz (etwa $^3/_4$ Teelöffel) abschmecken. Aufkochen lassen und das Fleisch zugedeckt bei mittlerer Temperatur gar köcheln. Die Garzeit wird 50–60 Minuten betragen. Das Tamarindenwasser und die restlichen Curryblätter zufügen und alles zusammen noch einige Minuten köcheln lassen.

6 Kurz vor dem Servieren das restliche Öl in einer Pfanne erhitzen und die einmal durchgebrochenen getrockneten roten Chilischoten sowie Knoblauch, Kreuzkümmelsamen, Senfkörner und *garam masala* (in dieser Reihenfolge) hineingeben. Sobald alle Gewürze in der Pfanne sind, noch 10 Sekunden braten. Diese Gewürzmischung unter das Curry rühren, und fertig ist das Gericht.

MADRAS STYLE LAMB CURRY

LAMMCURRY AUF MADRAS-ART

TAMIL NADU

Das Madras-Curry, ein Standardgericht, das in vielen indischen Restaurants in Großbritannien angeboten wird, findet man in Madras nirgendwo. Auf einer Reise in den tiefen Süden der Coromandel-Küste Indiens war in der Nähe des Ortes Tranquebar, das im 17. Jahrhundert von den Dänen gegründet wurde, zur Mittagszeit weit und breit keine Speisegelegenheit in Sicht. Der Dorfköchin gelang es jedoch im Handumdrehen, aus Hammelfleisch ein Curry zu zaubern. In diesem Rezept habe ich das Hammelfleisch durch Lammfleisch ersetzt.

Das Gericht ist einfach zuzubereiten und bestens für ein Essen in der Familie oder eine Einladung von Freunden geeignet.

Für 6 Personen

120 g frische Kokosnuß
8–12 getrocknete rote Chilischoten
1 Stück frischer Ingwer, 2 1/2 x 1 cm groß
6 große Knoblauchzehen
3 TL Paprikapulver
3 TL gemahlener Koriander
4 Pfefferkörner
2 Zimt- oder Lorbeerblätter
10 cm Zimtstange
6 Nelken
1 TL Kreuzkümmelsamen
1 TL Mohnsamen
1/2 TL Fenchelsamen
3 EL Öl
2 große Zwiebeln, gehackt
1 kg Lammfleisch zum Schmoren, grob zerteilt
3 Tomaten, gehackt
Salz

1 Die Hälfte der Kokosnuß in kleine Stücke schneiden und mit 500 ml heißem Wasser im Mixer zu einer feinen Milch verarbeiten. Durch ein Sieb abgießen und dabei die zermahlene Kokosnuß mit einem Löffelrücken gut ausdrücken. Die Milch beiseite stellen.

2 Die restliche Kokosnuß klein schneiden, mit Chillies, Ingwer, Knoblauch und allen Gewürzen in den Mixer geben und zu einer glatten Paste verarbeiten. Dabei etwas Wasser zugießen.

3 Das Öl in einem Topf erhitzen und die Zwiebeln darin braun anschwitzen. Die Gewürzpaste einrühren und bei niedriger Temperatur etwa 15 Minuten mitschwitzen. Während dieser Zeit je nach Bedarf 3 Eßlöffel Wasser zugießen.

4 Das Fleisch zugeben und 5 Minuten bei mittlerer Temperatur anbraten. Die Tomaten zufügen, etwa 5 Minuten schmoren lassen und mit Salz würzen.

5 Nun 1 Liter heißes Wasser zugießen und das Fleisch zugedeckt in 50–60 Minuten gar köcheln. Kurz vor dem Servieren die Kokosmilch unterrühren und noch einige Minuten köcheln lassen.

SAFED MURGH KORMA

WEISSES HÜHNERCURRY

AGRA

Dieses milde, aromatische *korma* ist ein moslemisches Gericht, das am Hof serviert wurde und eine Mischung aus der kaiserlichen Mogul- und der fürstlichen Nawab-Küche präsentiert. Der Mogul-Kaiser Shahjehan, Erbauer des Taj Mahal, pflegte in Vollmondnächten im Fort von Agra Bankette zu geben, die ganz in Weiß gestaltet waren. Die Terrasse des Forts war mit weißen Teppichen und Kissen belegt und mit weißen Blumen geschmückt. Die Gäste kamen ganz in Weiß gekleidet, und alle Gerichte wurden in Weiß gehalten. Das dort servierte weiße *korma* wurde später in den Küchen der Nawabs von Oudh in Lucknow, die alle große Feinschmecker waren, perfektioniert. Der königliche Hof von Jaipur, durch Heirat mit den Mogulen verbunden, veranstaltete bis in die sechziger Jahre unseres Jahrhunderts hinein ebenfalls weiße Bankette in der Nacht von Sharad Poornima, einem Fest, das bei Vollmond im September stattfand.

Ursprünglich wurde das Gericht nur mit Mandeln zubereitet, aber die heutigen Köche bevorzugen eine Mischung aus Mandeln und Cashewnüssen. In dem traditionellen Rezept aus Lucknow werden außerdem 25 Gramm *chaar magas* (»vier Samen«), eine Mischung aus verschiedenen Melonen- und Kürbiskernen, verwendet, die man in Indien in speziellen Lebensmittelläden erhält. Dazu kommt noch ein Teelöffel gemahlene Rosenblütenblätter, auf die hier jedoch verzichtet wird.

Für 4 Personen

1 1/2 TL Mohnsamen
150 g Sahnejoghurt
75 ml ghee *oder geklärte Butter*
50 g gehäutete Mandeln
50 g ungesalzene Cashewnüsse
2 Zimt- oder Lorbeerblätter
350 g Zwiebeln, gehackt
3 grüne Chilischoten, gehackt
4 grüne Kardamomkapseln
2 TL feingehackter Knoblauch
2 TL feingehackter frischer Ingwer
1 grüne Chilischote
1 Nelke
1 kg Hühnerbrüste, ohne Haut und Knochen
1/2 TL geriebene Muskatnuß
1/2 TL gemahlene Muskatblüte
Salz

1 Die Mohnsamen etwa 1 Stunde in 125 ml Wasser einweichen. Das Wasser abgießen und die Mohnsamen im Mörser zu einer feinen Paste verreiben.

2 Den Joghurt in ein Mulltuch geben, das Tuch aufhängen und die Molke etwa 1 Stunde abtropfen lassen. Den Joghurt anschließend in eine Schüssel geben und aufschlagen.

3 Von den 75 ml *ghee* oder geklärter Butter 1 Eßlöffel abnehmen. Den Rest in einem Topf erhitzen und Mandeln, Cashewnüsse sowie Zimt- oder Lorbeerblätter etwa 7–8 Minuten bei mittlerer Temperatur braten. Die Zwiebeln darin in etwa 10 Minuten mit leichter Farbe anschwitzen. Gehackte grüne Chilischoten, Kardamom und den verriebenen Mohn 3–4 Minuten mitschwitzen. 250 ml Wasser zugießen und alles zusammen 10 Minuten köcheln lassen. Den Topf vom Herd nehmen, Zimt- oder Lorbeerblätter entfernen. Die Mischung abkühlen lassen und im Mixer zu einem glatten Püree verarbeiten.

4 Den Eßlöffel *ghee* oder geklärte Butter in den Topf geben, Knoblauch, Ingwer, die ganze grüne Chilischote und die Nelke zugeben. Nach 1 Minute die Hühnerstücke darin anbraten. Sobald der Fleischsaft verdampft ist, unter ständigem Rühren (damit er nicht gerinnt) den Joghurt zufügen.

5 Muskatnuß und Muskatblüte unterrühren und mit Salz abschmecken. Gut vermischen, 375 ml heißes Wasser zugießen und nochmals abschmecken. Nach Belieben weitere ganze grüne Chilischoten hineingeben. Das Hühnerfleisch bei niedriger Temperatur in etwa 30 Minuten gar köcheln.

DHANIWALI MURGH KORMA

Hühnercurry mit Koriandergrün

KASCHMIR

In Kaschmir, dem Land der Schafe und Ziegen, wird Hühnerfleisch relativ selten gegessen. Dieses Rezept verriet mir Abdul Ahad Waza, der in Kaschmir für sein Geschick im Ausrichten von Hochzeiten und anderen Festen berühmt ist. Zusammen mit seinen vier Söhnen bereitet er in seinem Hof Speisen zu, die er an kaschmirische Gourmets liefert. Im Winter verlegt er seine Küche nach Delhi. Dies ist ein ungewöhnlich aromatisches Hühnercurry, mild und angenehm, mit einer dünnflüssigen Sauce. Es schmeckt gut zu Reis, *roti* (Rezept Seite 158) oder auf Brotscheiben.

Für 4 Personen

1 Huhn von etwa 1 kg
5 Knoblauchzehen
10–12 Safranfäden
2 Zwiebeln, gehackt
5 grüne Chilischoten, gehackt
375 ml Sahnejoghurt
4 EL ghee *oder Öl*
4 Nelken
8 grüne Kardamomkapseln
10 cm Zimtstange
1/2 TL gemahlene Gelbwurz
1/2 TL gemahlener Ingwer
Salz
1/2 l Hühnerbrühe
1/4 TL gemahlener schwarzer Pfeffer
2 EL gehacktes Koriandergrün

1 Das Huhn in 750 ml Wasser mit 2 Knoblauchzehen 3–4 Minuten kochen. Abseihen, die Brühe auffangen und das Huhn abkühlen lassen. Unter lauwarmem Wasser abspülen und in Stücke zerteilen.

2 Den restlichen Knoblauch zerdrücken und in 125 ml Wasser ziehen lassen. Die Safranfäden in etwa 4 Eßlöffel Wasser einweichen und sie dabei mit einem Löffelrücken auspressen. Zwiebeln und grüne Chilischoten im Mixer pürieren. Den Joghurt mit einer Gabel aufschlagen und beiseite stellen.

3 *Ghee* oder Öl in einem Topf erhitzen und das Zwiebelpüree darin in 12–15 Minuten goldbraun anschwitzen. Nelken, Kardamom und die Zimtstange, anschließend die Gelbwurz unterrühren. Die Hühnchenstücke, das Knoblauch-Wasser-Gemisch und den Joghurt unterrühren und zugedeckt 7–10 Minuten köcheln lassen, bis die Flüssigkeit aufgenommen ist.

4 Mit gemahlenem Ingwer und Salz würzen und das Hühnerfleisch 3–4 Minuten Farbe nehmen lassen. So viel Hühnerbrühe zugießen, daß genügend Sauce entsteht.

5 Bei mittlerer Temperatur 40 Minuten leise köcheln lassen. Wenn das Huhn gar ist, mit dem aufgelösten Safran beträufeln und mit Pfeffer und Koriandergrün bestreuen.

MURGH MAKHANI

Huhn in Buttersauce / Tandoori-Huhn

DELHI

Murgh makhani, das entweder mit *tikkas* – die Bezeichnung stammt von dem Hindi-Wort *tukra* ab und bedeutet »Stücke« – oder mit in Viertel zerteiltem Huhn zubereitet wird, ist das beliebteste Gericht in indischen Restaurants, sowohl in Indien selbst als auch in Übersee. Es wird deshalb hauptsächlich in Restaurants zubereitet, weil indische Haushalte nur selten über einen *tandoor,* einen speziellen Erdofen, verfügen. Für diese Zubereitung wird das Hühnerfleisch nämlich im *tandoor* gegart und anschließend mit einer Sauce vermischt.

Weil sich dieses Gericht großer Beliebtheit erfreut, versuchen viele, es zu Hause nachzukochen, und dafür gebe ich eine einfache Anleitung. In diesem Rezept werden die Hühnerstücke statt im *tandoor* in einer Pfanne gegart. Es kann auch ein ganzes kleines Huhn zubereitet werden, das nach dem Marinieren in Viertel zerteilt wird. Zum Schluß wird die verbliebene Flüssigkeit aus der Bratpfanne unter die Buttersauce gerührt.

Das Rezept zu diesem Huhn in Buttersauce stammt vom Moti Mahal Restaurant in Delhi, wo man es seit den fünfziger Jahren zubereitet und täglich Hunderte von Portionen davon verkauft. Hier wird die verbliebene Garflüssigkeit des Huhns mit Butter und Tomaten zu einer Sauce verrührt.

Für 4 Personen

900 g Huhn (in Viertel zerteilt und enthäutet, kleinere Stücke mit Knochen) oder ausgebeinte Hühnerstücke (tikkas)
4–5 EL Öl

FÜR DIE MARINADE

½ l Sahnejoghurt
6 Knoblauchzehen
1 Würfel frischer Ingwer von 1 cm Kantenlänge
⅔ TL rotes Chili- oder Paprikapulver
¼ TL gemahlener Koriander
½ TL gemahlener Kreuzkümmel
½ TL garam masala
Ganz wenig rote Lebensmittelfarbe (nach Belieben)
½ TL Salz
2 TL Limonensaft

FÜR DIE BUTTERSAUCE

700 g Tomaten
½ TL kasuri methi *(getrocknete Bockshornkleeblätter)*
75 g kalte Butter, in Stücke geschnitten
½ TL Paprikapulver
Einige Tropfen Essig
¼ TL garam masala
Salz
40 g Sahne

1 Zuerst die Marinade vorbereiten. Dafür den Joghurt in ein Mulltuch geben und, über einer Schüssel aufgehängt, die Molke abtropfen lassen. Knoblauch und Ingwer im Mixer pürieren. Zusammen mit den restlichen Zutaten und dem Joghurt verrühren.

2 Nicht ausgebeintes Hühnerfleisch einige Male einschneiden. Das Huhn in der Joghurtmarinade mindestens 1 Stunde, besser noch 2 Stunden ziehen lassen. Am besten ist es jedoch, es über Nacht zu marinieren.

3 Das Öl in einer großen Kasserolle mit dickem Boden erhitzen und das Hühnerfleisch samt der Marinade hineingeben. Zugedeckt bei niedriger Temperatur gar köcheln. Die Hühnerstücke dabei gelegentlich wenden.

4 Inzwischen die Tomaten für die Buttersauce mit kochendem Wasser übergießen und die Haut abziehen. Das Fruchtfleisch mit einer Gabel oder einem Kartoffelstampfer zerdrücken. Die *kasuri methi* in einer Gewürzmühle zu Pulver mahlen.

5 Die Tomaten in eine Pfanne geben und den Saft etwa 5 Minuten leicht einkochen lassen.

6 Die kalte Butter und das Paprikapulver unterrühren. Sobald die Butter geschmolzen ist, noch 1 Minute durchziehen lassen und abschmecken. Falls die Sauce nicht säuerlich schmeckt, einige Tropfen Essig zugeben. *Kasuri methi* und *garam masala* unterrühren und mit Salz abschmecken. Nach 30 Sekunden die Sahne einrühren. Die fertige Sauce in die Kasserolle gießen und mit den Hühnerstücken vermengen. Sofort servieren.

Wenn Butter länger als 3 Minuten köchelt, wird sie zu Butterschmalz und bekommt eine leicht körnige Konsistenz. Deshalb sollten Sie gut gekühlte Butter verwenden und diese, sobald sie geschmolzen ist, keinesfalls länger als 2 Minuten köcheln lassen.

Das Huhn läßt sich gut im voraus zubereiten. Die Buttersauce ist in 5–6 Minuten fertig und sollte unmittelbar vor dem Servieren zubereitet werden. Die Tomaten können Sie ebenfalls im voraus einkochen lassen, die Butter dürfen Sie jedoch erst kurz vor dem Auftragen einmontieren.

In indischen Restaurants wird gern etwas pürierte Papaya unter die Marinade gerührt, um das Fleisch zarter zu machen.

PISTA MURGH

Hühnercurry mit Pistazien

DELHI

Ich habe dieses Gericht das erste Mal vor langer Zeit in einem kleinen Straßenrestaurant in einer Nebengasse der weitläufigen Basare von Bombay gegessen. Jahre später lernte ich den Koch kennen, der aus einer Familie von professionellen Hochzeitsausrichtern stammt, die ihren Sitz in der Nähe der Jama-Masjid-Moschee in Alt-Delhi hat.

Das *korma* hat einen sehr zarten Geschmack und eine attraktive pastellgrüne Farbe. Der Geschmack ändert sich mit der Güte der verwendeten Pistazien. Je heller das Grün der Kerne ist, um so besser schmecken sie. Dieses Gericht sollte nur mit reinweißem Fleisch zubereitet werden. Hühnerbrust ist deswegen am besten geeignet, obwohl auch ein ganzes Huhn verwendet werden kann.

Für 4 Personen

1 kg Hühnerfleisch, vorzugsweise Hühnerbrust
100 g geschälte Pistazienkerne, ungesalzen
8 grüne Chilischoten
5 EL Sahne
3 EL Sahnejoghurt
3 EL Öl
2 Zwiebeln, gehackt
1 Stück frischer Ingwer, 2 1/2 x 1 cm groß, gehackt
6 große Knoblauchzehen
3/4 TL garam masala
1 Messerspitze gemahlene Gelbwurz
2 Zimt- oder Lorbeerblätter
3/4 TL gemahlener weißer Pfeffer
1 1/4 TL Fenchelsamen
1 Tomate, gehackt
Salz
1 TL gemahlener grüner Kardamom
2 EL gehacktes Koriandergrün

1 Das Hühnerfleisch in Stücke schneiden. Aus den Knochen und Abgängen eine Brühe kochen, absieben, 750 ml abmessen und beiseite stellen.

2 Falls die Pistazien noch ungeschält sind, sie 10 Minuten in 250 ml Wasser kochen. Vom Herd nehmen, abtropfen und abkühlen lassen. Die Haut mit den Fingern von den Kernen reiben. Die gehäuteten Pistazien mit 4 grünen Chilischoten und der Sahne im Mixer zu einer Paste verarbeiten.

3 Den Joghurt mit einer Gabel aufschlagen.

4 Das Öl in einem Topf erhitzen und die Zwiebeln darin mit leichter Farbe anschwitzen. Ingwer, Knoblauch, *garam masala* und Gelbwurz, Zimt- oder Lorbeerblätter, weißen Pfeffer und Fenchelsamen zugeben und 2 Minuten mitschwitzen. Die Pistazien-Sahne-Paste einrühren und ebenfalls 2 Minuten mitschwitzen.

5 Die Hühnerfleischstücke in den Topf geben und 5 Minuten durchschwenken. Tomate, Joghurt, die restlichen Chilischoten und Salz zugeben. Mit der Hühnerbrühe oder mit Wasser auffüllen und das Hühnerfleisch in 15–20 Minuten gar köcheln. Die Garzeit ist von der Größe der Fleischstücke abhängig. Mit gemahlenem Kardamom und Koriandergrün bestreuen und servieren.

In Indien bevorzugen Feinschmecker für diese Zubereitung Peshwari-Pistazien wegen ihres feinen Geschmacks und ihrer leuchtendgrünen Farbe.

KAJU CHICKEN IN KAALA MASALA

Huhn mit Cashewnüssen in schwarzen Gewürzen

BOMBAY

In Maharaschtra, einem indischen Bundesstaat, gibt es eine Mischung aus gemahlenen Gewürzen, die *kaala masala* heißt und für die Zubereitung vieler Gerichte verwendet wird. *Kaala* bedeutet »schwarz«. Die Mischung besteht aus dunklen Gewürzen. Sie ähnelt dem *garam masala,* enthält aber zusätzlich noch Koriandersamen und Kreuzkümmel.
Dieses sämige, nussige Hühnercurry wird mit einer großen Menge ganzer und zerstoßener Cashewnüsse zubereitet und schmeckt einfach köstlich. Das Rezept stammt von der Witwe des berühmten Bombayer Gynäkologen Dr. Shirodkar. Sie sollten dazu *rotis* (Rezept Seite 158) servieren, aber auch Zitronenreis (Rezept Seite 157, aber ohne Cashewnüsse zubereitet) paßt gut dazu.

<u>Für 4 Personen</u>

1 Huhn von 1 kg
100 g frisch geraspelte Kokosnuß
12 große Knoblauchzehen, geschält
1 Stück frischer Ingwer, 2½ x 1 cm groß, gehackt
2½ EL Koriandersamen
1½ TL Kreuzkümmelsamen
6 getrocknete rote Chilischoten
6 Nelken
7½ cm Zimtstange
225 g Cashewnüsse
1 große Zwiebel, gehackt
5 EL Öl
Salz

1 Das Huhn in 8 Stücke schneiden und die Haut entfernen.

2 Kokosflocken, Knoblauch, Ingwer, Koriandersamen, Kreuzkümmelsamen, rote Chilischoten, Nelken und die Zimtstange in einer großen Pfanne bei niedriger Temperatur ohne Fettzugabe rösten. Nach 5 Minuten 50 g Cashewnüsse und die Zwiebel zugeben und weitere 10 Minuten unter ständigem Rühren rösten. Den Herd ausschalten und die Gewürzmischung abkühlen lassen. Zusammen mit 180 ml Wasser im Mixer oder in der Küchenmaschine zu einer ganz feinen, pastosen Mischung verarbeiten.

3 Von den restlichen Cashewnüssen 25 g mit ein wenig Wasser im Mörser zu einer glatten Paste verarbeiten und beiseite stellen.

4 Das Öl in einem Topf erhitzen und die Gewürzmischung darin bei niedriger Temperatur 10 Minuten braten. Die Cashewpaste und Salz zugeben und weitere 2–3 Minuten braten.

5 Die Hühnerstücke hineingeben, die Hitze auf mittlere Temperatur reduzieren und das Fleisch 5 Minuten unter mehrmaligem Wenden anbraten. 750 ml Wasser zugießen und zugedeckt bei niedriger Temperatur 10 Minuten köcheln lassen.

6 Die restlichen Cashewnüsse unterrühren und das Huhn fertiggaren. Das dunkle Hühnercurry mit ganzen Cashewnüssen sollte eine sämige Konsistenz haben.

Beim Zerkleinern der Gewürze und der Cashewnüsse sollten Sie darauf achten, daß die entstehende Paste ganz fein und glatt ist, weil das Curry sonst aussieht, als sei es geronnen. Um diese glatte Konsistenz zu erhalten, müssen Sie Gewürze und Nüsse entsprechend lange im Mixer oder in einer Küchenmaschine pürieren.

DHANSAK

Huhn mit Linsen und Gemüse

BOMBAY

In der Parsi-Küche zählt *dhansak* zu den bekanntesten und beliebtesten Gerichten überhaupt. Die Parsis flohen im 13. Jahrhundert aus Persien, wo sie aus religiösen Gründen verfolgt wurden, und siedelten sich an der Westküste Indiens an, im heutigen Gujarat. Sie nahmen Gujarati als Sprache an und integrierten die Einflüsse ihrer neuen Umgebung in ihrer Küche. *Dhan* bedeutet auf Gujarati »Gesundheit«, im Gujarati der Parsis bedeutet *dhaan* »Reis« und *sak* »Gemüse«. *Dhansak* ist demnach ein Curry, das aus Fleisch, Gemüse und Linsen zubereitet und mit einem braunen Reis-Pilaw serviert wird, der durch kräftig geröstete Zwiebeln seine dunkle Farbe erhält. Traditionell werden zusätzlich zu diesem parsischen Gericht, wenn es mit Lammfleisch zubereitet wird, am Spieß gebratene Fleischbällchen und ein *cachumber* (Rezept Seite 177) serviert. Häufig ißt man dieses Gericht am Sonntagmittag, aber auf keinen Fall zu freudigen Anlässen, da es traditionell die Speise ist, die man am vierten Tag nach einem Begräbnis verzehrt.

Obwohl dieses Curry viele Zutaten verlangt, ist es einfach zuzubereiten. *Dhansak masala* ist vielleicht in einigen indischen Spezialläden zu bekommen, während das *sambar masala* der Parsis bis heute noch nicht seinen Weg in die westliche Welt gefunden hat. Die Zubereitung dieser beiden typischen Gewürzmischungen wird am Ende des Rezepts beschrieben.

Für 6 Personen

1 Huhn von etwa 1,4 kg, in 6 oder mehr Stücke geschnitten
300 g rote Linsen (toor dal)
50 g Tamarinde
1 Würfel frischer Ingwer mit 5 cm Kantenlänge
6 Knoblauchzehen
2 große Zwiebeln, gehackt
200 g rotfleischiger Kürbis, in kleine Würfel geschnitten
150 g Auberginen, in kleine Würfel geschnitten
1 Kartoffel, in kleine Würfel geschnitten
4 EL feingehackter frischer Dill
½ TL gemahlene Gelbwurz
1 reichliche Handvoll Koriandergrün
20 frische Minzeblätter
Salz
125 ml Öl
½ Bund frischer Bockshornklee oder 2 TL getrocknete Bockshornkleeblätter (kasuri methi)
3 TL Parsi sambar masala *(siehe unten)*
2 TL dhansak masala *(siehe unten)*
1 TL gemahlener Kreuzkümmel
3 TL gemahlener Koriander
2 TL rotes Chilipulver
3 Tomaten, gehackt
6 grüne Chilischoten, gehackt
1 EL jaggery *(Palmzucker) oder Rohrzucker*
Saft von 1 Limone

1 Aus den Hühnerknochen, dem Hals, den Flügeln und Abgängen eine Brühe kochen.

2 Die roten Linsen waschen und 30 Minuten in kaltem Wasser einweichen. Die Tamarinde in 250 ml heißem Wasser mindestens 30 Minuten einweichen. Durch ein Sieb abgießen, dabei die Tamarinde gut ausdrücken und das Tamarindenwasser beiseite stellen.

3 Vom Ingwer ein 4 cm großes Stück abschneiden (der Rest wird erst später gebraucht) und fein hacken. 4 Knoblauchzehen ebenfalls fein hacken.

4 Die Linsen abgießen, mit 750 ml frischem Wasser sowie Zwiebeln, Kürbis, Auberginen, Kartoffel und Dill in einen großen Topf füllen. Gelbwurz, das restliche Stück Ingwer, die restlichen beiden Knoblauchzehen, 1 Eßlöffel Koriandergrün und 8 Minzeblätter unterrühren und köcheln lassen, bis die Linsen sehr weich sind. Vom Herd nehmen und langsam abkühlen lassen. Die Linsen mit einem Schneebesen cremig aufschlagen und mit 1 Teelöffel Salz würzen.

5 Während die Linsen köcheln, das Öl in einer großen Pfanne erhitzen und den gehackten Ingwer und Knoblauch, das restliche Koriandergrün, die restlichen Minzeblätter, Bockshornklee, *sambar masala, dhansak masala,* gemahlenen Kreuzkümmel, Koriander, Chilipulver, Tomaten und die grünen Chilischoten darin unter ständigem Rühren 2 Minuten braten. Die Hühnerstücke einlegen und 2 Minuten rundum anbraten. Mit 1 Teelöffel Salz bestreuen und gut wenden.

6 Das Huhn und 750 ml Hühnerbrühe oder Wasser zu den Linsen geben. *Jaggery* unterrühren und das Huhn gar köcheln. Das Tamarindenwasser und den Limonensaft zugießen und mit Salz abschmecken. Einige Minuten ziehen lassen und servieren.

Dieses Gericht ist unkompliziert in der Zubereitung und sehr schmackhaft. Feinschmecker unter den Parsis bevorzugen eine Mischung von dals *– 200 Gramm* toor dal *(rote Linsen) und jeweils 1 Eßlöffel* moong dal *(halbe Mungobohnen),* masoor dal *(rosa Linsen) und* val dal *(eine einheimische Feldbohnenart).*

Dhansak-*Pulver gibt es vereinzelt abgepackt in indischen Lebensmittelläden. Falls nicht erhältlich, läßt es sich durch eine Mischung aus 1½ Teelöffel* garam masala, *½ Teelöffel gemahlenem Sternanis und ¼ Teelöffel geriebener Muskatnuß ersetzen.*

Anstelle des Parsi sambar masala *können Sie eine Gewürzmischung aus folgenden Zutaten verwenden: ¾ Teelöffel gemahlener Bockshornklee, ½ Teelöffel Senfpulver, 1 Teelöffel rotes Chilipulver und ½ Teelöffel gemahlener Pfeffer.*

KORI GASHI

Huhn in dicker Kokosnuss-Sauce

MANGALORE

Mangalore ist eine Hafenstadt an der Westküste Indiens, südlich von Goa. Die Küche von Mangalore besteht aus Gerichten, die häufig mit Meerestieren zubereitet werden, aber auch mit Huhn, das in Goa selten gegessen wird. Sowohl die Hindus als auch die Christen haben interessante Currys auf ihrem Speiseplan. *Gashi* ist eine dicke Kokosnußsauce von körniger Konsistenz.

Dieses Rezept stammt aus einer Hindu-Familie. Das Gericht ist von rötlich-brauner Farbe und von angenehmer Schärfe, die sich je nach verwendeter Chilisorte variieren läßt. In Mangalor verwendet man für diese Zubereitung *bedgi*-Chillies, die den Kaschmir-Schoten ähneln, jedoch schärfer und von intensiver Farbe sind. Kokosnuß und Gewürze werden in Öl angebraten und anschließend im Mixer zerkleinert. Das unterscheidet dieses Gericht von anderen mit Kokosnuß und Chillies zubereiteten Currys. Außerdem kommen einige für diese Art Curry unübliche Gewürze hinein, zum Beispiel Senfkörner und Bockshornkleesamen. Die Tamarinde wird zusammen mit den anderen Gewürzen vermahlen. Frische Curryblätter geben *kori gashi* ein besonderes Aroma.

In Thailand kennt man ein ähnliches Gericht, bei dem zusätzlich geröstete, feingemahlene Erdnüsse verwendet werden und die Sauce mit Limonensaft abgeschmeckt wird.

Für 4 bis 5 Personen

160 g frisch geraspelte Kokosnuß
1 Stück frischer Ingwer, 2 ½ x 1 cm groß
5 große Knoblauchzehen
5 EL Öl
15 getrocknete rote Chilischoten
4 gehäufte TL Koriandersamen
¼ TL Senfkörner
½ TL Bockshornkleesamen
5 cm Zimtstange
1 TL Kreuzkümmelsamen
8 Pfefferkörner
4 Nelken
½ TL gemahlene Gelbwurz
25 g Tamarinde
350 g gehackte Zwiebeln
10–12 Curryblätter
Salz
1 kg Hühnerstücke, mit oder ohne Knochen, enthäutet

1 Die Hälfte der geraspelten Kokosnuß 30 Minuten in 250 ml heißem Wasser ziehen lassen. Ein Sieb mit einem Mulltuch auslegen, die Mischung hineinschütten und die dicke Kokosmilch (auch Kokossahne genannt) auffangen, die Kokosraspel kräftig ausdrücken. Die Milch beiseite stellen. Die Kokosraspel nochmals in 500 ml heißem Wasser ziehen lassen und die dünne Kokosmilch genauso abseihen und beiseite stellen.

2 Ingwer und Knoblauch schälen und grob hacken.

3 Mit 1 Eßlöffel Öl den Boden einer Pfanne hauchdünn (je nach Pfannengröße weniger Öl verwenden) einpinseln und die restlichen Kokosraspel darin bei niedriger Temperatur 5 Minuten rösten, wobei sie ihr Aroma entfalten. Aus der Pfanne nehmen und beiseite stellen.

4 Einen weiteren Eßlöffel Öl in die Pfanne geben und die roten Chillies 2–3 Minuten darin braten. Die Gewürze in folgender Reihenfolge zugeben: Koriander, Senfkörner und Bockshornklee, Zimtstange, Kreuzkümmel, Pfefferkörner, Nelken und Gelbwurz, dabei ständig rühren. 1 Minute nach Zugabe der Gelbwurz die Pfanne vom Herd nehmen.

5 Diese Gewürze zusammen mit der gerösteten Kokosnuß, Tamarinde, der Hälfte der Zwiebeln und mit 125 ml der dünnen Kokosmilch im Mixer zu einer glatten Paste verarbeiten. Dies wird mindestens 5 Minuten in Anspruch nehmen.

6 Das restliche Öl in einem Topf erhitzen und die restlichen Zwiebeln darin in etwa 15 Minuten goldbraun anschwitzen.

7 Die Gewürzpaste mit etwas Wasser zugeben und 3 Minuten durchschwitzen. Die Hühnerstücke hineinlegen und einige Minuten darin wenden. Nach 5 Minuten den Rest der dünnen Kokosmilch zufügen und salzen. 250 ml Wasser zugießen und das Huhn zugedeckt bei niedriger Temperatur fast gar köcheln. Die dicke Kokosmilch einrühren und die Curryblätter zugeben, aufkochen und noch 1 Minute kräftig kochen lassen.

Lammfleisch, gekochte Eier und gemischtes Gemüse oder einzelne Gemüsezubereitungen wie kleine Okras oder Blumenkohlröschen, zusammen mit großen Kartoffelstücken, können auf dieselbe Art mit dicker Kokosnußsauce zubereitet werden.

KOZHI VARATHA KOSAMBU

Huhn auf Chettinad-Art

CHETTINAD

Chettinad heißt das Gebiet im Süden von Tamil, aus dem die Chettiars, die Händler und Kaufleute der Region, stammen. Sie treiben seit über tausend Jahren mit Südostasien Handel. Im Jahre 1077 entsandte der Chola-König Kulottunga eine Delegation von 72 Händlern an den chinesischen Hof, was nicht ohne Folgen blieb. Der Einfluß der chinesischen Küche auf die Curry-Zubereitung wird deutlich in der Verwendung von Sternanis, einem populären chinesischen Gewürz. Die Küche Chettinads ist in Madras groß in Mode gekommen: Das erste Chettinad-Restaurant, »The Raintree«, wurde Mitte der achtziger Jahre eröffnet, und einige andere folgten alsbald.

Der Chettinad-Küche fehlt es nicht an Schärfe. Das Huhn wird immer mit den Knochen in sehr kleine, meist 12 Stücke zerteilt. Für dieses Gericht lassen sich besonders gut Hühnerkeulen verwenden. Zu dem relativ trockenen Curry schmeckt aromatisierter Reis, zum Beispiel Zitronen- (Rezept Seite 157) oder Tomatenreis, besonders gut.

Für 5 Personen

2 TL Mohnsamen
225 g frische Kokosnuß
1 TL Fenchelsamen
5 cm Zimtstange
3 grüne Kardamomkapseln
4 Nelken
3/4 TL gemahlene Gelbwurz
3/4 TL garam masala
125 ml Öl
1 große Zwiebel, gehackt
2 TL feingehackter frischer Ingwer
2 TL feingehackter Knoblauch
1/2 Sternanis
3 TL rotes Chilipulver
1 Huhn von 1,1 kg, in Stücke zerteilt
3 mittelgroße Tomaten, fein gehackt
Salz
Saft von 1/2 Limone
Einige Curryblätter
Gehacktes Koriandergrün

1 Die Mohnsamen einige Minuten in einer kleinen Pfanne leicht bräunen. Herausnehmen, mit einem Nudelholz zerdrücken und 15 Minuten in wenig Wasser einweichen.

2 Die Kokosnuß zusammen mit dem Mohn, Fenchelsamen, der Zimtstange, mit Kardamom, Nelken, Gelbwurz und *garam masala* im Mixer zu einer glatten Paste verarbeiten.

3 Das Öl in einem großen, flachen Topf erhitzen und die Zwiebel darin etwa 20 Minuten mit leichter Farbe anschwitzen. Ingwer und Knoblauch 2 Minuten mitschwitzen, dann Sternanis und rotes Chilipulver und zuletzt die Gewürzpaste sowie 2 Eßlöffel Wasser einrühren. 5 Minuten ständig rühren, eventuell noch etwas Wasser zugeben.

4 Die Hühnerstücke einlegen und 10 Minuten von allen Seiten anschmoren. Die Tomaten zufügen. Sobald das Fleisch die Flüssigkeit der Tomaten aufgenommen hat, 500 ml Wasser zugießen, mit Salz würzen und alles gut miteinander vermischen. Ohne Deckel 45 Minuten köcheln lassen. Wenn das Huhn gar ist, Limonensaft und Curryblätter unterrühren, kurz ziehen lassen und unmittelbar vor dem Servieren mit den Korianderblättern bestreuen.

CHICKEN STEW

Hühnereintopf

KERALA

Das Wort *stew* (Eintopf) ist Bestandteil des indischen Küchenvokabulars geworden. Im Süden Indiens wird der *stew* mit Kokosmilch und Gewürzen von der Malabarküste zubereitet. In Kerala wird er hauptsächlich mit *appams* (Reismehlpfannkuchen) zum sonntäglichen Brunch gegessen. Im Norden Indiens bieten sogar Straßenküchen ein mildes Curry an, das langsam vor sich hinköchelt.
Dieses aromatische Gericht verliert an Schärfe, wenn man weniger grüne Chilischoten verwendet. Eine Dame aus Kerala sagte mir, daß die Kombination von *ghee* und Öl ihrer Meinung nach dem Curry ein ganz besonderes Aroma verleihe. In Kerala bereitet man dieses Gericht mit sehr kleinen Hühnerstücken samt Knochen zu. Sie können natürlich auch ausgebeintes Hühnerfleisch verwenden. Mit Knochen reicht das Gericht für 4 Personen, ohne Knochen ist es für 5 Personen bemessen.

Für 4 bis 5 Personen

1 Stück frischer Ingwer, 2 ½ x 2 cm groß (je zur Hälfte in feine Streifen und kleine Stücke geschnitten)
1 TL Pfefferkörner
Etwas gemahlene Gelbwurz
2 Zwiebeln, grob gehackt
2–3 grüne Chilischoten
160 g frisch geraspelte Kokosnuß
10–12 neue Kartoffeln
Salz
3 EL Öl
1 EL ghee
½ TL Senfkörner
1 Zimt- oder Lorbeerblatt
2 Knoblauchzehen, längs in Scheiben geschnitten
5 cm Zimtstange
4 Kardamomkapseln
3 Nelken
20 Curryblätter
800 g Huhn, in kleine Stücke zerteilt, ohne Haut und Knochen
1 Möhre, geschält und in Scheiben geschnitten
80 g frische oder tiefgefrorene Erbsen
¼ TL garam masala

1 Den in Stücke geschnittenen Ingwer (die Ingwerstreifen beiseite stellen), Pfefferkörner und Gelbwurz im Mörser zu einer dicken, groben Paste verreiben.

2 Die Zwiebeln mit den grünen Chillies im Mixer pürieren. Die geraspelte Kokosnuß in 500 ml heißem Wasser 30 Minuten ziehen lassen. Ein Sieb mit einem Mulltuch auslegen, die Mischung hineinschütten, das Tuch gut ausdrücken und die Kokosmilch ablaufen lassen, beiseite stellen.

3 Die Kartoffeln gründlich waschen und mitsamt ihrer Schale mit je einer Prise Salz und Gelbwurz halbgar kochen.

4 Öl und *ghee* zusammen erhitzen und die Senfkörner einstreuen. Sobald sie zu springen beginnen, das Zimt- oder Lorbeerblatt einlegen und gerade eben Farbe annehmen lassen. Das Zwiebel-Chili-Püree, Knoblauch, Zimtstange und Kardamom zugeben und nach 20 Sekunden die Ingwerpaste, Nelken und Curryblätter unterrühren. Die Hühnerstücke in den Topf legen und 2–3 Minuten rundum anschmoren.

5 Mit Salz würzen. Die Kartoffeln und die Möhren zufügen und zugedeckt 2 Minuten mitschmoren. Zum Schluß die Kokosmilch und 125 ml Wasser aufgießen, die Erbsen und die Ingwerstreifen unterrühren. Mit *garam masala* bestreuen und das Huhn zugedeckt garen lassen.

CHICKEN DOPIAZA

Hähnchen mit Zwiebeln

BENGALEN

Dopiaza ist ein beliebtes Gericht in indischen Restaurants außerhalb Indiens. *Do* bedeutet in der Hindi-Sprache »zwei« und *piaz* »Zwiebeln«. Der Name beschreibt ein Gericht, das die doppelte Menge Zwiebeln wie üblich vorsieht oder in dem Zwiebeln auf zweierlei Zubereitungsarten verwendet werden. *Dopiaza* ist im wesentlichen ein indisch-moslemisches Gericht. Die feine moslemische Küche hat in Bengalen eine lange Tradition. Die Provinz wurde vom Nawab von Murshidabad und von moslemischen Mogul-Gouverneuren beherrscht, bis die Briten sich das Gebiet untertan machten. Die Nawabs von Oudh sowie die Familie von Tipu Sultan kamen nach Kalkutta, als sie ihr Königreich im Süden an die Briten abtreten mußten. Dies erklärt den starken moslemischen Einfluß auf die Küche der Region. Bengalen ist ein Gebiet, in dem die Menschen großen Wert auf gutes Essen legen. Viele Bengalen kochen hervorragend. Dieses Rezept stammt von Batuk Bhattacherya, es ist das beste *dopiaza,* das ich je gekostet habe. Zu Hause bei den Bhattacheryas kocht der Herr des Hauses die Gerichte mit Huhn, während seine Frau sie mit Fisch zubereitet.

Für 4 Personen

1 Brathähnchen von etwa $1\frac{1}{4}$ kg
9 mittelgroße Zwiebeln
8 kleine Kartoffeln (nach Belieben)
3 TL rotes Chilipulver
125 ml Sahnejoghurt
125 ml Öl
6 große Knoblauchzehen, fein gehackt
2 Zimt- oder Lorbeerblätter
5 cm Zimtstange
6 Kardamomkapseln
$1\frac{1}{2}$ TL Pfefferkörner
12 Nelken
3 rote Chilischoten
2 EL pürierter Ingwer
$\frac{1}{2}$ TL gemahlene Gelbwurz
2 Tomaten, gehackt
1 EL Butter
$\frac{3}{4}$ TL Zucker
Salz
$1\frac{1}{2}$ TL garam masala

1 Das Hähnchen mitsamt den Knochen in 8 Stücke teilen. 3 Zwiebeln halbieren, 2 Zwiebeln grob hacken. Die restlichen 4 Zwiebeln reiben und in einem Mulltuch kräftig ausdrücken, den Saft auffangen und das ausgedrückte Fruchtfleisch wegwerfen.

2 Die Kartoffeln schälen. Das Chilipulver mit etwas Wasser zu einer Paste verrühren. Den Joghurt mit einer Gabel aufschlagen.

3 Das Öl in einem schweren Topf erhitzen und die gehackten Zwiebeln darin goldbraun anschwitzen. Die Zwiebeln mit einem Schaumlöffel herausheben, auf Küchenpapier abtropfen lassen und beiseite stellen. In dem verbliebenen Öl den Knoblauch und die Zimt- oder Lorbeerblätter und nach wenigen Minuten die Zimtstange und Kardamom anbraten. 2 Minuten später die Pfefferkörner, Nelken und die roten Chilischoten zugeben.

4 Nach 30 Sekunden das Ingwerpüree, die Chilipaste und Gelbwurz unterrühren. Die Hähnchenstücke, die Kartoffeln und die Tomaten in den Topf geben, anschließend die Butter, Joghurt und Zucker einrühren. Alles zusammen 10–12 Minuten unter ständigem Rühren anschmoren, dabei aufpassen, daß die Gewürze nicht am Topfboden ansetzen. Nach Bedarf etwas Wasser zufügen.

5 Erst die Zwiebelhälften, dann den Zwiebelsaft und Salz zugeben und 2–3 Minuten rühren. Das Curry in eine feuerfeste Form füllen und bei 150 °C im vorgeheizten Ofen in 20–25 Minuten garen. Wenn Hähnchen und Kartoffeln weich sind, die Hälfte der gebratenen Zwiebeln unterrühren und mit *garam masala* bestreuen. Die restlichen gebratenen Zwiebeln unmittelbar vor dem Servieren aufstreuen.

RED CHICKEN CURRY

Rotes Hühnercurry

SYLHET, BANGLADESCH

Die meisten Köche der »indischen« Restaurants in Großbritannien stammen aus Bangladesch, und zwar hauptsächlich aus Sylhet. Es ist bedauerlich, daß sie keine Gerichte aus Sylhet auf ihrer Speisekarte haben, denn die Küche dieser Region ist ausgesprochen wohlschmeckend.

Meine Freundin Barota ist bengalischer und assamesischer Abstammung, und ihre Mutter kommt aus Sylhet. Dieses Curry durfte ich bei ihr zu Hause kosten; es hat mir phantastisch geschmeckt. Später bat ich sie, ihr bei der Zubereitung zuschauen zu dürfen. Das Curry hat eine leuchtendrote Farbe, die vom Chilipulver (Sie sollten ein leuchtendrotes verwenden) und von den Tomaten herrührt.

Es läßt sich einfach zubereiten und ist scharf und würzig. Die dünne Sauce hat die richtige Konsistenz, die zu Reis paßt.

Für 4 Personen

900 g Hühnerstücke
6 große Knoblauchzehen
1 Stück frischer Ingwer, 3 x 1 cm groß
2 große Tomaten
1 EL Tomatenmark
1 TL Kreuzkümmelsamen
4 EL Öl

350 g Zwiebeln, gehackt
4 TL kaschmirisches Chilipulver
3 TL gemahlener Koriander
1/2 TL gemahlene Gelbwurz
3/4 TL garam masala
Salz
1 TL Apfelessig

1 Falls Hühnerknochen vorhanden sind, daraus eine Brühe zubereiten. Durch ein Sieb gießen und 750 ml beiseite stellen.

2 Knoblauch, Ingwer, Tomaten, Tomatenmark und Kreuzkümmelsamen im Mixer pürieren.

3 Das Öl in einem Topf erhitzen und die Zwiebeln darin mit leichter Farbe anschwitzen. Das Chilipulver unterrühren und bis 5 zählen. 4 Eßlöffel Wasser zugeben, gut umrühren und zum Kochen bringen. Gemahlenen Koriander und Gelbwurz unter ständigem Rühren 1 Minute mitkochen. *Garam masala* untermischen, mit etwas Wasser beträufeln und 1 Minute gut umrühren.

4 Die Hühnerstücke und etwa 1 Teelöffel Salz zugeben und das Huhn in den Gewürzen 5 Minuten anschmoren. Dabei ständig wenden, damit das Fleisch nicht am Topfboden ansetzt. Nach 3 Minuten das Tomatenpüree einrühren. Nach weiteren 2–3 Minuten die Hühnerbrühe oder die gleiche Menge Wasser zugießen und das Fleisch gar schmoren.

5 Sobald das Fleisch weich ist, den Essig unterrühren und noch 1 Minute durchziehen lassen.

VINDALOO

Schweinefleisch-Vindaloo

GOA

Vindaloo ist ein Gericht, das von den Nachfahren der Portugiesen und in Gegenden, die früher unter portugiesischer Herrschaft standen, hochgeschätzt und häufig zubereitet wird. Es bezieht seine charakteristische Würze von Chilischoten, *garam masala,* Knoblauch und Essig. Das Wort *vindaloo* ist eine Verballhornung des portugiesischen *vinagre* (Essig) und *alho* (Knoblauch). Chillies wurden von den Portugiesen schon früh in Goa eingeführt, und auch mit den Gewürzen, die im *garam masala* enthalten sind, wurde schon im 16. und 17. Jahrhundert Handel getrieben.
Dies ist eines der besten *vindaloo*-Rezepte, das ich kenne. Das Gericht darf so scharf sein, wie man es eben noch verträgt. Phil Mendes aus Goa, von der dieses Rezept stammt, mag es am liebsten, wenn es pikant, aber nicht beißend scharf ist, deswegen entfernt sie die Samen aus den roten Chillies. In Goa wurde und wird *vindaloo* heute noch traditionell mit Schweinefleisch zubereitet. Am besten schmeckt es zu gekochtem Reis.

Für 4 Personen

15–20 rote Chilischoten (vorzugsweise kaschmirische) oder 3½ TL Cayennepfeffer
1 TL Kreuzkümmelsamen
6 Nelken
5 cm Zimtstange
10 Pfefferkörner
¼ Sternanis
1 TL Mohnsamen
1 Stück frischer Ingwer, 5 cm x 5 mm groß
6 große Knoblauchzehen
1 EL Tamarinde
4 TL Apfelessig
700 g Schweinefleisch zum Schmoren, in Würfel geschnitten
75 ml Öl
3 mittelgroße Zwiebeln, fein gehackt
Salz
½ TL jaggery *(Palmzucker)*
15 Curryblätter

1 Die Chilischoten in wenig Wasser einweichen. Alle Gewürze, Ingwer, Knoblauch und Tamarinde mit dem Essig im Mixer zu einer glatten Paste verarbeiten. Mit etwas von dieser Gewürzmischung das Fleisch einreiben und 15 Minuten marinieren lassen.

2 Das Öl in einem Topf erhitzen und die Zwiebeln darin innerhalb 15–20 Minuten braun anschwitzen. Die restliche Gewürzmischung zugeben und 5 Minuten unter ständigem Rühren mitschwitzen. Nach Bedarf 2 Eßlöffel Wasser zufügen.

3 Die Fleischwürfel in der Gewürzmischung 5 Minuten rundum anschmoren. 1 Liter Wasser zugießen, mit Salz würzen und bei niedriger Temperatur gar köcheln. *Jaggery* und die Curryblätter unterrühren und noch 3–4 Minuten köcheln lassen. Das *vindaloo* kann serviert werden.

Essig und Öl wirken in diesem Gericht als Konservierungsmittel. Das vindaloo *eignet sich daher besonders gut zum Einfrieren. Sie können es aber auch bis zu 2 Tage im Kühlschrank aufbewahren. Es schmeckt aufgewärmt am nächsten Tag sogar noch besser.*

Die Gewürzpaste läßt sich in großen Mengen auf Vorrat herstellen und portionsweise einfrieren.

Das Gericht läßt sich auch mit Lamm- oder Rindfleisch zubereiten.

RAS CHAWAL

GRÜNES FISCHCURRY

NACH PARSI-ART

Die Parsis kennen viele Varianten von Fischcurrys: ein gelbes, ein rotes, das aus einer Vielzahl von Zutaten hergestellt wird, und dieses grüne, das *ras chawal* heißt und das man auch mit Hühnerfleisch zubereiten kann. Es ist recht mild, mit einem angenehmen Kräutergeschmack und würzigem Aroma. Gelber Reis (Rezept Seite 156) paßt gut dazu oder eine Gemüsebeilage wie in westlichen Küchen. Wer mag, kann auch etwas frischen Dill zur Kräutermischung geben.

Für 2 Personen

4 TL Limonensaft
1 Prise gemahlene Gelbwurz
Salz
300–350 g Fischfilets oder Fischsteaks, in grobe Stücke geteilt
1 EL Mohnsamen
50 g frisch geraspelte Kokosnuß
4–5 grüne Chilischoten
1 Zwiebel, gehackt
3 Knoblauchzehen
25 g Cashewnüsse
3 grüne Kardamomkapseln
1/4 Muskatblüte oder 1/4 TL gemahlene Muskatblüte
1/4 TL Fenchelsamen
1 TL gemahlener Koriander
100 g Koriandergrün mit Stengeln
Einige Minzeblätter
75 ml Öl
1 TL Kreuzkümmelsamen
1 TL Zucker

1 Die Hälfte des Limonensaftes mit Gelbwurz, einer Prise Salz und etwas Wasser verrühren und die Fischstücke damit bestreichen. Den Fisch 20 Minuten marinieren.

2 Die Mohnsamen mit etwas Wasser in einem Mörser zerstoßen. Kokosraspel, Chilischoten, Zwiebel, Knoblauch, Cashewnüsse, Kardamom, Muskatblüte und Fenchselsamen im Mixer pürieren.

3 Den gemahlenen Koriander mit ein wenig Wasser zu einer Paste verrühren.

4 Das Koriandergrün und die Minzeblätter in zwei getrennten Arbeitsgängen im Mixer zu einem Püree verarbeiten und beiseite stellen.

5 Das Öl mit den Kreuzkümmelsamen in einer großen Pfanne erhitzen. Wenn der Kreuzkümmel zu braten beginnt, die Korianderpaste einrühren. Nach 10 Sekunden den Mohn und das Kokosnuß-Gewürze-Püree zugeben und unter ständigem Rühren 7 Minuten mitschwitzen, dabei die Mischung immer wieder vom Topfboden kratzen.

6 Pürierte Koriander- und Minzeblätter zufügen, mit Salz abschmecken und umrühren. Den Zucker und den restlichen Limonensaft unterrühren, 375 ml Wasser zugießen und zum Kochen bringen. Die Fischstücke einlegen und in 7–10 Minuten garziehen lassen. Die Garzeit hängt von der Größe der Stücke ab.

Wird der Fisch ohne Reisbeilage serviert, ist nur die Hälfte der Wassermenge erforderlich.

Anstelle der geriebenen Kokosnuß können Sie auch Kokosmilch verwenden. Die Gewürze und Cashewnüsse werden zusammen im Mixer vermischt und wie in Arbeitsschritt 5 zugefügt. Nach der Zugabe des Koriander-Minze-Pürees (Arbeitsschritt 6) rühren Sie knapp 200 ml Kokosmilch mit 200 ml Wasser ein.

Nach diesem Rezept läßt sich auch ein Gemüsecurry zubereiten. Der Fisch wird durch 250 g in Würfel geschnittenes Gemüse ersetzt, 500 ml Wasser aufgegossen und das Gemüse darin gegart.

PRAWN PATIA

SÜSS-SCHARFES GARNELENCURRY

DAHANU BEI BOMBAY

Vor etwa 1300 Jahren flohen die Parsis aus Persien und ließen sich an der Küste von Gujarat in Indien nieder. Ihnen folgten in den vergangenen Jahrhunderten kleinere Gruppen aus Persien, die sich in Bombay und Dahanu, nördlich von Bombay, ansiedelten. Sie heißen dort »Iraner«. Charakteristisch sind ihre Obstgärten, in denen sie Mangos, *chicoos* (Sapote-Früchte) und Lychees anpflanzten. Dieses Curry-Rezept stammt von den »Iranern« in Dahanu, doch *patia*-Rezepte sind in der ganzen Parsi-Küche bekannt.

Patia ist ein Curry, in dem Süße, Schärfe und Säure eine ausgewogene Verbindung eingehen. Sowohl Parsis als auch die »Iraner« servieren dieses Gericht zusammen mit gelbem Reis und Linsen anläßlich heiterer Familienfeste und bezeichnen es mit seinem traditionellen Namen – *dhan, dar, patio*. Das »iranische« *patia* ist etwas würziger und schärfer als das der Parsis. In diesem Rezept werden viele Chilischoten verwendet, doch ihre Schärfe wird durch die Säure der Tamarinde und die Süße des Zuckers gemildert. Traditionell ißt man dazu gelben Reis (Rezept Seite 156).

Für 2 Personen

225 g geschälte rohe Garnelen
1¼ TL Tamarinde
5 grüne Chilischoten, gehackt
3 große Knoblauchzehen
1 TL Kreuzkümmelsamen
4 EL Öl
2 große Zwiebeln, fein gehackt
½ TL gemahlener Kreuzkümmel
¾ TL gemahlener Koriander
¾ TL rotes Chilipulver
1 TL garam masala
½ TL gemahlene Gelbwurz
2 mittelgroße Tomaten, fein gehackt
1 TL jaggery *(Palmzucker)*
10 Curryblätter
1 Bund Koriandergrün
Salz

1 Von frischen Garnelen unter fließendem Wasser die schwarzen Därme entfernen.

2 Die Tamarinde etwa 30 Minuten in 125 ml heißem Wasser einweichen, durch ein Sieb abgießen und dabei die Tamarinde gut ausdrücken. Das Tamarindenwasser beiseite stellen.

3 Grüne Chilischoten, 2 Knoblauchzehen und die Kreuzkümmelsamen im Mixer zu einem Püree verarbeiten.

4 Das Öl in einem Topf erhitzen und die Zwiebeln darin glasig anschwitzen. Das Chili-Knoblauch-Püree 2 Minuten mitschwitzen, dabei ständig rühren. Die gehackte restliche Knoblauchzehe zugeben und weitere 2 Minuten kräftig rühren.

5 Gemahlenen Kreuzkümmel, Koriander, rotes Chilipulver, *garam masala* und Gelbwurz einstreuen und 1 Minute ständig rühren. Die gehackten Tomaten zufügen und unter gelegentlichem Rühren 4–5 Minuten schmoren und ihren Saft einkochen lassen.

6 Die Hälfte des Tamarindenwassers, *jaggery,* Curryblätter und Koriandergrün sowie etwa 1½ Teelöffel Salz unterrühren, abschmecken und vor allem die Säure und Süße abstimmen, bei Bedarf weiteres Tamarindenwasser, *jaggery* und Salz zufügen. Knapp 200 ml Wasser zugießen, aufkochen und 5 Minuten köcheln lassen. Die Garnelen hineingeben und garen. Aber Achtung: Garnelen sind sehr schnell gar (5–7 Minuten). Dieses Gericht hat eine sämige Sauce und wird in Indien mit *moong dal* (einem Gericht aus halben gelben Mungobohnen) serviert.

CRAB CURRY

KRABBENCURRY

KONKAN-KÜSTE

Dies ist ein Hausrezept von Sunita Pitamber aus Bombay, einer der führenden Gastgeberinnen in Indien. Dieses scharfe und würzige Gericht, das nichts für Zaghafte ist, schmückt häufig ihre Tafel. Man kann es auch mit Garnelen oder Hummer zubereiten, aber auch mit Fisch schmeckt es gut. Dann sollte man allerdings die Chilimenge um 20 Prozent reduzieren, damit der Eigengeschmack des Fisches nicht übertönt wird.

Die kaschmirischen Chilischoten eignen sich für diese Zubereitung hervorragend, denn sie sind mild. Falls Ihnen nur eine schärfere Sorte zur Verfügung steht, können Sie die Menge je nach gewünschter Schärfe reduzieren. Das Gelingen des Gerichts hängt von Farbe und Geschmack der Chilischoten ab, nicht von ihrer Schärfe. Am besten paßt gekochter Reis (Rezept Seite 156) zu diesem Curry.

Für 4 Personen

1 große Schwimmkrabbe, in Stücke zerteilt, oder 8 tiefgefrorene Krebsscheren
275 g frisch geraspelte Kokosnuß oder 400 ml Kokosmilch in Dosen
40 g getrocknete kaschmirische Chilischoten, Samen und Stiel entfernt
1/2 TL gemahlene Gelbwurz
5 Knoblauchzehen
1 Stück frischer Ingwer, 4 x 2 1/2 cm groß
1 TL Mohnsamen, zerstoßen
1 TL gemahlener Koriander
1 TL Kreuzkümmelsamen
1 Zwiebel
25 g Tamarinde
5 EL Öl
Salz

1 Die Krabbe gründlich waschen. Die Beine und Scheren vom Körper abtrennen, den kleinen Magensack unterhalb der Mundöffnung aus dem Panzer entfernen. Das dunkle Fleisch auslösen. Den Panzer unter fließendem Wasser abbürsten und später mit ins Curry legen, er gibt zusätzliches Aroma. Das Hauptfleisch sitzt in den Scheren und ist weiß.

2 Die Kokosraspel 30 Minuten in 375 ml heißem Wasser ziehen lassen. Ein Sieb mit einem Mulltuch auslegen, die Mischung hineinschütten und die dicke Kokosmilch auffangen, die Kokosraspel kräftig ausdrücken. Die Milch beiseite stellen. Die Kokosraspel nochmals mit 625 ml heißem Wasser aufgießen, ziehen lassen und die dünne Kokosmilch genauso abseihen und beiseite stellen. Wer Kokosmilch in Dosen verwendet, verdünnt die Hälfte mit 500 ml Wasser und verwendet sie als dünne Kokosmilch.

3 Die getrockneten Chilischoten in wenig warmem Wasser einweichen.

4 Chilischoten, Gelbwurz, Knoblauch, Ingwer, Mohn, Koriander und Kreuzkümmel sowie die Zwiebel im Mixer oder in einer Küchenmaschine pürieren.

5 Die Tamarinde in 250 ml heißem Wasser einweichen. Durch ein Sieb abgießen, dabei die Tamarinde gut ausdrücken. Das Tamarindenwasser beiseite stellen.

6 Das Öl in einem Topf erhitzen und die Gewürzpaste darin bei niedriger Temperatur unter ständigem Rühren 15 Minuten durchschwitzen. Sollte sie am Topfboden ansetzen, 4 Eßlöffel Wasser zugeben. Die dünne Kokosmilch einrühren und 10 Minuten bei sehr niedriger Temperatur köcheln lassen. Die Krabbenscheren und den Panzer sowie 1 Teelöffel Salz zugeben und 2 Minuten köcheln lassen. Das Tamarindenwasser und die dicke Kokosmilch zugießen und aufkochen lassen. Das ausgelöste Krabbenfleisch vorsichtig einlegen, etwa 3 Minuten garziehen lassen und das Curry sofort servieren.

Für die Zubereitung dieses Rezepts sind auch Garnelen oder Fischfilets geeignet (statt der Krabbe 450 g Garnelen oder 600 g festfleischiges Fischfilet).

MADRAS FISH CURRY

Fischcurry auf Madras-Art

FAMILIENREZEPT VON DER TAMIL-NADU-KÜSTE

Einst interviewte ich einen Koch in Bangalore, dessen Kochkunst an Zauberei grenzte. Er stammte aus einem Dorf in der Nähe von Madras, und ich bat ihn, für mich ein Curry zuzubereiten, wie er es zu Hause in seinem Dorf für sich selbst kochen würde. Das Gericht schmeckte so gut, daß ich mir buchstäblich alle zehn Finger danach abschleckte. Er marinierte den Fisch in einer Mischung aus Essig und Limonensaft, was, so erklärte er mir, dem Fisch den typisch fischigen Geruch nimmt. Kokosnußfleisch, ohne Zugabe von Wasser, sorgt für ein gehaltvolles Aroma. Die Sauce ist pikant und ziemlich dick. Am besten schmeckt dieses Fischcurry mit gekochtem Reis.

Für 5 bis 6 Personen

800 g Fischsteaks oder -filets ohne Haut
Saft von ½ Limone
2 TL Apfelessig
Salz
225 g geraspelte frische Kokosnuß
1 Stück frischer Ingwer, 3½ x 1 cm groß
6 große Knoblauchzehen
450 g Tomaten, gehackt
6 TL Mohnsamen, im Mörser zerstoßen
1½ TL Tamarinde

75 ml Öl
¼ TL Senfkörner
350 g Zwiebeln, gehackt
20–30 Curryblätter
1 TL gemahlener Koriander
½ TL gemahlene Gelbwurz
2 TL Chili- oder Paprikapulver
¾ TL Bockshornklee- und
¾ TL Kreuzkümmelsamen, zusammen gemahlen

1 Den Fisch mit Limonensaft, Essig und etwas Salz 30 Minuten marinieren.

2 Die geraspelte Kokosnuß mit Ingwer, Knoblauch, Tomaten und Mohnsamen ohne Zugabe von Wasser im Mixer 30 Sekunden vermischen.

3 Die Tamarinde 30 Minuten in 250 ml heißem Wasser einweichen. Das Tamarindenwasser durch ein Sieb abgießen, dabei die Tamarinde gut ausdrücken, beiseite stellen.

4 Das Öl in einem flachen, weiten Topf erhitzen und die Senfkörner hineingeben. Sobald sie zu springen beginnen, die Zwiebeln zufügen und mit leichter Farbe anschwitzen. Die Curryblätter zugeben und weiterschwitzen, bis die Zwiebeln goldbraun sind. Koriander, Gelbwurz und Chilipulver einstreuen und noch 1 Minute ständig rühren.

5 Die Kokosnußmischung unter ständigem Rühren 3–4 Minuten mitschwitzen. Das Tamarindenwasser und 625 ml Wasser zugießen, etwa ¾ Teelöffel Salz zufügen, zum Kochen bringen und 3 Minuten köcheln lassen. Die Fischstücke vorsichtig in einer Lage hineingeben und die Temperatur herunterschalten. Mit der Mischung aus gemahlenen Bockshornklee- und Kreuzkümmelsamen bestreuen und den Fisch garziehen lassen.

Sie sollten das Fischcurry einige Stunden im voraus zubereiten, weil der Fisch dann die Aromen besser aufnehmen kann.

GOA FISCH CURRY

Fischcurry aus Goa

GOA

Dieses für Goa typische Gericht erfreut sich auch in Bombay großer Beliebtheit. Es ist eines der besten Fischcurrys Indiens und findet sowohl wegen seines köstlichen Geschmacks als auch wegen seiner leuchtend orangeroten Farbe überall großen Anklang. Für die Färbung sorgen rote Kaschmiri-Chilischoten und eine großzügige Menge Gelbwurz sowie Tamarinde, die zusammen mit Gelbwurz gemahlen und angeschwitzt wird und dem Gericht so ein noch intensiveres Rot verleiht. Dieses Curry läßt sich einfach zubereiten, es ist jedoch wichtig, die Mengenangaben exakt zu befolgen.

Das Goa-Curry wird neben seiner Farbe und seinem Geschmack besonders wegen seiner dünnflüssigen, glatten Konsistenz geschätzt. Um diese zu erreichen, werden Gewürze und Kokosnuß auf der traditionellen Steinreibe zu einer glatten Paste verarbeitet. In unseren Breiten wird man sich damit behelfen müssen, Gewürze und Kokosnuß etwa 10 Minuten im Mixer zu verarbeiten. Falls der Motor dabei heißläuft, einige Minuten warten, abkühlen lassen und dann wieder einschalten.

In Indien verwendet man für dieses Curry vorzugsweise den Pomfret, einen Plattfisch. Man kann ihn bei uns durch Heilbutt, Kabeljau oder sogar Lachs ersetzen, der sich überraschend gut für Currys eignet. Das Gericht läßt sich auch mit Garnelen zubereiten.

Für 4 bis 6 Personen

800 g Fisch, in Stücke zerteilt, mit Gräten oder ausgelöst
Saft von 1/2 Limone
3/4 TL gemahlene Gelbwurz
Salz
8 rote Kaschmir- oder andere rote Chilischoten und 1 1/2 TL Paprikapulver
100 g frische Kokosnuß
3 TL Koriandersamen
2 kleine Zwiebeln, 1 gehackt, 1 in dünne Scheiben geschnitten
1 TL Kreuzkümmelsamen
1 1/2 TL gehackter Knoblauch
1 1/2 TL Tamarinde
2 EL Öl
1 Tomate, gehäutet und fein gehackt oder püriert
3 grüne Chilischoten, längs aufgeschlitzt
Einige Okras (nach Belieben)
Koriandergrün zum Bestreuen

1 Den Fisch mit einer Mischung aus Limonensaft, einer Prise gemahlener Gelbwurz und Salz, in wenig Wasser aufgelöst, 30 Minuten marinieren. Anschließend abspülen.

2 Die roten Chilischoten 15 Minuten in 250 ml Wasser einweichen. Abgießen, das Einweichwasser auffangen und beiseite stellen. Eingeweichte Chilischoten und eventuell Paprikapulver, Kokosnuß, Koriandersamen, die gehackte Zwiebel, Kreuzkümmel, die restliche Gelbwurz, Knoblauch und 1 Teelöffel Tamarinde im Mixer oder in der Küchenmaschine zu einer feinen, glatten Paste verarbeiten. Etwas vom Chili-Einweichwasser zugeben und weitere 7–10 Minuten mixen. Zwischendurch den Mixer ein- bis zweimal ausschalten, damit er nicht heißläuft.

3 Den restlichen halben Teelöffel Tamarinde 15 Minuten in 125 ml heißem Wasser einweichen. Absei-hen, dabei die Tamarinde gut ausdrücken und das Einweichwasser beiseite stellen.

4 Das Öl in einem flachen, weiten Topf erhitzen und die in Scheiben geschnittene Zwiebel in etwa 7 Minuten darin glasig schwitzen.

5 Die Gewürzpaste bei mittlerer Temperatur 6–7 Minuten mitschwitzen. Nach Bedarf etwas Wasser zugeben. Die Paste verfärbt sich in ein dunkles Orangerot, wenn die Chillies von guter Qualität sind. Sobald sich das Öl von den Gewürzen auf der Oberfläche abzusetzen beginnt, 1 Liter Wasser zugießen und aufkochen. Tomate, grüne Chilischoten, Okras und Salz zufügen und 6 Minuten köcheln lassen. Abschmecken und nach Bedarf das restliche Tamarindenwasser unterrühren. Den Fisch vorsichtig einlegen und garziehen lassen. Mit Koriandergrün bestreuen und servieren.

Dieses Curry läßt sich einen Tag im Kühlschrank aufbewahren.

Okras werden am Stielansatz wie ein Bleistift angespitzt, dabei dürfen Sie die Schoten nicht verletzen, weil sie sonst beim Garen breiig werden.

FISH MOLEE

Fisch in Kokosmilch

KERALA

Fish molee, manchmal auch *fish moilee* ausgesprochen, ist eigentlich ein anglo-indisches Gericht, eine Art Fischeintopf. Es wird von Anglo-Indern in Bombay, Bangalore und Kerala, eigentlich überall an der Westküste Indiens geschätzt. Die Rezepte sind sich alle ähnlich, nur in Kerala werden einheimische Gewürze wie Kardamom, Gewürznelken und Pfefferkörner verwendet. Dieses Raj-Gericht hat ein köstliches Aroma, es läßt sich einfach zubereiten und kommt immer gut an. Dazu paßt weißer Reis, aber auch mit Dill aromatisierter Reis (Rezept Seite 157) ist eine interessante Beilage. Das *molee* läßt sich auch mit verschiedenen Meeresfrüchten zubereiten.

Für 5 Personen

700 g kleine Fischfilets
$^{1}/_{4}$ TL gemahlene Gelbwurz
Salz
Saft von $^{1}/_{2}$ Limone
225 g geraspelte frische Kokosnuß oder 400 ml Kokosmilch aus der Dose
3 EL Öl
1 große Zwiebel, gehackt
6 grüne Chilischoten, längs aufgeschlitzt
6 Knoblauchzehen, zerdrückt
1 Würfel frischer Ingwer mit $2^{1}/_{2}$ cm Kantenlänge
1 kleine Tomate
2 Pfefferkörner
1 Nelke
2 Kardamomkapseln
6–8 Curryblätter (nach Belieben)
1 kleine Tomate, gehäutet und fein gehackt oder püriert
1 Prise frisch gemahlener Pfeffer

1 Den Fisch mit einer Mischung aus der Hälfte der Gelbwurz, Salz, Limonensaft und etwas Wasser von beiden Seiten einpinseln und 15 Minuten marinieren. Anschließend abspülen.

2 Die geraspelte Kokosnuß in 250 ml heißem Wasser 30 Minuten ziehen lassen. Ein Sieb mit einem Mulltuch auslegen, die Mischung hineinschütten und die dicke Kokosmilch auffangen, dabei die Kokosraspel kräftig ausdrücken. Die Milch beiseite stellen. Die Kokosnuß noch einmal in 500 ml heißem Wasser ziehen lassen und die dünne Kokosmilch genauso abseihen und beiseite stellen.

3 Das Öl in einem weiten Topf erhitzen und Zwiebel, Chillies, Knoblauch und Ingwer bei niedriger Temperatur anschwitzen. Wenn die Zwiebel nach etwa 10 Minuten leicht Farbe angenommen hat, die Tomate, Pfefferkörner, Nelke, Kardamom und Curryblätter mitschwitzen. Nach 2 Minuten die dünne Kokosmilch zugießen, die restliche Gelbwurz und Salz zufügen und 10 Minuten bei niedriger Temperatur köcheln lassen. Falls Kokosmilch aus der Dose verwendet wird, verdünnt man 250 ml davon mit derselben Menge Wasser.

4 Die feingehackte oder pürierte Tomate zugeben, die dicke Kokosmilch zugießen und zum Kochen bringen. Die Fischfilets vorsichtig einlegen und in 3–5 Minuten garziehen lassen. Die Garzeit ist abhängig von der verwendeten Fischsorte. Vor dem Servieren die unzerkleinerten Gewürze entfernen.

SORSO BHAATE MAACH

Fisch in Senfsauce

BENGALEN

Senf ist die universelle Gewürzpflanze in Bengalen. Dort werden sowohl Senföl als auch Senfkörner oder Senfblätter in vielen Gerichten verwendet. Dieses Gericht, das vorzugsweise mit dem grätenreichen Süßwasserfisch *hilsa (Tenulosa ilisha)* zubereitet wird, ist das charakteristischste der bengalischen Küche. Hält man sich streng an das traditionelle Rezept, hat das Curry ein ziemlich kräftiges Aroma. Gibt man jedoch etwas Tomate und Limonensaft zu, wird es schmackhafter. Für diese Zubereitung eignen sich Kabeljau, Heilbutt, Steinbutt oder Seeteufel. Traditionell wird dieses Curry mit gekochtem Reis serviert.

Für 4 Personen

600 g Fisch, in Stücke zerteilt
Salz
2 EL Mohnsamen
2 EL schwarze Senfkörner
1 TL gemahlene Gelbwurz
60 g frische Kokosnuß, in Würfel geschnitten
1 Stück frischer Ingwer, 2½ x 2 cm groß
6 Knoblauchzehen
2 grüne Chilischoten
1 Zwiebel, grob gehackt
2 TL gemahlener Koriander
2 TL gemahlener Kreuzkümmel
1 – 1½ TL rotes Chilipulver
5 EL Öl
3 Tomaten, püriert
Saft von ½ Limone
2 EL Koriandergrün

1 Die Fischstücke gründlich abspülen. Jedes Stück mit etwas Salz einreiben und 30 Minuten ziehen lassen. Danach nochmals abspülen.

2 Die Mohnsamen in einer Pfanne bei niedriger Temperatur 2 Minuten rösten. Anschließend im Mörser zerstoßen. Bei Bedarf einige Tropfen Wasser zugeben.

3 Zerstoßene Mohnsamen, Senfkörner, Gelbwurz, Kokosnuß, Ingwer, Knoblauch, grüne Chilischoten, Zwiebel, Koriander, Kreuzkümmel, rotes Chilipulver und 1¼ Teelöffel Salz zusammen mit 125 ml Wasser im Mixer zu einer Paste verarbeiten.

4 Das Öl in einer großen Pfanne bei mittlerer Temperatur erhitzen und die Gewürzpaste darin 6 – 7 Minuten unter ständigem Rühren durchschwitzen. Dabei je nach Bedarf nach und nach bis zu 125 ml Wasser zugeben.

5 Die Tomaten einrühren und 3 Minuten schmoren lassen. Bei Bedarf einen knappen Eßlöffel Wasser zugeben. 500 ml Wasser und den Limonensaft zugießen und 5 Minuten bei niedriger Temperatur köcheln lassen. Mit Salz abschmecken.

6 Die Fischstücke vorsichtig einlegen und garziehen lassen. Mit frischen Korianderblättern bestreut servieren.

Falls frische Kokosnuß nicht erhältlich ist, wird die Gewürzpaste ohne sie zubereitet und die Sauce zum Schluß statt mit Wasser mit 500 ml Kokosmilch aus der Dose aufgegossen.

DOI MAACH

Fisch in Joghurtsauce

BENGALEN

Dies ist ein weiteres beliebtes Fischcurry aus Bengalen, für das üblicherweise Karpfen verwendet wird. Nur in Bengalen wird Fisch mit Joghurt zubereitet.

Für 4 Personen

600 g Fisch, in Stücke zerteilt
Salz
2 EL Zitronensaft
1/2 TL gemahlene Gelbwurz
2 TL Senfpulver
1 1/2 TL gemahlener Koriander
3/4 TL gemahlener Kreuzkümmel
1 TL rotes Chilipulver
2 TL gehackter Ingwer
2 TL gehackter Knoblauch
5 EL Öl
1/2 TL Bockshornkleesamen
1 grüne Chilischote, fein gehackt
5 cm Zimtstange
5 grüne Kardamomkapseln
3 Nelken
2 mittelgroße Zwiebeln, in dünne Scheiben geschnitten
250 ml Sahnejoghurt, aufgeschlagen
3/4 TL Zucker
2 Tomaten, gehackt
3 EL Sultaninen oder kernlose Rosinen (in Wasser eingeweicht)

1 Den Fisch enthäuten und gründlich abspülen. 1/2 Teelöffel Salz mit dem Zitronensaft verrühren und den Fisch damit bestreichen. 30 Minuten marinieren und abspülen.

2 Die fünf gemahlenen Gewürze, den Ingwer und Knoblauch zusammen mit 125 ml Wasser zu einer Paste verrühren.

3 Das Öl in einem großen Topf erhitzen. Bockshornkleesamen, gehackte grüne Chilischote, Zimtstange und Kardamom darin anbraten. Nach 30 Sekunden die Nelken und nach weiteren 10 Sekunden die Zwiebeln in den Topf geben und in 12–15 Minuten goldbraun anschwitzen. Die Gewürzpaste einrühren und den größten Teil der Flüssigkeit bei niedriger Temperatur ziemlich einkochen lassen. Die Gewürze noch einige Minuten unter ständigem Rühren durchschwitzen.

4 Zunächst 2 Eßlöffel Wasser einrühren. Nach 1 Minute 500 ml Wasser zugießen und 10 Minuten köcheln lassen, bis die Zwiebeln weich und die Gewürze durchgekocht sind.

5 Die Temperatur ganz herunterschalten. Den Joghurt einrühren und unter ständigem Rühren – damit er nicht gerinnt – 3 Minuten köcheln lassen. Zucker, Tomaten und bis zu 250 ml Wasser, je nach gewünschter Konsistenz der Sauce, zugeben. Mit 1 Teelöffel Salz würzen und gut umrühren. Vorsichtig den Fisch einlegen und ohne Deckel 3 Minuten in der Sauce garziehen lassen. Die Fischstücke wenden. Nach 3 Minuten die Sultaninen oder Rosinen zufügen und den Fisch ohne Deckel fertiggaren.

»FAJETA«

MANGOCURRY MIT JOGHURT

GUJARAT

Während der Mangosaison im Sommer sind Mangos für die Bewohner des indischen Staates Gujarat täglicher Bestandteil ihrer Hauptmahlzeit. So essen sie zum Beispiel ihre *puris* – in Öl ausgebackene Brote – mit ein wenig Mangosaft. Um das Fruchtfleisch unter der Schale und um den Stein herum nicht zu verschwenden, werden beide in einem Joghurtcurry mitgekocht, das dadurch ein einzigartiges Aroma bekommt. Vom Stein und der Innenseite der Mangoschale wird auch noch die kleinste Spur von Fruchtfleisch ausgedrückt – nichts darf verlorengehen – und für das Curry verwendet. Dieses Curry wird *fajeta* genannt – ein etwas sonderbarer Name, denn er bezeichnet etwas, worüber man sich lustig macht, oder gar einen Witz. Damit gemeint ist die mit Mühe verbundene Arbeit, das Mangofleisch so sorgfältig zu verwerten.

Das Rezept für dieses schmackhafte Curry ist sehr einfach. Die Menge an Mangos muß jedoch exakt eingehalten werden, damit es gelingt. In Indien wird für die Zubereitung gewöhnlich die süße, preisgünstige *pairi*-Mango verwendet; doch es ist jede andere süße Mangosorte oder sogar tiefgefrorenes Mangofruchtfleisch ebenso geeignet. Dazu werden gekochter Reis oder *parathas* (Rezept Seite 160) serviert. Das Curry kann aber auch als Beilage, zum Beispiel anstelle von *dal* mit Linsen, gereicht werden. Mangocurry ist traditionell eine Mittagsmahlzeit, weil die Frucht schwer verdaulich ist – die Zutaten Ingwer und Asant (auch Teufelsdreck genannt) helfen bei der Verdauung.

Dieses Curry ergibt auch eine köstliche Suppe.

Für 4 Personen

500 g ausgelöstes Fruchtfleisch von vollreifen, süßen Mangos für die Saftbereitung
4 1/2 EL Sahnejoghurt
3 EL Kichererbsenmehl (besan)
3/4 TL gemahlener Ingwer
1 Prise Asant (nach Belieben)
2 TL geriebener frischer Ingwer
1–2 grüne Chilischoten
Salz
1 EL Öl
1 TL Kreuzkümmelsamen
8 Curryblätter
Jaggery *(Palmzucker) oder Rohrzucker (nach Belieben)*

1 Die Mangos 15 Minuten in Wasser einlegen. Jede Mango zwischen beide Hände nehmen und gleichmäßig drücken, damit sie weich werden. Um den Stielansatz herum weich drücken, ein kleines Loch hineinschneiden und dabei den Stielansatz entfernen. Ein großes Sieb auf eine Schüssel setzen, den Mangosaft durch Drücken oder Rollen zwischen beiden Händen aus den Früchten pressen. Im Sieb verbliebenes Fruchtfleisch mit einem Löffelrücken kräftig ausdrücken, denn der Mangosaft sollte keinerlei Fasern enthalten.

2 Den Joghurt mit einer Gabel völlig glatt aufschlagen. Dadurch wird verhindert, daß er beim Kochen gerinnt.

3 Das Kichererbsenmehl in einer kleinen Schüssel mit 250 ml Wasser zu einer glatten Paste verrühren, sie darf keine Klümpchen aufweisen.

4 Mangosaft, Joghurt und Kichererbsenmehlpaste in einem Topf mit einem Schneebesen gründlich verrühren und durch ein Sieb passieren. 500 ml Wasser zugießen, gemahlenen Ingwer und Asant unterrühren.

5 Den geriebenen Ingwer und die Chilischoten im Mixer pürieren und zur Mango-Joghurt-Mischung geben. 2 Teelöffel Salz einrühren und bei niedriger Temperatur 15 Minuten köcheln lassen, dabei gelegentlich umrühren. Nach Belieben die Mangoschalen und -steine mitköcheln.

6 Das Öl in einer sehr kleinen Pfanne erhitzen und die Kreuzkümmelsamen darin gerade 10 Sekunden anbraten. Die Curryblätter zugeben und 6–7 Sekunden mitbraten. Den Pfanneninhalt unter die Currymischung rühren. Weitere 15 Minuten köcheln lassen, dabei gelegentlich umrühren.

7 Nach Geschmack mit etwas Salz und Zucker abschmecken, bei Bedarf nachwürzen. Den *jaggery* dafür in kleine Stücke brechen – etwa 1 Teelöffel – und zum Curry geben. Der Zucker wird sich schnell darin auflösen.

MATIRA CURRY

Wassermelonencurry

RAJASTHAN

Dieses Rezept stammt aus der unfruchtbaren Wüstenregion Rajasthan, wo die Temperaturen im Sommer fast 40 °C erreichen. Früher, als man nicht so leicht auf Nahrungsmittel aus anderen Teilen des Landes zurückgreifen konnte, mußten die Rajasthani mit dem vorliebnehmen, was die Region bot. Wassermelonen, in Rajasthan *matira* genannt, gehörten zu den wenigen Früchten, die es im Sommer dort gab.

Sie sind die Hauptzutat dieses interessanten Currys, das einen scharfen, süß-sauren Geschmack aufweist. Die Schärfe kommt von der großen Menge verwendeten Chilipulvers – wobei die Chillies aus Rajasthan besonders scharf sind. Wer es milder mag, kann das Chilipulver teilweise durch Paprikapulver ersetzen. Das Curry kann als Hauptgericht mit Reis oder als Beilage serviert werden.

Für 2 Personen als Hauptgericht
Für 4 Personen als Beilage

¼ große Wassermelone
1½ TL rotes Chilipulver
1 Prise gemahlene Gelbwurz
½ TL gemahlener Koriander
1 TL zerdrückter Knoblauch
Salz
2 EL Öl
¼ TL Kreuzkümmelsamen
Zucker (nach Belieben)
2–3 TL Limonen- oder Zitronensaft

1 Die Wassermelone aufschneiden und die Samen mit einem Löffel herauslösen. Die Frucht schälen und das Fruchtfleisch in 4 cm große Würfel schneiden. Etwa 170 g Fruchtfleisch abnehmen und im Mixer ganz fein pürieren. Chilipulver, Gelbwurz und Koriander, Knoblauch und Salz unterrühren und abschmecken.

2 Das Öl in einem Wok erhitzen und den Kreuzkümmel darin anbraten. Nach 20 Sekunden das Wassermelonenpüree unterrühren. Die Hitze reduzieren und etwa 5 Minuten köcheln lassen, damit die Gewürze ihre Aromen abgeben, anschließend die Flüssigkeit um ein Drittel einkochen lassen. Falls Zucker verwendet wird, jetzt zugeben, erst danach den Limonen- oder Zitronensaft unterrühren und noch 1 Minute köcheln lassen.

3 Die Wassermelonenstücke zufügen und bei niedriger Temperatur 3–4 Minuten durchziehen lassen, dabei vorsichtig wenden, bis alle Stücke, ohne daß sie zerfallen, gleichmäßig mit der Gewürzmischung überzogen sind.

DRY FRUIT KORMA

Curry aus gemischten Trockenfrüchten

BOMBAY

Das Taj Mahal Hotel in Bombay hat einen beeindruckenden Ballsall, wo jahrzehntelang täglich ein reichhaltiges Lunch serviert wurde – von einem Live-Orchester musikalisch begleitet. Aber die Zeiten haben sich geändert, und das tägliche Buffet wurde Ende der achtziger Jahre aus Kostengründen eingestellt.

Auf dem Buffet fanden sich damals auch vegetarische Gerichte aus Indien und dem westlichen Ausland, gelegentlich auch ein Curry wie das folgende, das zu meinen Lieblingsspeisen zählt. Ich habe das Rezept zu einem etwas gehaltvolleren Curry abgewandelt, aber es hat seinen ursprünglichen milden Geschmack behalten. Es paßt hervorragend in den Rahmen besonderer Gelegenheiten, bei denen Sie vielleicht ein vegetarisches Curry als Hauptmahlzeit oder als Beilage servieren möchten. Für eine Beilage sollten Sie die Wassermenge, die zum Schluß zugegeben wird, reduzieren. Wenn Sie das Curry als Hauptgericht servieren, paßt gelber Reis oder ein Safranreis dazu (Rezepte Seite 156).

Für 4 Personen

100 g getrocknete Aprikosen
100 g Mandeln
75 g Pistazien
100 g Cashewnüsse
375 ml Sahnejoghurt
Salz
$^1/_2$ TL gemahlener weißer Pfeffer
4 EL Öl
1 Zimt- oder Lorbeerblatt
5 cm Zimtstange
3 Nelken
4 grüne Kardamomkapseln
3 mittelgroße Zwiebeln, fein gehackt
1 Stück frischer Ingwer, 2 $^1/_2$ x 1 cm groß, fein gehackt
4 Knoblauchzehen, gehackt
4 grüne Chilischoten, gehackt
1 TL gemahlener Koriander
$^1/_2$ TL gemahlener Kreuzkümmel
1 TL rotes Chili- oder Paprikapulver
2 Tomaten, gehackt
3 EL ghee
75 g Walnußkerne
100 g kernlose Rosinen
$^1/_4$ TL garam masala
3 EL Sahne
Einige Maraschino-Kirschen zum Garnieren

1 Die Aprikosen etwa 1 $^1/_2$ Stunden in Wasser einweichen. Falls sie noch nicht entsteint sind, die Früchte aufschlitzen und die Steine entfernen. Gut abtropfen lassen.

2 Mandeln und Pistazien gründlich waschen und 1 Stunde in heißem Wasser einweichen. Anschließend die Häute entfernen. Das Einweichwasser für das Curry beiseite stellen.

3 Die Hälfte der Cashewnüsse mit etwas Wasser im Mixer zu einer Paste verarbeiten.

4 Den Joghurt mit einer Gabel aufschlagen, damit er beim Kochen nicht gerinnt. $^1/_4$ Teelöffel Salz und den weißen Pfeffer unterrühren.

5 Das Öl zusammen mit Zimt- oder Lorbeerblatt, Zimtstange, Nelken und Kardamom in einer Pfanne erhitzen. Die Zwiebeln darin in etwa 20 Minuten goldbraun anschwitzen. Ingwer, Knoblauch und Chilischoten zugeben und noch 10 Minuten mitschwitzen. Die Zwiebeln sollten nun dunkelbraun sein; das ist für den Geschmack und das Aussehen des Gerichts sehr wichtig.

6 Gemahlenen Koriander zugeben und 3–4 Minuten weiterschwitzen, dann Kreuzkümmel und rotes Chilipulver unter ständigem Rühren zugeben. Nach 1 Minute die Tomaten einrühren und 2–3 Minuten schmoren lassen.

7 Die Pfanne vom Herd nehmen und die Würzmischung abkühlen lassen. Zimt- oder Lorbeerblatt entfernen und die Mischung im Mixer pürieren. Das Püree in einen Topf geben, Joghurt, Cashewpaste und 500 ml Wasser (einschließlich Einweichwasser der Mandeln und Pistazien) einrühren, mit Salz abschmecken und zugedeckt 15 Minuten leise köcheln lassen.

8 In der Zwischenzeit das *ghee* in einer Pfanne erhitzen und Mandeln, die restlichen Cashewnüsse, Walnüsse, Rosinen, Aprikosen und den Großteil der Pistazien (einige zum Garnieren beiseite legen) etwa 6–7 Minuten braten.

9 Den Pfanneninhalt in die Sauce geben und zugedeckt bei niedriger Temperatur weitere 15 Minuten köcheln lassen. *Garam masala* einstreuen und das Curry noch 5 Minuten ziehen lassen. Die Nüsse sollten jetzt weich sein.

10 Die Sahne auf die Oberfläche träufeln, mit den zerkleinerten Pistazienkernen und Maraschino-Kirschen garnieren und servieren.

EGG KURMA

EIERCURRY

CHETTINAD

Überall in Indien wird ein Eiercurry nach dem Standardrezept der jeweiligen Region zubereitet. In das Curry, das man gern unerwarteten Gästen oder Kindern serviert, kommen zum Schluß nur noch die hartgekochten Eier.

Nur in einigen Regionen Indiens, besonders in Malabar und Chettinad, ist ein Eiercurry wichtiger Bestandteil der regionalen Küche. Dieses Rezept, das ich etwas abgeändert habe, stammt aus dem Hause von Mr. M. A. Ramaswamy, Raja von Chettinad. Seine Frau, Sigapi Ramaswamy, hat es für mich zubereitet.

Für 3 Personen

6 Eier von freilaufenden Hühnern, hart gekocht
3 TL gemahlener Koriander
1 1/2 TL Chili- oder Paprikapulver
1 TL Fenchelsamen
1 TL Kreuzkümmelsamen
1/2 TL gemahlene Gelbwurz
1 Stück frischer Ingwer, 10 x 5 mm groß
2 große Knoblauchzehen
1/2 frische Kokosnuß, geraspelt, oder 100 g getrocknete Kokosflocken oder 200 ml Kokosmilch aus der Dose
2 EL Öl
1/2 TL Bockshornkleesamen
1/2 TL Fenchelsamen
5 cm Zimtstange
225 g Zwiebeln, fein gehackt
225 g Tomaten, fein gehackt
Salz
Saft von 1/2 Limone

1 Die Eier schälen und längs halbieren.

2 Gemahlenen Koriander, Chili- oder Paprikapulver, Fenchelsamen, Kreuzkümmelsamen, gemahlene Gelbwurz, Ingwer und Knoblauch mit 2 Eßlöffel Wasser im Mixer zu einer dicken Paste verarbeiten.

3 Die Kokosraspel in 500 ml heißem Wasser 30 Minuten ziehen lassen. Ein Sieb mit einem Mulltuch auslegen, die Mischung hineinschütten und die Kokosmilch auffangen, die Kokosraspel kräftig ausdrücken. Die Milch beiseite stellen.

4 Das Öl in einem Topf erhitzen und Bockshornkleesamen, Fenchelsamen und Zimtstange 10 Sekunden darin anbraten. Die Zwiebeln zugeben und mit leichter Farbe anschwitzen. Die Gewürzpaste unterrühren und 7 Minuten mitschwitzen (die Gewürzpaste wird durch das Braten etwas dunkler, da sie viel Koriander enthält). Falls das Ganze am Topfboden ansetzt, einige Tropfen Wasser zugeben. Die Tomaten einrühren und 2–3 Minuten schmoren lassen.

5 Nun 750 ml warmes Wasser zugießen, mit etwas Salz abschmecken und zugedeckt etwa 20 Minuten zu einer sämigen Sauce einköcheln lassen. Kurz vor dem Servieren die Kokosmilch einrühren (Kokosmilch aus der Dose mit Wasser ergänzen) und zum Kochen bringen. Den Limonensaft unterrühren und abschmecken. Eventuell etwas Salz zugeben. Die Eihälften mit der Schnittfläche nach oben hineinlegen, kurz ziehen lassen und das Curry auf einer Platte anrichten.

Dieses Curry läßt sich gut vorbereiten und einfrieren. Die Kokosmilch sollten Sie allerdings erst dann zugeben, wenn das Curry wieder aufgewärmt wird.

OMELETTE CURRY

OMELETTCURRY

MALABARKÜSTE

Eierspeisen werden von Moslems und Parsis sehr geschätzt. Die Parsis wissen sie auf vielerlei Arten zuzubereiten, und auch die Moslems in anderen Regionen Indiens haben interessante Rezepte für Eiergerichte, die man sonst nirgendwo findet. Die Moslems von der Malabarküste in Nord-Kerala bereiten zum Beispiel ein Curry aus einem Omelett zu, das sie für diese Zubereitung in breite Streifen schneiden. Die dicke, sämige Currysauce überzieht die Omelettstreifen wie eine Gewürzpaste.
Am besten schmeckt dieses Curry, wenn es mit Brotscheiben zum Brunch oder zum Tee serviert wird. Das Rezept stammt von Umni Abdulla, einer Küchenexpertin dieser Region.

Für 3 Personen

FÜR DAS CURRY

2 EL geraspelte Kokosnuß
$^1/_2$ TL Kreuzkümmelsamen
$^1/_2$ TL Fenchelsamen
2 TL gemahlener Koriander
$^1/_2$ TL rotes Chilipulver
$^1/_4$ TL gemahlene Gelbwurz
$^1/_2$ TL garam masala
2 EL Öl
3 kleine Zwiebeln, in dünne Scheiben geschnitten
2–3 grüne Chilischoten, gehackt
2 mittelgroße Tomaten, fein gehackt
1 TL Apfelessig
1 EL gehacktes Koriandergrün
Salz

FÜR DAS OMELETT

3 Eier von freilaufenden Hühnern
1 kleine Zwiebel, fein gehackt
2 grüne Chilischoten, fein gehackt
1 TL gehacktes Koriandergrün
1 Prise gemahlener Pfeffer
Salz
Öl

1 Kokosnuß, Kreuzkümmel- und Fenchelsamen, Koriander, rotes Chilipulver, Gelbwurz und *garam masala* zusammen mit 2 Eßlöffel Wasser im Mixer zu einer Paste verarbeiten und beiseite stellen.

2 Für das Omelett die Eier aufschlagen. Zwiebel, grüne Chillies, Koriandergrün, Pfeffer und Salz zugeben und alles gut miteinander verrühren.

3 Etwas Öl in einer großen Pfanne erhitzen und die Eimasse hineingießen.

4 Die Eimasse stocken lassen, das Omelett wenden und auf der anderen Seite braten. Aus der Pfanne nehmen, halbieren und die Hälften quer in $2^1/_2$ cm breite Streifen schneiden. Die Omelettstreifen aufrollen und auf Küchenpapier abtropfen lassen.

5 Für das Curry das Öl in einer Pfanne erhitzen und die Zwiebelscheiben darin bei mittlerer Temperatur 10 Minuten anschwitzen. Die Gewürzpaste 3–4 Minuten mitschwitzen. Eventuell etwas Öl zugeben, falls das Ganze anzusetzen beginnt.

6 Grüne Chilischoten und Tomaten einrühren und 5 Minuten schmoren lassen. Essig, 750 ml Wasser und Salz einrühren. Das Curry 10 Minuten köcheln lassen.

7 Korianderblätter und Omelettstreifen zugeben, bei niedriger Temperatur noch 3 Minuten mitköcheln und servieren.

AUBERGINE CURRY

AUBERGINENCURRY

KERALA

Dieses Curry aus der Familienküche stammt aus Kerala. Traditionell werden dort Gerichte gern mit Tamarinde zubereitet und meist in schwarzen Tontöpfen gegart. Dieses scharfe Curry mit dem leicht säuerlichen Geschmack paßt am besten zu einem aromatisierten Reis wie Zitronen- oder Dillreis (Rezepte Seite 157) oder zu gebratenen südindischen *papadams* (siehe Seite 174).

Für 4 Personen

40 g Tamarinde
500 g Baby-Auberginen (sehr kleine Sorte)
Salz
1/2 frische Kokosnuß, geraspelt, oder 125 g tiefgefrorene Kokosraspel
6 rote Chilischoten
1 TL Koriandersamen
1/2 TL Kreuzkümmelsamen
4 EL Öl
1/4 TL Senfkörner
1 TL gehackter Knoblauch
1 TL gehackter Ingwer
8–10 Curryblätter
400 g Zwiebeln, gehackt
1/4 TL gemahlene Gelbwurz
1 EL gehacktes Koriandergrün zum Garnieren

1 Die Tamarinde mindestens 30 Minuten in 125 ml heißem Wasser einweichen. Durch ein Sieb abgießen, dabei die Tamarinde gut ausdrücken. Das Tamarindenwasser beiseite stellen.

2 Die Auberginen kreuzweise einschneiden, Stiel und Stielansatz entfernen. 15 Minuten in Salzwasser legen, damit sie ihre Bitterstoffe verlieren.

3 Die Kokosraspel in einer heißen Pfanne ohne Fett etwa 5–6 Minuten rösten. Chilischoten und Koriandersamen 2–3 Minuten mitrösten. Kreuzkümmel zugeben und noch 1 Minute mitrösten. Die Mischung zusammen mit wenig Wasser in den Mixer geben und zu einer Paste verarbeiten.

4 Das Öl in einem Topf erhitzen und die Senfkörner anbraten. Sobald sie zu springen beginnen, Knoblauch, Ingwer und Curryblätter mitbraten. Zwiebeln und Gelbwurz in den Topf geben und 25 Minuten schwitzen lassen. Die Gewürzpaste unterrühren und alles zusammen weitere 10–15 Minuten durchschwitzen. Eventuell etwas Wasser zugeben, falls die Gewürze am Topfboden ansetzen sollten.

5 Nun 500 ml Wasser zugießen, gut umrühren und mit etwa 1 1/4 Teelöffel Salz würzen. Die Auberginen hineinlegen und zugedeckt köcheln lassen. Nach 15 Minuten Garzeit das Tamarindenwasser unterrühren und die Auberginen fertiggaren. Den Topf vom Herd nehmen, das Auberginencurry mit Koriandergrün bestreuen und servieren.

SOYA KOFTA CURRY

Curry mit Sojabällchen

BOMBAY

Sojabohnenprodukte sind in der indischen Küche relativ neu und konnten sich erst in den letzten zehn Jahren durchsetzen. Sie sind bei indischen Hausfrauen beliebt, weil sie eine erstklassige Eiweißquelle darstellen, was besonders für Vegetarier wichtig ist. Abgepackte Sojabohnen werden in zwei Formen angeboten: als Granulat und in kleinen Stücken. Für dieses Gericht eignet sich das Granulat am besten. Das Rezept hat sich unser Hauskoch Rama ausgedacht, der nun schon dreißig Jahre bei uns im Dienst ist. Wir waren anfangs sehr erstaunt, daß er aus simplem Soja ein so köstlich mundendes Gericht kochen konnte. Es gelingt am besten, wenn man das Granulat in $^1/_2$ bis $^3/_4$ Liter Wasser über Nacht einweicht. Dieses Rezept ergibt etwa zwanzig Sojabällchen.

Für 4 Personen

FÜR DIE SOJABÄLLCHEN

100 g Sojagranulat (vor dem Einweichen gewogen; in Reformhäusern oder Naturkostläden erhältlich)
50 g chana dal *(Kichererbsen)*
1 Ei
Saft von 1/2 Limone
1 TL gemahlener Koriander
1/4 TL gemahlener Kreuzkümmel
1/2 TL gemahlene Gelbwurz
1/2 TL garam masala
12 Pfefferkörner
5 grüne Chilischoten
4 Knoblauchzehen
35 g Koriandergrün
20 Minzeblätter
1 TL Salz
Öl zum Braten

FÜR DIE SAUCE

5 EL Öl
2 große Zwiebeln, fein gehackt
1 Stück frischer Ingwer, 2 x 1 cm groß, fein gehackt
2 Knoblauchzehen, fein gehackt
1 TL gemahlener Koriander
1/4 TL gemahlene Gelbwurz
1 Zimt- oder Lorbeerblatt
1 TL rotes Chilipulver
1/2 TL garam masala
2 Tomaten, püriert
1 TL Salz
2 gehäufte TL gehacktes Koriandergrün

1 Für die Sojabällchen das Sojagranulat und die Kichererbsen mindestens 6 Stunden, am besten über Nacht, in 500 ml Wasser einweichen. Gründlich abspülen und das Wasser kräftig herausdrücken. Soja und Kichererbsen mit 375 ml Wasser in einen Topf geben, zum Kochen bringen und so lange kochen, bis die Kichererbsen gar sind und das Wasser vollständig aufgenommen ist. Ei und Limonensaft unterrühren.

2 Die Soja-Kichererbsen-Mischung im Mixer oder in der Küchenmaschine zusammen mit Koriander, Kreuzkümmel, Gelbwurz und *garam masala,* Pfefferkörnern, Chillies, Knoblauch, Koriandergrün und Minzeblättern zu einem glatten Teig verarbeiten. Mit Salz abschmecken.

3 Aus dem Teig limonengroße Bällchen formen.

4 Ausreichend Öl in einer Pfanne oder in einem Wok erhitzen und die Sojabällchen darin gold- bis dunkelbraun braten. Herausnehmen und auf Küchenpapier abtropfen lassen.

5 Für die Sauce das Öl in einem Topf erhitzen und die Zwiebeln darin dunkelbraun schwitzen. Ingwer, Knoblauch, Koriander und Gelbwurz sowie Zimt- oder Lorbeerblatt zugeben und 2 Minuten mitschwitzen. Rotes Chilipulver und *garam masala* zufügen und einige Sekunden weiterrühren. Die Tomaten einrühren, 2 Minuten kräftig anschmoren und bei niedriger Temperatur 5 Minuten köcheln lassen. Eventuell etwas Wasser zugeben, falls die Gewürze am Boden ansetzen.

6 Nun 750 ml Wasser zugießen und mit Salz würzen. Zum Kochen bringen, die Sojabällchen einlegen und bei niedriger Temperatur 5 Minuten im Curry garziehen lassen.

7 Mit Koriandergrün bestreuen, noch 1 Minute köcheln lassen, dann den Herd ausschalten. Die Sojabällchen zugedeckt im Curry noch 30 Minuten ziehen lassen, damit sie die Aromen aufnehmen können.

Dieses Curry läßt sich gut im Kühlschrank aufbewahren und schmeckt am besten, wenn Sie es am nächsten Tag aufgewärmt servieren. Das Sojaprodukt, das ich in Indien für diese Zubereitung verwende, heißt Nutrela *und wird von der Firma Ruchi hergestellt.*

CAULIFLOWER GASHI

BLUMENKOHL-KARTOFFEL-CURRY

MANGALORE

Blumenkohl wird in Indien meist ohne Sauce und nur selten als Curry zubereitet. An der Westküste Indiens jedoch, in der Gegend um Mangalore, bereiten die Hindus aus diesem Gemüse ein äußerst wohlschmeckendes Curry, das sie *gashi* nennen und das zusätzlich große Kartoffelstücke enthält. Dazu schmeckt weißer Reis am besten.

Für 2 Personen

120 g frisch geraspelte Kokosnuß
7–8 EL Öl
300 g Zwiebeln, gehackt
5 getrocknete rote Chilischoten
2 TL Koriandersamen
1/8 TL Senfkörner
1/8 TL Bockshornkleesamen
1/4 TL Kreuzkümmelsamen
2 1/2 cm Zimtstange
4 Pfefferkörner
2 Nelken
1/2 TL Gelbwurz
1/2 TL Paprikapulver
1 gehäufter TL Tamarinde
1 Stück frischer Ingwer, 2 x 1 cm groß, fein gehackt
4 Knoblauchzehen, fein gehackt
200 g Kartoffeln, geschält und in große Stücke geschnitten
Salz
400 g Blumenkohl, in große Röschen zerteilt

1 Von den Kokosraspeln 80 g 30 Minuten in 500 ml heißem Wasser ziehen lassen. Ein Sieb mit einem Mulltuch auslegen, die Mischung hineinschütten und die Kokosmilch auffangen, die Kokosraspel kräftig ausdrücken. Die Milch beiseite stellen.

2 In einer beschichteten Pfanne 1 Eßlöffel Öl erhitzen und die restlichen Kokosraspel darin 2–3 Minuten rösten. Aus der Pfanne nehmen und beiseite stellen.

3 Einen weiteren Eßlöffel Öl in die Pfanne geben und die Hälfte der Zwiebeln darin 2–3 Minuten anschwitzen. Herausnehmen und ebenfalls beiseite stellen.

4 Nochmals 1 Eßlöffel Öl in die Pfanne geben und Chilischoten, Koriandersamen, Senfkörner, Bockshornklee- und Kreuzkümmelsamen, Zimtstange, Pfefferkörner und Nelken darin 30 Sekunden anbraten. Aus der Pfanne nehmen.

5 Geröstete Kokosraspel, Zwiebeln und die angebratenen Gewürze zusammen mit Gelbwurz, Paprikapulver und Tamarinde in den Mixer geben, 125 ml Wasser dazugießen und zu einer glatten Paste verarbeiten.

6 Das restliche Öl in einem Topf erhitzen, Ingwer und Knoblauch 15 Sekunden darin anbraten. Die restlichen Zwiebeln zugeben und in 7–8 Minuten glasig anschwitzen. Die Gewürzpaste unterrühren und 2 Minuten mitschwitzen. Etwas Wasser und die Kartoffeln dazugeben und 5 Minuten schmoren lassen. Etwa 1 Teelöffel Salz einstreuen, 125 ml Wasser zugießen und das Ganze zugedeckt 6–7 Minuten köcheln lassen.

7 Die Blumenkohlröschen und die Kokosmilch zugeben, vermischen und köcheln lassen, bis das Gemüse gar ist.

In dem Menüvorschlag auf Seite 187, der auch Vegetarier unter den Gästen berücksichtigt, wird für das »Huhn in dicker Kokosnußsauce« (Rezept Seite 100) eine sehr ähnliche Gewürzpaste verwendet. Sie sollten davon gleich die doppelte Menge zubereiten und ein vegetarisches Gericht wie dieses Blumenkohl-Kartoffel-Curry servieren.

KATH KATHA

Gemüsecurry

GOA

Es gibt Hunderte von Rezepten für Gemüsecurrys. So läßt sich fast jedes Curry-Rezept dieses Buches zu einem Gemüsecurry abwandeln – Sie müssen nur die Hauptzutat, meist Fleisch oder Fisch, durch Gemüse ersetzen.
Das Curry stammt von den Hindus in Goa. Während das Fischcurry aus Goa (siehe Seite 120) sowohl von den goanesischen Hindus als auch von den Christen gegessen wird, ist dieses Gemüsecurry nur in der Hindu-Küche beheimatet.

Für 4 Personen

2 Zwiebeln
4 EL Öl
80 g frisch geraspelte Kokosnuß
6 getrocknete rote Chilischoten
2 EL Koriandersamen
4 Nelken
10 Pfefferkörner
5 cm Zimtstange
1/2 TL Senfkörner
1/3 TL Kreuzkümmelsamen
1/4 TL Asant (nach Belieben)
1/4 TL gemahlene Gelbwurz
1 Zimt- oder Lorbeerblatt
1 Muskatblüte
Salz
450 g in Würfel geschnittenes Gemüse (Yamswurzel, Möhren, Kartoffeln, Süßkartoffeln, Bohnen, Erbsen)
1 TL Limonen- oder Zitronensaft

1 Eine der beiden Zwiebeln fein hacken, die andere in dünne Scheiben schneiden.

2 In einer beschichteten Pfanne 1 Eßlöffel Öl erhitzen, die geraspelte Kokosnuß unter Rühren 5 Minuten darin rösten. In einer Schüssel beiseite stellen.

3 Rote Chilischoten und Koriandersamen in derselben Pfanne anrösten. Nach 3 Minuten Nelken, Pfefferkörner und Zimtstange zugeben und unter ständigem Rühren 2–3 Minuten mitrösten. Die Kokosraspel aus der Schüssel untermischen.

4 Den Pfanneninhalt zusammen mit der in Scheiben geschnittenen Zwiebel und 125 ml Wasser im Mixer pürieren.

5 Das restliche Öl in einem Topf erhitzen. Senfkörner, Kreuzkümmelsamen, Asant und gemahlene Gelbwurz darin anbraten. Nach 1 Minute das Zimt- oder Lorbeerblatt und die gehackte Zwiebel unterrühren und in 20–25 Minuten braun schwitzen. Die Gewürzpaste einrühren, die Muskatblüte zugeben und 10–12 Minuten mitschwitzen. 750 ml Wasser zugießen, mit Salz abschmecken und gut umrühren.

6 Das Gemüse in der Reihenfolge der benötigten Garzeit zugeben: zuerst die Yamswurzel, 10 Minuten später die Möhren, nach 5 Minuten die Kartoffeln und Süßkartoffeln und nach weiteren 5 Minuten die Bohnen. Ganz zum Schluß kommen die Erbsen dazu.

7 Das Gemüse ohne Deckel bei niedriger Temperatur garen lassen. Mit Limonen- oder Zitronensaft abschmecken und servieren.

DAHI KADHI

OKRAS IN JOGHURT

GUJARAT

Die Hauptzutaten in diesem Curry sind neben den Okras Joghurt und Kichererbsenmehl *(besan)*. Es schmeckt köstlich und ist fast täglich Bestandteil einer Mahlzeit, die im Gujarat traditionell in *thalis,* kleinen Metallschalen, serviert wird. Sein süß-saurer Geschmack wird von einem Hauch Chili unterstrichen. Das Curry hat eine dünne Konsistenz und kann wie eine Suppe gegessen werden.

Für 6 Personen

625 ml Sahnejoghurt
5 EL Kichererbsenmehl (besan)
2 TL gehackter Ingwer
1 TL gehackte grüne Chilischoten
etwa 20 kleine Okras (bhindi)
3 EL Zucker
Salz
2 EL ghee *oder Öl*
10 Nelken
Etwa 20 Curryblätter
1 1/2 TL Bockshornkleesamen
1 TL Kreuzkümmelsamen
1/4 TL Asant

1 Den Joghurt mit einer Gabel aufschlagen und das Kichererbsenmehl unterrühren. Mit 1 Liter Wasser gründlich verrühren, es dürfen keine Klümpchen bleiben.

2 Ingwer und Chili zusammen pürieren. Die Okras waschen. Mit einem scharfen Messer den Stielansatz wie einen Bleistift anspitzen, ohne dabei die Schote zu verletzen.

3 Die Joghurtmischung in einem Topf zum Kochen bringen. Das Ingwer-Chili-Püree einrühren, mit Zucker und Salz (etwa 1 Eßlöffel) abschmecken und die Okras hineingeben.

4 *Ghee* oder Öl in einem zweiten Topf erhitzen und die Nelken, Curryblätter, Bockshornklee- und Kreuzkümmelsamen darin 30 Sekunden anbraten. Vom Herd nehmen und den Asant zugeben. Sofort die Joghurtmischung unterrühren. Wieder auf den Herd stellen und 15–20 Minuten köcheln lassen, bis die Okras gar sind.

Die kleinen Okraschoten lassen sich durch weißen Rettich ersetzen, der geschält und entsprechend der Größe von Okras in kleine Stücke geschnitten wird.

KASHMIRI DUM ALOO

KARTOFFELCURRY AUF KASCHMIR-ART

KASCHMIR

Dum bezeichnet eine Zubereitungsart, bei der das Gericht zugedeckt und ganz langsam bei sehr geringer Hitze gegart wird. *Aloo* bedeutet im Norden Indiens und in Pakistan »Kartoffel«. Es gibt drei Arten von *dum aloo* – eine aus Kaschmir, eine aus Benares und eine aus Bengalen. Die Restaurants in Indien haben *dum aloo* zwar häufig auf der Speisekarte, sie servieren das Gericht allerdings nur selten in der korrekten Zubereitung.

Die kaschmirische Version des *dum aloo* ergibt ein leuchtendrotes Curry, das seine Farbe von kaschmirischen Chillies bekommt. Es schmeckt auch als Beilage zu einem Fisch- oder Fleischgericht. Wer die Sauce sämiger mag, gibt weniger Wasser dazu.

Für 6 Personen

4 getrocknete rote Chilischoten, vorzugsweise kaschmirische, oder 2 TL Paprikapulver
250 ml Sahnejoghurt
700 g Kartoffeln
Salz
11 EL Öl
4 große Knoblauchzehen, fein gehackt
6 grüne Kardamomkapseln
$7^{1}/_{2}$ cm Zimtstange
3 Nelken
2 große schwarze Kardamomkapseln
225 g Schalotten, fein gehackt
2 TL gemahlener Koriander
$2^{1}/_{2}$ TL gemahlener Fenchel
$^{3}/_{4}$ TL gemahlener Kreuzkümmel
$1^{1}/_{4}$ TL feingehackter frischer Ingwer
$^{1}/_{2}$ TL gemahlene Gelbwurz
2 – 3 Tomaten, püriert

1 Die Chilischoten mindestens 4 Stunden in 750 ml Wasser einweichen. Anschließend mit dem Rücken eines Löffels kräftig ausdrücken, damit sie viel Farbe an das Wasser abgeben können, und durch ein Sieb abgießen. Bei Verwendung von Paprikapulver dieses mit 750 ml Wasser verrühren.

2 Den Joghurt mit einer Gabel aufschlagen und beiseite stellen.

3 Die Kartoffeln waschen und mit der Schale in Salzwasser ($^{1}/_{2}$ Teelöffel Salz) 5 – 6 Minuten kochen. Abgießen, abkühlen lassen und die Kartoffeln schälen. Jede Kartoffel einige Male tief mit einem Zahnstocher anstechen und längs in Viertel schneiden.

4 In einer großen Pfanne 5 Eßlöffel Öl erhitzen und die Kartoffeln darin in zwei Portionen bei hoher Temperatur goldbraun und knusprig braten. Das wird jeweils etwa 5 Minuten dauern. Die gebratenen Kartoffeln auf Küchenpapier abtropfen lassen.

5 Die restlichen 6 Eßlöffel Öl in der noch heißen Pfanne verlaufen lassen und Knoblauch, grünen Kardamom, Zimtstange, Nelken und schwarzen Kardamom darin 1 – 2 Minuten anbraten. Die Schalotten zugeben und goldbraun schwitzen. Dabei darauf achten, daß sie nicht zu dunkel werden (eventuell noch etwas Öl zugeben). Gemahlenen Koriander, Fenchel, Kreuzkümmel, Ingwer und Gelbwurz unter Rühren mitschwitzen.

6 Nach 1 Minute den aufgeschlagenen Joghurt einrühren und 2 Minuten köcheln lassen. Die Tomaten zufügen, 2 Minuten mitköcheln und das Ganze in einen Topf umfüllen.

7 Das Einweichwasser der Chilischoten, etwa $1^{1}/_{4}$ Teelöffel Salz und die Kartoffeln dazugeben und bei niedriger Temperatur köcheln lassen, bis die Kartoffeln gar sind.

In Kaschmir bereitet man dieses Curry auch mit weißen Rübchen zu. Sie werden zuvor mit Salz eingerieben und müssen mindestens 30 Minuten ziehen, um mit dem abtropfenden Wasser einen Teil ihrer Schärfe abzugeben. Nach dem gründlichen Abspülen werden sie zubereitet.

CHANAS ODER CHOLE

KICHERERBSENCURRY

SINDHI-ART

Kichererbsen heißen in Indien *kabuli chanas* (Kichererbsen aus Kabul). Bei den Punjabis, die sie gern mit *bathuras* (Mehlpfannkuchen) essen, heißen sie *chole* und erfreuen sich großer Beliebtheit. Sie werden mit einer dunklen Gewürzmischung zubereitet, bei der Kreuzkümmel dominiert. Die Sindhis kennen dieses Curry ebenfalls. Sie schmecken es leicht säuerlich ab und essen es auf Brotscheiben. Man kann es als Hauptgericht mit *roti,* Reis oder Brot oder anstelle von *dal* als Beilage servieren. In diesem Rezept sind getrocknete Kichererbsen vorgesehen. Es läßt sich aber auch mit Kichererbsen aus der Dose zubereiten. Getrocknete Kichererbsen müssen über Nacht eingeweicht werden.

Für 6 Personen als Hauptgericht
Für 8 Personen als Beilage

250 g getrocknete Kichererbsen
3 große Zwiebeln
15 g frischer Ingwer
15 g frischer Knoblauch
250 g Tomaten, enthäutet und Samen entfernt
2 schwarze Kardamomkapseln
8 Nelken
2 Zimt- oder Lorbeerblätter
15 Pfefferkörner
1 TL Kreuzkümmelsamen
Salz
1 Prise Asant
75 ml Öl
1 TL gemahlene Gelbwurz
$^1/_2$ *TL* garam masala
1 TL gemahlener Koriander
$^1/_2$ *TL gemahlener schwarzer Pfeffer*
$^3/_4$ *TL Mangopulver* (amchur)

1 Die Kichererbsen über Nacht in $1^1/_4$ Liter Wasser einweichen. Wer sie im Schnellkochtopf gart, braucht nur 1 Liter Wasser.

2 Von den Zwiebeln 2 hacken und beiseite stellen. Die restliche Zwiebel zusammen mit dem Ingwer und dem Knoblauch im Mixer pürieren. Die Tomaten ebenfalls zu einem Püree verarbeiten.

3 Die eingeweichten Kichererbsen mit dem Einweichwasser in einen Schnellkochtopf oder einen normalen Topf füllen. Die Hälfte der gehackten Zwiebeln, schwarzen Kardamom, Nelken, Zimt- oder Lorbeerblatt, Pfefferkörner, Kreuzkümmelsamen, 1 Teelöffel Salz und den Asant unterrühren und zum Kochen bringen. Im Schnellkochtopf genügt eine Kochzeit von 20 Minuten, in einem normalen Topf benötigen die Kichererbsen eine Garzeit von mindestens 50 Minuten. Die Kichererbsen in ein Sieb abgießen und abtropfen lassen, die Kochflüssigkeit auffangen.

4 In einem anderen Kochtopf das Öl erhitzen. Die restliche gehackte Zwiebel in 25 Minuten bei schwacher Hitze braun schwitzen. Das Zwiebel-Ingwer-Knoblauch-Püree unterrühren und 10 Minuten mitschwitzen. (Falls Sie Kichererbsen aus der Dose verwenden, diese mit dem Zwiebelpüree zugeben.)

5 Gelbwurz, *garam masala* und Koriander, Pfeffer und Mangopulver einstreuen, alles gründlich miteinander vermischen und durchschwitzen. Nach 1 Minute das Tomatenpüree unterrühren und einige Minuten schmoren lassen.

6 Die gekochten Kichererbsen vorsichtig unterrühren. Das Kochwasser der Kichererbsen durch ein Sieb dazugießen (die Gewürze haben ihre Aromen bereits abgegeben) und köcheln lassen, bis die Kichererbsen weich sind. Das Curry zum Schluß mit Salz abschmecken.

Wird eine Kichererbsenkonserve verwendet, genügt eine 440-Gramm-Dose.

SINDHI BESAN KA CURRY

Curry auf Sindhi-Art

BOMBAY

Das Curry wird lediglich aus wenigen Teelöffeln Kichererbsenmehl, das sich durch Vollweizenmehl ersetzen läßt (in Indien *chapatti atta* genannt), zubereitet. Dieses berühmte Sindhi-Gericht wird meist am Sonntagmittag mit gekochtem Reis und gebratenen Kartoffeln, *took* genannt, serviert. Es enthält vielerlei Gemüse und ist deshalb ein ideales Essen für Vegetarier. Seine Konsistenz entspricht der eines dünnen *dal*.
Auch als Suppe wird es gern serviert – dafür wird kurz vor dem Anrichten ein Löffel gekochter Reis hineingegeben. Dieses Curry ist schwer verdaulich, das ist der Grund, weshalb es immer mittags auf den Tisch kommt.

Für 6 Personen

$1\frac{1}{2}$ TL Tamarinde
6 Stück kokum *(siehe Seite 31; nach Belieben)*
2–3 mittelgroße Kartoffeln
1 kleine Möhre
10–12 Okras
6 grüne Chilischoten
4 Baby-Auberginen
150 g Yamswurzel
75 ml Öl
1 TL Bockshornkleesamen
1 TL Kreuzkümmelsamen
2 TL feingehackter frischer Ingwer
Etwa 12 Curryblätter
$\frac{1}{4}$ TL Asant
75 g Kichererbsenmehl (oder Vollweizenmehl)
1 TL rotes Chilipulver
1 TL gemahlene Gelbwurz
12–15 grüne Bohnen
Salz
1 gehäufter TL Zucker
8 Minzeblätter
1 EL gehacktes Koriandergrün

1 Die Tamarinde 30 Minuten in 125 ml heißem Wasser einweichen. Durch ein Sieb abgießen, dabei die Tamarinde ausdrücken. Falls *kokum* verwendet wird, dies getrennt ebenfalls 30 Minuten in 125 ml Wasser einweichen.

2 Die ungeschälten Kartoffeln unter fließendem Wasser kräftig abbürsten. Größere Kartoffeln vierteln oder in Stücke schneiden. Die Möhre schälen und in 4 cm breite Streifen schneiden. Den Stielansatz der Okras wie einen Bleistift anspitzen, dabei aber nicht die Schoten verletzen, weil sie sonst beim Kochen breiig werden. 2 grüne Chilischoten hacken. Die kleinen Auberginen längs halbieren. Die Yamswurzel schälen und in Würfel schneiden.

3 In einem mindestens 3 Liter fassenden Kochtopf 4 Eßlöffel Öl erhitzen. Zuerst die Bockshornkleesamen darin anbraten, dann den Kreuzkümmel. Nach 30 Sekunden den gehackten Ingwer, die gehackten grünen Chilischoten und die Curryblätter zufügen und 1 Minute mitbraten.

4 Den Asant und das Kichererbsen- oder Vollweizenmehl zugeben und 4–5 Minuten ständig rühren. Das Mehl nimmt das Öl auf und wird zu einer Paste. Durch das Anschwitzen des Mehls bekommt das Gericht Volumen und viel Geschmack. Die Hitze reduzieren.

5 Chilipulver und gemahlene Gelbwurz sowie 1 weiteren Eßlöffel Öl untermischen und 2–3 Minuten unter Rühren mitschwitzen. Nach und nach unter kräftigem Rühren 2 Liter heißes Wasser zugießen, es dürfen sich keine Klümpchen bilden, und 10 Minuten köcheln lassen.

6 Das Gemüse (die Yamswurzel, 10 Minuten später die Kartoffeln und 5 Minuten später das übrige Gemüse), Salz, Zucker, die ganzen grünen Chilischoten, das Tamarindenwasser und *kokum* mit dem Einweichwasser zugeben und kochen, bis alles Gemüse gar ist. Zum Schluß Minze- und Korianderblätter unterrühren. Das Curry bindet durch die Mehlschwitze und bekommt eine sämige Konsistenz.

Die ganzen grünen Chilischoten sind für Gäste gedacht, die Chilischoten gern essen. Wird das Gericht als Suppe serviert, werden die Chilischoten weggelassen. Zu diesem Curry paßt am besten Reis.

Reis

Für etwa die Hälfte der indischen Bevölkerung ist Reis das Hauptnahrungsmittel. Er wird hauptsächlich in Flußmündungen und in Flußtälern angebaut, in bewässerten Gebieten und solchen Regionen, wo der Monsun für heftige Regenfälle sorgt. Die Reispflanze stammt ursprünglich aus Thailand und Nordostindien. Nach dem Stecken der Setzlinge werden die Reisfelder unter Wasser gesetzt und bis zur Ernte gut bewässert. In einigen Regionen Indiens wird nur einmal im Jahr Reis geerntet, in wasserreichen Gebieten sind zwei Ernten üblich. Auf etwa 45 Millionen Hektar Fläche werden jährlich 80 Millionen Tonnen Reis erzeugt. Bei den Mengen ist es nicht verwunderlich, daß Reis in den Küchen Indiens eine so große Rolle spielt. Gekochter Reis wird überall in Indien zu Currys, *dals* (Hülsenfrüchten), *raitas* (Joghurt mit Gemüse) und Gemüsegerichten gegessen. Reis wird auch gemahlen. In Kerala zum Beispiel werden aus Reismehl *rotis* (indische Brote) hergestellt. Im gesamten Süden Indiens bereitet man aus eingeweichtem, zerstampftem Reis *dosas* und *idlis* (gebratene oder gedämpfte Reisküchlein) zu, die gern als Imbiß gegessen werden. Aus Reis werden auch Desserts zubereitet, zum Beispiel *mutaranjan,* ein süßer, in der Moslem-Küche beheimateter Pilaw, und *kheer,* ein bei den Hindus beliebter Reispudding.

Jede Region in Indien baut die Reissorte an, die in dem jeweiligen Gebiet hauptsächlich konsumiert wird. Die beliebtesten indischen Reissorten – neben Basmati – sind: *jeéra* (kurze, kleine Körner, die Kreuzkümmelsamen ähneln, daher auch der Name: *jeera* = Kreuzkümmel); *golden sela* (vorbehandelter goldgelber Basmati-Reis, der besonders für die Zubereitung von Pilaws geeignet ist und sich speziell in Nordindien großer Beliebtheit erfreut; Druck, Schälen, Schleifen und Polieren haben seine Konsistenz nicht verändert); *ambe mohue* mit seinem leichten Mango-Aroma *(ambo* = Mango), der in Maharashtra wächst; *punni,* ein Langkornreis aus Tamil Nadu. An den Küsten Südindiens wird fast ausschließlich Parboiled-Reis zubereitet.

Der langkörnige Basmati-Reis mit seinem wunderbaren Aroma ist das Spitzenprodukt unter den Reissorten. Es heißt, daß er ursprünglich aus Afghanistan nach Indien eingeführt und in den Bergen von Dehra Dun, nordwestlich von Delhi, angebaut worden sei, wo er von der kühlen Luft während der Erntezeit profitierte. Mittlerweile wird Basmati-Reis überall im Punjab, dem Nachbarstaat von Haryana, und am Fuße des Himalaja in einem Gebiet, das Terai heißt und in Uttar Pradesh liegt, angebaut. Indien exportiert Basmati-Reis in viele westliche Länder, so nach Europa, in die USA und auch in den Mittleren Osten. Basmati-Reis verliert an Aroma, wenn man ihn zu stark poliert, ein beliebtes Verfahren, um ihn besonders weiß zu machen. Früher, als Indien noch unter britischer Herrschaft stand, nannte man ihn Patna-Reis. Basmati-Reis wird heute auch in Pakistan, Thailand und den USA angebaut. Beim Einkauf sollten Sie daran denken, daß nicht jeder Langkornreis ein Basmati-Reis ist.

Man verwendet ihn mit Vorliebe für die Zubereitung von *biryanis;* und da er teurer ist als andere Reissorten, serviert man ihn in Indien meist zu besonderen Anlässen. Soll Basmati-Reis perfekt gelingen, müssen die Reiskörner mindestens ein Jahr alt sein. Viele indische Haushalte legen daher einen Reisvorrat an; dafür wird etwas Öl unter den Reis gemischt, damit sich keine schädlichen Insekten einnisten. In Indien ist natürlich auch abgelagerter Reis beim Händler zu haben, er ist allerdings teurer. Ich bedaure es sehr, daß im westlichen Ausland ein Jahr alter Basmati-Reis nicht im Handel zu bekommen ist.

Reis kochen

Man kann Reis auf zwei Arten kochen: zum einen wie Nudeln – viel Wasser mit etwas Salz und einigen Tropfen Öl aufkochen, den Reis hineingeben, gar kochen und das verbliebene Wasser abgießen. In den ländlichen Bezirken Indiens wird Reis in zwiebelförmigen, nach oben hin sich verengenden Töpfen gekocht, die das Abgießen des Wassers erleichtern und die Temperatur nach dem Abgießen besonders gut halten, so daß der Reis langsam trocken werden kann.

Die zweite Art: den Reis in einer exakt abgemessenen Wassermenge, die vom Reis ganz aufgenommen wird, kochen. Die erforderliche Wassermenge ist variabel und abhängig von der verwendeten Reissorte, von seinem Alter usw.

Der Topf zum Reiskochen muß ausreichend groß sein, denn Reis quillt beim Garen und benötigt viel Platz. Pro Person berechnet man 100 Gramm ungekochten Reis. Für eine Gesellschaft von 6 bis 8 Personen geben Sie 100 Gramm extra dazu, damit die Gäste sich großzügig bedienen können.
In Ost- und Südostasien setzt man für die Reiszubereitung elektrische Reiskocher ein, die die Temperatur halten, ohne daß der Reis zu weich wird. Ein Reiskocher ist äußerst bequem, setzt allerdings die genau bemessene Wassermenge voraus.
Dem Reis werden »kühlende« Eigenschaften nachgesagt. Im Sommer wird er deshalb in Indien sowohl mittags als auch abends gegessen. Im kühleren Norden Indiens wird Reis im Winter normalerweise nicht abends serviert, im wärmeren Süden hingegen kommt er das ganze Jahr hindurch zu jeder Mahlzeit auf den Tisch. Reis ist leicht verdaulich und deshalb auch als Krankenkost gut geeignet.

Basmati-Reis — *Madras-Parboiled-Reis*

Amber Mohar — *Golden Sela*

»Roter« Reis aus Goa — *Colam-Reis*

Gekochter Reis

Für 2 Personen

200 g Reis
Knapp 300 ml Wasser (für Basmati-Reis; oder Packungsbeilage beachten)
Salz
Einige Tropfen Öl

Am besten ist es, den Reis 1 Stunde vor dem Servieren zu kochen. Die exakte Wassermenge hängt von der verwendeten Reissorte ab. Für Basmati-Reis gilt als Faustregel: $1\frac{1}{3}$mal soviel Wasser wie Reis.

1 Den Reis zweimal gründlich waschen, anschließend 15–20 Minuten in kaltem Wasser einweichen, in einem Sieb ablaufen lassen. Der Reis wird um etwa 25 Prozent quellen.

2 Das Wasser in einen großen Topf füllen, Salz ($\frac{1}{6}$ Teelöffel auf 100 Gramm Reis) und einige Tropfen Öl zugeben und aufkochen lassen. Den Reis in das kochende Wasser rieseln lassen und fast gar kochen (etwa 10 Minuten Kochzeit für Basmati-Reis). Nach Bedarf etwas heißes Wasser nachfüllen und die Temperatur ganz herunterschalten.

3 Den Topf vom Herd nehmen, eine Pfanne auf die Herdplatte setzen und den Topf hineinstellen. So kann der Reis zugedeckt bei niedrigster Temperatur ausquellen, ohne daß er am Topfboden ansetzt. Ist der Reis weich, den Herd abschalten, den Deckel abnehmen und die Feuchtigkeit verdampfen lassen. Den Reis zum Schluß mit einer Gabel auflockern.

Sie können den Reis mit Kreuzkümmelsamen, in 2 Eßlöffel Butter, *ghee* oder Öl 30 Sekunden in einer Pfanne gebraten, aromatisieren. Den in einer Schüssel angerichteten Reis damit bestreuen.

Duftreis

Den Reis mit 1 cm Zimtstange, $\frac{1}{4}$ Lorbeerblatt, 1 Kardamomkapsel und 1 Nelke kochen. Die Gewürze vor dem Servieren entfernen.

Gelber Reis

Eine Prise oder Messerspitze Gelbwurz mitkochen. Der Reis bekommt dadurch nur eine andere Farbe, Geschmack und Aroma bleiben jedoch unverändert.

Safranreis

Einige Safranfäden 30 Minuten in 3 Eßlöffel Wasser einweichen. Einweichwasser und Safran mit einem Teelöffel über den gekochten Reis verteilen und zugedeckt (damit das Aroma nicht entweichen kann) noch durchziehen lassen.

Gelber und weisser Reis

Biryani-Reis

Biryanis, die in einem Restaurant serviert werden, sind meist aus unterschiedlich gefärbtem – tiefgelbem und weißem – Reis zubereitet. Die Färbung wird mit einem einfachen Trick erreicht: Der Koch tropft gelbe Lebensmittelfarbe willkürlich über den fertig gegarten Reis. Das Resultat ist eine Mischung aus weißem und gelbem Reis. Man kann den Reis zusätzlich noch mit einigen Tropfen grüner Lebensmittelfarbe beträufeln, das Ergebnis ist ein dreifarbiges *biryani.*

Reis-Pilaw

Für 200 Gramm einfachen Reis-Pilaw 1 Zwiebel in dünne Scheiben schneiden. 2 Eßlöffel Öl in einem Topf erhitzen und die Zwiebel darin dunkelbraun schwitzen. Den Reis, ein kleines Stück Lorbeerblatt, 1 cm Zimtstange und 1 Nelke 2 Minuten mitschwitzen. Das Wasser zugießen und den Reis kochen, wie im obigen Rezept für gekochten Reis beschrieben.

Zitronenreis

200 g Reis
8 Cashewnüsse
1 Messerspitze gemahlene Gelbwurz
Salz
3 EL Öl
1 grüne Chilischote, fein gehackt
1/4 TL Senfkörner
10 Curryblätter
Saft von 1/2 Zitrone oder 1 Limone

1 Den Reis zwei- bis dreimal in frischem Wasser waschen. Danach 30 Minuten in kaltem Wasser einweichen und in einem Sieb ablaufen lassen.

2 Inzwischen die Cashewnüsse 15 Minuten in 250 ml Wasser einweichen.

3 In einem Topf 1 1/4mal soviel Wasser wie Reis zum Kochen bringen. Reis, Gelbwurz und 1/4 Teelöffel Salz hineingeben und 11 Minuten kochen lassen. Sobald die gesamte Flüssigkeit vom Reis aufgenommen ist, den Topf vom Herd nehmen. Den Reis in einer flachen Schüssel oder auf einer Platte ausbreiten und in etwa 30 Minuten abkühlen und trocknen lassen.

4 Das Öl in einem Wok oder einer großen Pfanne erhitzen. Die Chilischote 1 Minute darin braten. Senfkörner, die gut abgetropften Cashewnüsse und die Curryblätter 30 Sekunden mitbraten. Zitronen- oder Limonensaft unterrühren. Den gekochten Reis zugeben und erwärmen, dabei vorsichtig mit einem flachen Spatel wenden, damit er nicht breiig wird. Den Reis servieren.

Gebratener brauner Reis

600 g Reis
5 EL Öl
2 mittelgroße Zwiebeln, in dünne Scheiben geschnitten
1 cm Zimtstange
1 Lorbeerblatt
6 Nelken
1/2 Muskatblüte (nach Belieben)
2 TL Zucker
Salz

1 Den Reis 15 Minuten in kaltem Wasser einweichen. Gründlich abspülen und abtropfen lassen.

2 Das Öl in einem Topf erhitzen und die Zwiebeln darin braun anschwitzen. Zimtstange, Lorbeerblatt, Nelken und Muskatblüte 5 Minuten unter Rühren mitschwitzen. Den Zucker zugeben und karamelisieren lassen. Den Reis unterrühren und 2 Minuten anbraten. Etwa 1 Teelöffel Salz und 1 Liter kochendes Wasser zugeben und den Reis in 9–10 Minuten gar kochen.

Dillreis

SOOAA CHAWAL

200 g Reis
3 EL Öl
2 grüne Kardamomkapseln
1/2–1 grüne Chilischote, fein gehackt (nach Belieben)
5 EL feingehackter frischer Dill
Salz

1 Den Reis waschen und 15 Minuten in kaltem Wasser einweichen, gut abtropfen lassen.

2 Das Öl in einem Topf erhitzen und Kardamom und Chilischote 1 Minute darin anbraten. Den Dill und etwas Salz zugeben und bei niedriger Temperatur 2 Minuten mitbraten. Den Reis zugeben und 1 Minute anbraten. Falls Sie Basmati-Reis verwenden, knapp 300 ml kochendes Wasser zugießen – bei anderen Reissorten der Kochanleitung auf der Packung folgen – und den Reis gar kochen.

INDISCHES BROT

ROTIS

Brot – in der nordindischen Hindi-Sprache *roti* genannt (ähnlich dem französischen Wort für »Braten« = *rôti)* – wird in Indien aus ungesäuertem Teig aus Weizenvollkornmehl *(aata)* oder verschiedenen Hirsesorten *(bajra* oder *jowar)* gebacken. Hirsebrot wird vor allem in den ländlichen Bezirken im westlichen und mittleren Indien gegessen, während Weizen im Norden des Landes und in den meisten indischen Städten die dominierende Getreideart ist. Nur in den Küstengebieten im Süden und überall im Osten Indiens wird vorzugsweise Reis zur Brotherstellung verwendet. Die Moslems bevorzugen gesäuerten Teig zum Brotbacken. Ihre *naans,* Khamiri *rotis* und die vielen verschiedenen *roti*-Varianten aus Bombay sind Beispiele dafür.

Der Brotteig wird aus gemahlenem Getreide und lauwarmem Wasser hergestellt. Manchmal kommt etwas *ghee* oder Öl dazu, dadurch wird er geschmeidiger. Einige *rotis,* die in Restaurants serviert werden, zum Beispiel *roomali roti* (dünne, taschentuchgroße Brote), enthalten auch Eier.

In Indien ist es noch üblich, daß Hausfrauen Getreide ungemahlen kaufen und es in einem kleinen Laden in der Nachbarschaft alle zwei Wochen oder monatlich mahlen lassen. So können sie sicher sein, daß sie reines Weizenvollkornmehl ohne Streckmittel bekommen. In den letzten Jahren hat abgepacktes Weizenvollkornmehl auch in Indien seinen Weg in die Lebensmittelläden gefunden. Es gewinnt zunehmend an Beliebtheit, obwohl noch kein bekanntes nationales Markenprodukt existiert.

Hier das Standardrezept für einen *roti*-Teig:

125 g Weizenvollkornmehl
75 ml lauwarmes Wasser
2 TL ghee *oder Öl*

1 Mehl und Wasser mit der Hand, dem Handrührgerät oder in der Küchenmaschine zu einem glatten Teig verarbeiten. *Ghee* oder Öl unterrühren und den Teig mit der Hand mindestens 5 Minuten, besser 8 Minuten kneten. Er wird dadurch elastischer, und die *rotis* bekommen eine weichere Konsistenz.

2 Den Teig mit einem Mulltuch bedecken und 1 Stunde ruhen lassen.

Dieses Rezept reicht für 12 kleinere *chapatis* oder *pooris* oder für 6 *parathas,* eine ausreichende Menge für 3 Personen.

CHAPATI

In Indien werden *chapatis* in einer schweren, leicht gewölbten gußeisernen Pfanne, *tawa* genannt, gebraten. Da diese Pfannen jeden Tag benutzt werden, besteht keine Gefahr, daß sie rosten. Eine Arbeitsfläche mit etwas Mehl bestäuben und einen Teigball darauf flachdrücken. Den Teig mit etwas Mehl bestäuben und zu einem dünnen Fladen von 15 cm Durchmesser ausrollen. Dabei nicht zuviel Mehl über den Teig stäuben, da die *chapatis* sonst zu trocken werden. Den Fladen in die heiße Pfanne geben und bei starker Hitze bräunen. Sobald er die ersten braunen Flecken zeigt, den Teigfladen wenden und auf der anderen Seite ebenfalls bräunen. Sollte er sich wölben, die Teigränder mit einem Löffel herunterdrücken. Den Fladen ein zweites Mal wenden und fertigbräunen.

Auf diese Weise werden *chapatis* kurz vor dem Servieren zubereitet. Nach dem Bräunen werden sie in Alufolie gewickelt oder in einer fest verschließbaren Dose (wie sie jetzt in Indien aktuell sind) aufbewahrt.

Wer *chapatis* einige Stunden im voraus zubereiten möchte, bestreicht sie während des Bräunens auf beiden Seiten mit etwas Öl, schlägt sie zur Hälfte übereinander und wickelt sie in Alufolie. Kurz vor dem Servieren werden sie im Ofen aufgewärmt.

Rechte Seite, im Uhrzeigersinn von oben: *naan, chapati, poori, paratha*

Phulka

Für die Zubereitung von *phulkas* wird neben einer gußeisernen Pfanne auch eine offene Flamme benötigt.

Und so werden sie zubereitet: Den Brotfladen wie *chapatis* in der Pfanne von beiden Seiten bräunen und dabei mit einem Löffelrücken herunterdrücken. Mit einer Zange aus der Pfanne nehmen und über die Flamme halten. Den Fladen über der Flamme wenden und aufgehen lassen.

Mit etwas Öl, *ghee* oder Butter bestreichen, aufeinandergestapelt auf einen Teller legen und zum sofortigen Verzehr servieren.

Pooris

In Nordindien werden *pooris* zusammen mit einem Kartoffelgericht zum Frühstück gegessen. Im Gujarat sind *pooris* Bestandteil einer *thali*-Mahlzeit, und auch in Bengalen weiß man sie zu schätzen.
Aus dem *chapati*-Teig (siehe Seite 158) 12 Kugeln formen und zu Fladen von 12 ½ cm Durchmesser ausrollen. Dabei die Fladen mit etwas Weizenmehl bestäuben.

In einer tiefen Pfanne bei starker Hitze so viel Öl erhitzen, daß die Oberfläche des Teigfladens beim Hineingeben sofort ganz davon bedeckt ist. Das ist wichtig, damit sich der Fladen schön aufblähen kann. Den Fladen schwimmend ausbacken, wenden und herausnehmen. Mit den anderen *pooris* ebenso verfahren.

Parathas

Parathas werden aus gewürztem *chapati*-Teig hergestellt. Sie können den Teig zum Beispiel mit feingehackten Minzeblättern, etwas Salz und Paprikapulver aromatisieren.

Den *chapati*-Teig (siehe Seite 158) in 6 Portionen teilen und zu Kugeln formen. Die Arbeitsfläche leicht mit Mehl bestäuben und jede Teigkugel zu einem ovalen Fladen von 20 cm Länge ausrollen. Den Fladen mit den Fingern in der Mitte wie zu einer Acht zusammendrücken und übereinanderschlagen. Zu einem Fladen von 17 ½ cm Durchmesser ausrollen.

Etwas *ghee* oder Öl in einer gußeisernen Pfanne erhitzen und einen Teigfladen darin braten. Die rohe Oberfläche mit etwas *ghee* bestreichen, den Fladen wenden und auf der anderen Seite ebenfalls braten. Aus der Pfanne nehmen und mit den übrigen Fladen ebenso verfahren. Die *parathas* auf einem Teller stapeln. Werden sie nicht sofort serviert, in Alufolie wickeln und kurz vor dem Essen im Ofen erhitzen.

Parathas schmecken gut mit einer Gemüsefüllung. Zu den beliebtesten Füllungen gehören gekochte, gewürzte Kartoffeln und geraspelter, gewürzter Rettich. Zum Würzen des Gemüses werden etwas rote Chilischote, gemahlener Kreuzkümmel, eine Prise Mangopulver und Salz verwendet.

Gemüsebeilagen

Eine indische Mahlzeit muß nicht immer ein Curry beinhalten, aber ein Gemüsegericht gehört fast ausnahmslos dazu – sowohl mittags als auch abends. In Indien besteht ein Essen aus einem oder zwei Gemüsegerichten, zum Beispiel einem aus Hülsenfrüchten, einem *raita* (einer kalten Joghurtspeise mit Gemüse) und *rotis* sowie/oder Reis. Die nachfolgenden Rezepte können als vegetarische Hauptspeise oder als Beilage zu einem Curry serviert werden.
Ich habe einige der beliebtesten Gemüsegerichte für dieses Buch ausgewählt. Sie sind von den Zutaten und der Technik her einfach zuzubereiten.

Spinat mit Quark
PALAK PANEER

Für 2 Personen

450 ml Milch
125 ml Joghurt mit lebenden Kulturen
Salz
2 TL Limonen- oder Zitronensaft
250 g frischer oder 1 kleines Paket tiefgefrorener Spinat
2 grüne Chilischoten, gehackt
1/2 TL gehackter frischer Ingwer
2 EL Öl
1 Prise Bockshornkleesamen
1 Zwiebel, gehackt
1 Knoblauchzehe, gehackt
1/4 TL Kreuzkümmelsamen
2 Tomaten, püriert

1 Für den Quark die Milch bis zum Siedepunkt erhitzen. Joghurt, 1 Prise Salz und Limonen- oder Zitronensaft zugeben und 7 – 10 Minuten köcheln lassen, bis sich die geronnene Milch von der Molke absetzt. Vom Herd nehmen und abkühlen lassen.

2 Die Molke durch ein Sieb in eine Schüssel ablaufen lassen, dabei das Sieb mit dem Quark in der Molke stehenlassen. Vor Gebrauch herausheben, den Quark mit einem Kartoffelstampfer oder dem Rücken eines großen Löffels kräftig ausdrücken. Oder den Quark in ein Mulltuch geben, auspressen und abtropfen lassen. Das ergibt etwa 100 Gramm Quark oder *paneer.*

3 Den Spinat mit Chillies, Ingwer und einer Prise Salz – bei frischem Spinat einige Tropfen Wasser zufügen – ohne Deckel garen, damit er nicht seine schöne grüne Farbe verliert. (Salz trägt ebenso dazu bei, daß er seine Farbe beibehält.) Den Spinat abkühlen lassen und im Mixer pürieren.

4 Das Öl in einer Pfanne erhitzen und die Bockshornkleesamen darin 30 Sekunden anbraten. Die Zwiebel zugeben und mit leichter Farbe anschwitzen. Knoblauch und Kreuzkümmel unterrühren, nach 30 Sekunden die Tomaten zufügen und etwa 5 Minuten schmoren lassen.

5 Wenn die Flüssigkeit vollständig verkocht ist, vorsichtig den Quark unterrühren. Den pürierten Spinat zugeben, einige Minuten köcheln lassen und servieren.

KOHL MIT GEWÜRZEN UND TOMATE

Für 4 Personen

450 g Kohl
2 mittelgroße Zwiebeln
1 Stück frischer Ingwer, 10 x 5 mm groß
1 grüne Chilischote
2 mittelgroße Tomaten
3 EL Öl
1 Messerspitze gemahlene Gelbwurz
1 TL gemahlener Koriander
$^1/_2$ TL rotes Chilipulver
Salz

1 Den Kohl waschen und in sehr dünne Streifen schneiden oder raspeln. Zwiebeln, Ingwer und Chilischote sehr fein hacken. Die Tomaten ebenfalls hacken.

2 Das Öl in einem Wok (ersatzweise einer tiefen Pfanne) erhitzen. Zwiebeln, Ingwer und Chilischote zugeben und die Zwiebeln in etwa 25 Minuten kräftig Farbe annehmen lassen.

3 Mit Gelbwurz, Koriander und rotem Chilipulver bestäuben und den Kohl kräftig unterrühren. Zugedeckt 10 Minuten schmoren lassen. Tomaten und Salz zugeben und den Kohl fertiggaren. Er soll noch Biß haben.

GEFÜLLTE BABY-AUBERGINEN
MASALA BAINGAN

Für 2 bis 3 Personen

1 TL gemahlener Koriander
$^1/_4$ TL gemahlener Kreuzkümmel
$^1/_4$ TL gemahlene Gelbwurz
$^1/_4$ TL rotes Chilipulver
$^1/_4$ TL getrocknetes Mangopulver (amchoor)
1 Messerspitze Salz
1 TL Zucker
250 g Baby-Auberginen
3 EL Öl

1 Die Gewürze mit Salz und Zucker vermengen. Die Auberginen kreuzweise oder zweimal quer etwa $2^1/_2$ cm tief einschneiden und die Gewürzmischung hineinstreuen.

2 Das Öl in einer beschichteten Pfanne oder einer schweren Pfanne mit Deckel erhitzen und die Auberginen hineinlegen. Zugedeckt bei niedriger Temperatur in etwa 15 Minuten garen.

KOHL MIT SENFKÖRNERN

Für 2 Personen

400 g Kohl, in feine Streifen geschnitten
Salz
4 EL Öl
$^1/_4$ TL Senfkörner
1 grüne Chilischote, gehackt
1 Würfel frischer Ingwer mit 5 mm Kantenlänge, gehackt
Etwa 10 Curryblätter
$^1/_3$ TL Zucker

1 Den Kohl etwa 15 Minuten in leicht gesalzenem Wasser einweichen, abgießen und abtropfen lassen.

2 Das Öl in einer tiefen Pfanne erhitzen und die Senfkörner hineingeben. Sobald sie zu zischen beginnen, Chilischote, Ingwer und Curryblätter zufügen und 1 Minute braten. Kohl, Salz nach Geschmack und Zucker unterrühren. Den Kohl ohne Deckel bei niedriger Temperatur so lange unter ständigem Wenden garen, bis er den von Ihnen gewünschten Gargrad erreicht hat.

Linke Seite, entgegen dem Uhrzeigersinn von oben: *Kohl mit Gewürzen und Tomate; Gefüllte Baby-Auberginen; Kohl mit Senfkörnern; Erbsen und Möhren mit Kreuzkümmel (Rezept Seite 165)*

PFANNENGERÜHRTE GRÜNE BOHNEN
BEANS PORIAL

Für 4 Personen

250 g grüne Bohnen
1/2 TL urad dal *(geschälte schwarze Mungobohnen, sie sind innen weiß)*
20 g geraspelte Kokosnuß
3/4 TL Kreuzkümmelsamen
1 1/2 EL feingehackte Zwiebel
10–12 Curryblätter, fein gehackt
Salz
2 EL Öl oder Butter
1 grüne Chilischote, fein gehackt und die Samen nach Wunsch entfernt
1/3 TL Senfkörner

1 Die grünen Bohnen waschen, die Enden abschneiden und dabei die Fäden abziehen. Die Bohnen in 1 cm lange Stücke schneiden.

2 Die weißen Bohnen 15 Minuten in 125 ml Wasser einweichen. Abgießen und beiseite stellen.

3 Die Kokosraspel in einer Schüssel mit den Kreuzkümmelsamen, der feingehackten Zwiebel und den Curryblättern gut vermischen.

4 Die grünen Bohnen in 500 ml kochendem, leicht gesalzenem Wasser ohne Deckel, damit sie ihre schöne grüne Farbe nicht verlieren, 5 Minuten blanchieren. Das Wasser abgießen und die Bohnen abtropfen lassen.

5 Öl oder Butter in einer tiefen Pfanne erhitzen. Die Chilischote darin anbraten, bis sie eine hellgrüne Farbe annimmt, dann die Senfkörner und nach 20 Sekunden die weißen Bohnen mitbraten. Nach 1 Minute die Kokosnuß-Zwiebel-Mischung unterrühren und 2 Minuten ständig rühren. Die grünen Bohnen gründlich untermischen und das Gemüse bei niedriger Temperatur unter Rühren knackig gar werden lassen.

BLUMENKOHL MIT INGWER
PUNJABI GOBI

Dem Blumenkohl wird in Indien nachgesagt, er sei schwer verdaulich und verursache Blähungen, besonders wenn man ihn in Wasser kocht. In Nordindien ist es deshalb üblich, ihn ohne Zugabe von Flüssigkeit zu garen. Ingwer und Kreuzkümmel sind für eine gute Verdauung förderlich und helfen, Blähungen zu vermeiden. Das nachfolgende Rezept ist eine sehr beliebte, äußerst schmackhafte Zubereitung für Blumenkohl.

Für 4 Personen

500 g Blumenkohl
3/4 TL Kreuzkümmelsamen
3 EL Öl
1–2 EL geriebener frischer Ingwer
1 Prise rotes Chilipulver
1/4 TL gemahlener Kreuzkümmel
Salz
1 Prise garam masala

1 Den Blumenkohl in Röschen zerteilen. Die Kreuzkümmelsamen zerstoßen.

2 Das Öl in einem Wok (ersatzweise einer tiefen Pfanne) erhitzen und den Ingwer darin anbraten. Nach gut 30 Sekunden die zerstoßenen Kreuzkümmelsamen, das Chilipulver und den gemahlenen Kreuzkümmel, anschließend 1/4–1/2 Teelöffel Salz unterrühren und den Blumenkohl zugeben.

3 Mit *garam masala* bestreuen und alles gründlich miteinander vermengen, die Blumenkohlröschen sollen gleichmäßig von Öl und Gewürzen überzogen sein. Zugedeckt bei niedriger Temperatur garen lassen (Garpunkt nach persönlichem Geschmack) und servieren.

Erbsen und Möhren mit Kreuzkümmel

GAJAR MUTTER

Für 2 Personen

3 EL Öl
2 mittelgroße Zwiebeln, fein gehackt
1 grüne Chilischote, fein gehackt
1 Knoblauchzehe, fein gehackt
1 Würfel frischer Ingwer mit 1 cm Kantenlänge, fein gehackt
1/4 TL gemahlener Koriander
1 TL gemahlener Kreuzkümmel
1/4 TL rotes Chilipulver
1/2 TL Kreuzkümmelsamen
1 kleine Tomate, gehackt
150 g enthülste Erbsen, frisch oder tiefgefroren
75 g Möhren, in kleine Würfel geschnitten
Salz

1 Das Öl in einer beschichteten Pfanne erhitzen. Die Zwiebeln darin 20–25 Minuten bei niedriger Temperatur braun anschwitzen. Die grüne Chilischote, den Knoblauch und den Ingwer 3 Minuten mitschwitzen.

2 Koriander, gemahlenen Kreuzkümmel, rotes Chilipulver und Kreuzkümmelsamen zugeben, 2 Minuten braten. 3 Eßlöffel Wasser einrühren und die Gewürze 3 Minuten schmoren lassen.

3 Die Tomate unterrühren und 2–3 Minuten mitschmoren. Erbsen und Möhren zugeben und zugedeckt weich garen.

Okras mit gehackten Zwiebeln

BHINDI PYAZ

Für 2 Personen

250 g Okras (bhindi)
Salz
2 EL Öl
2 mittelgroße Zwiebeln, gehackt
1–2 grüne Chilischoten
3/4 TL Kreuzkümmelsamen, zerstoßen

1 Die Okras waschen und mit einer Prise Salz in einer Schüssel Wasser 5 Minuten ziehen lassen. Die Stiele mit einem scharfen Messer knapp über dem Ansatz abschneiden und die Schoten in 2 cm lange Stücke schneiden.

2 Das Öl in einer großen, beschichteten Pfanne erhitzen. Die Zwiebeln darin langsam braun anschwitzen. Die Chilischoten mitschwitzen, bis sie sich hellgrün verfärben. Dann den Kreuzkümmel zugeben und 30 Sekunden mitbraten.

3 Die Okrastücke zufügen, salzen und bei niedriger Temperatur ohne Deckel garen lassen. Dabei gelegentlich umrühren, damit das Gemüse nicht am Pfannenboden ansetzt.

Kartoffeln

Kartoffeln erfreuen sich überall in Indien größter Beliebtheit. Man bereitet aus ihnen – allein oder zusammen mit anderen Gemüsesorten wie Blumenkohl, Kohl, Paprikaschoten, grünen Bohnen oder Erbsen – köstliche Gerichte zu. Auch in Currys werden sie verwendet – siehe *Kashmiri dum aloo* (Rezept Seite 148).

Die folgenden Rezepte können zu jeder Art von Curry oder zu Gerichten mit Hülsenfrüchten serviert werden.

Kartoffeln auf Gujarati-Art

500 g Kartoffeln
1/2 TL gemahlene Gelbwurz
Salz
2 EL Öl
1/2 EL Senfkörner
1/2 TL urad dal *(geschälte schwarze Mungobohnen, sie sind innen weiß)*
16–20 Curryblätter
1/2 TL Chilipulver
1/4 TL Zucker

1 Die ungeschälten und gründlich gewaschenen Kartoffeln mit gemahlener Gelbwurz und 1 Teelöffel Salz nicht ganz gar kochen. Das Wasser abgießen, die Kartoffeln etwas abkühlen lassen, pellen und in Würfel schneiden.

2 Das Öl in einem Wok (ersatzweise einer tiefen Pfanne) erhitzen und die Senfkörner sowie die gewaschenen und gut abgetropften weißen Bohnen darin 10 Sekunden anbraten. Curryblätter und Chilipulver zugeben, nach 5 Sekunden mit etwas Wasser beträufeln und 3 Minuten schmoren lassen. Mit Zucker und Salz würzen.

3 Die Kartoffeln untermischen. Einige Minuten schmoren lassen, bis sie heiß sind und etwas von dem würzigen Öl aufgenommen haben.

ALOO METHI

Kartoffeln mit Bockshornkleeblättern

PUNJAB UND SINDH

250 g Kartoffeln, möglichst neue Ernte
50 g Bockshornkleeblätter
Salz
3 EL Öl
2 Knoblauchzehen, gehackt
1 grüne Chilischote, gehackt
1 Messerspitze gemahlene Gelbwurz
4 Zweige frischer Dill, gehackt
1 EL gehacktes Koriandergrün

1 Neue Kartoffeln müssen weder geschält noch zerteilt, jedoch gründlich gewaschen werden. Andere Kartoffeln schälen und in mundgerechte Stücke schneiden.

2 Die Bockshornkleeblätter mit einer Prise Salz in einer Schale mit Wasser 1/2 Stunde einweichen, damit sie ihren leicht bitteren Geschmack verlieren. Die Blätter abtropfen lassen und hacken.

3 Das Öl in einer großen Pfanne oder in einem Wok erhitzen. Knoblauch und Chilischote darin anbraten, nach einigen Sekunden die Bockshornkleeblätter zufügen und 1 Minute mitbraten.

4 Kartoffeln, Gelbwurz und Salz in die Pfanne geben und unter ständigem Wenden 2 Minuten braten. Dill und Koriandergrün untermischen.

5 Die Kartoffeln zugedeckt bei sehr niedriger Temperatur in etwa 15 Minuten fertigbraten, eventuell zwischendurch mit etwas Wasser beträufeln.

Im Uhrzeigersinn von oben: *Kartoffeln in Joghurt auf Maharaschtrian-Art; Gebratene Kartoffeln mit gemischten Gewürzen (Rezepte Seite 168); Kartoffeln mit Bockshornkleeblättern; Kartoffeln mit Erdnüssen; Kartoffeln auf Gujarati-Art*

Kartoffeln mit Erdnüssen

450 g Kartoffeln
1 Prise gemahlene Gelbwurz
50 g Erdnüsse
4 EL ghee *oder Öl*
1 TL Kreuzkümmelsamen
1/4 TL Asant (nach Belieben)
1–2 grüne Chilischoten, fein gehackt
Einige Curryblätter

1 Die ungeschälten, gründlich gewaschenen Kartoffeln mit der gemahlenen Gelbwurz in Salzwasser gar kochen. Das Wasser abgießen, die Kartoffeln in kaltem Wasser abschrecken und pellen.

2 Die Erdnüsse zerstoßen oder grob mahlen. *Ghee* oder Öl in einem Topf erhitzen und die Kreuzkümmelsamen darin anbraten. Sobald sie zu springen beginnen, Asant, Chilischoten und Curryblätter einstreuen. Kartoffeln und Erdnüsse zugeben, salzen und alles vorsichtig miteinander vermengen, so daß die Kartoffeln ganz mit den Gewürzen überzogen sind. Noch etwa 2 Minuten braten, bis die Kartoffeln heiß sind. Vom Herd nehmen und servieren.

Gebratene Kartoffeln mit gemischten Gewürzen
SUKHA ALOO

500 g Kartoffeln
1/2 TL gemahlene Gelbwurz
Salz
4 EL Öl
1/2 TL gemahlener Koriander
1 TL rotes Chilipulver
1/2 TL garam masala
1/3 TL Mangopulver (amchur)

1 Die ungeschälten, gründlich gewaschenen Kartoffeln mit Gelbwurz 5 Minuten in Salzwasser kochen. Das Wasser abgießen, die Kartoffeln abkühlen lassen, pellen und in große, dicke Scheiben oder kleinere, mundgerechte Stücke schneiden.

2 Das Öl mit Koriander und Chilipulver in einem (möglichst beschichteten) Wok bei ganz niedriger Temperatur erhitzen. Die Kartoffeln in dem heißen Öl wenden und zugedeckt 20 Minuten garen, dabei gelegentlich wenden.

3 Wenn die Kartoffeln fast gar sind, *garam masala* unterrühren. Kurz vor dem Anrichten mit dem Mangopulver bestreuen, einmal kurz umrühren und servieren.

Kartoffeln in Joghurt auf Maharaschtrian-Art
DAHIWALLA ALOO

500 g Kartoffeln
2 mittelgroße Zwiebeln
50 g frische Kokosnuß, geraspelt
3–4 grüne Chilischoten
2 Knoblauchzehen
1 Stück frischer Ingwer, 2 1/2 x 1 cm groß
1 1/2 TL gemahlener Koriander
1 TL gemahlener Kreuzkümmel
1/2 TL gemahlene Gelbwurz
1 TL rotes Chilipulver
2 EL Sahnejoghurt
2 EL Öl
1 Messerspitze Senfkörner
Einige Curryblätter oder 1 EL Koriandergrün
Salz

1 Die Kartoffeln schälen und quer in 1 cm dicke Scheiben schneiden.

2 Zwiebeln, Kokosnuß, grüne Chilischoten, Knoblauch, Ingwer, Koriander, Kreuzkümmel, die Hälfte der Gelbwurz und das rote Chilipulver mit 2 Eßlöffel Wasser im Mixer oder in der Küchenmaschine zu einem Püree verarbeiten.

3 Den Joghurt mit einer Gabel kräftig aufschlagen und beiseite stellen.

4 Die Kartoffeln mit der restlichen Gelbwurz und etwa 1 Teelöffel Salz in Wasser dreiviertel gar kochen. Das Wasser abgießen und die Kartoffeln abkühlen lassen.

5 Das Öl in einem Wok erhitzen und die Senfkörner hineingeben. Sobald sie zu zischen und zu springen beginnen, Curryblätter oder Koriandergrün, anschließend das Würzpüree zugeben und alles 8–10 Minuten durchschwitzen, dabei gelegentlich umrühren.

6 Den Joghurt unterrühren. 125 ml Wasser zugießen und mit Salz abschmecken. Die in Scheiben geschnittenen Kartoffeln unterheben und in etwa 15 Minuten fertiggaren.

Hülsenfrüchte

DALS

D*al* mit Reis könnte man als das indische Nationalgericht bezeichnen. Hülsenfrüchte werden von Arm und Reich, von Nord bis Süd, von Ost bis West überall in Indien, häufig von *rotis* begleitet, gegessen. Da Hülsenfrüchte Aminosäuren enthalten, die dem Reis fehlen, ergibt eine Kombination von beiden eine ausgewogene vegetarische Mahlzeit, die viele Proteine enthält und leicht verdaulich ist.
Jede Region Indiens hat ihr spezielles *dal*-Gericht. Im Punjab und in Delhi zählen *urad dal* (geschälte schwarze Mungobohnen) zu den beliebtesten Hülsenfrüchten, die mit riesigen Mengen Butter oder *ghee* zubereitet werden; deswegen habe ich sie nicht in dieses Buch aufgenommen. Außerdem schmecken sie nicht besonders gut zu einem Curry. Im Osten Indiens sind Kichererbsen beliebt, die dort Bengalische Kichererbsen *(chana dal)* genannt werden. In Uttar Pradesch, im Norden und Westen Indiens bevorzugt man *moong dal* (halbe gelbe Mungobohnen), die leicht verdaulich sind und deswegen auch als Krankenkost dienen. In Uttar Pradesch, dem indischen Bundesstaat, durch den der Ganges den größten Teil seines Weges zurücklegt und aus dem die besten *dal*-Gerichte stammen, werden auch rosa Linsen *(masoor dal)* hochgeschätzt, die man hier gut und originell zuzubereiten versteht. Im Süden bereitet man aus *toor dal* (rote Linsen), die auch unter dem Namen *arhar dal* bekannt sind, ein Gericht namens *sambhar* zu, das mit gemahlenen, teils sehr scharfen Gewürzen aromatisiert wird und fast täglich auf dem Speiseplan steht.
Hülsenfrüchte gibt es in verschiedenen Formen zu kaufen: im ganzen oder zerteilt, geschält oder ungeschält (zum Beispiel Mungobohnen), gewaschen oder ungewaschen, mit oder ohne Öl. Gekochte Hülsenfrüchte lassen sich bis zu 2 Tage im Kühlschrank aufbewahren.

Rosa Linsen auf Uttar-Pradesch-Art

MASOOR DAL

250 g rosa Linsen (masoor dal)
5 Knoblauchzehen
1 TL Tamarinde (nach Belieben)
200 g roter Kürbis, in kleine Würfel geschnitten
1 mittelgroße Zwiebel, gehackt
3 kleine Tomaten, gehackt
1 Würfel frischer Ingwer mit 2 cm Kantenlänge, gehackt
2–3 grüne Chilischoten, gehackt
1 TL gemahlener Koriander
$\frac{1}{2}$ TL gemahlener Kreuzkümmel
1 TL rotes Chilipulver
2 TL Limonensaft
Salz
1 EL Öl oder Butter

1 Die Linsen gründlich waschen und 30 Minuten in kaltem Wasser einweichen.

2 Erst 3, dann die anderen 2 Knoblauchzehen hacken und getrennt beiseite stellen.

3 Die Tamarinde 30 Minuten in 125 ml heißem Wasser einweichen. Durch ein Sieb abgießen, dabei die Tamarinde gut ausdrücken und das Tamarindenwasser beiseite stellen.

4 In einem Topf $1\frac{3}{4}$ Liter Wasser zum Kochen bringen. Die abgetropften Linsen hineingeben und aufkochen lassen. Kürbis, Zwiebel, Tomaten, 3 gehackte Knoblauchzehen, Ingwer, grüne Chillies, Koriander, Kreuzkümmel und Chilipulver zugeben und die Linsen 30 Minuten bei mittlerer Temperatur kochen lassen.

5 Nach Belieben Tamarindenwasser und Limonensaft (durch ein Sieb) zugießen und 1 Teelöffel Salz zugeben. 2 Minuten köcheln lassen, den Topf vom Herd nehmen und die Linsen mit einem Schneebesen kräftig durchrühren, bis sie einen geschmeidigen Brei ergeben.

6 Kurz vor dem Servieren Öl oder Butter in einer Pfanne erhitzen und den restlichen Knoblauch darin etwa 1 Minute braten. Unter die Linsen rühren. Dieses wohlschmeckende Gericht sollte die Konsistenz eines weichen Breis haben.

Halbe gelbe Mungobohnen auf Uttar-Pradesch-Art

MOONG DAL

200 g halbe gelbe Mungobohnen (moong dal)
2 große Tomaten, gehackt
2 grüne Chilischoten, gehackt
1 Würfel frischer Ingwer mit 2 ½ cm Kantenlänge, gehackt
3 große Knoblauchzehen, gehackt
¼ TL gemahlene Gelbwurz
Salz
1 EL gehacktes Koriandergrün
Etwa 8 Curryblätter
1 EL Butter oder Öl

1 Die Mungobohnen waschen und 15 Minuten in kaltem Wasser einweichen.

2 In einem Topf 1¼ Liter Wasser zum Kochen bringen. Die Mungobohnen, Tomaten, Chillies, Ingwer, zwei Drittel des Knoblauchs und Gelbwurz hineingeben, aufkochen und 30 Minuten kochen lassen. Mit Salz würzen. Den Topf vom Herd nehmen und die Mungobohnen mit einem Schneebesen zu einem cremigen Brei aufschlagen. Das Koriandergrün und die Curryblätter unterrühren und noch 5 Minuten köcheln lassen.

3 Butter oder Öl in einer Pfanne erhitzen und den restlichen Knoblauch darin goldbraun braten, anschließend unter den Mungobrei mischen. Das Gericht, das die Konsistenz einer cremigen Suppe haben sollte, servieren.

Kichererbsen

CHANA DAL

250 g Kichererbsen (chana dal, *in Bengalen* cholar dal)
1 EL Öl oder ghee
1 EL Rosinen
Salz
2 Knoblauchzehen, gehackt
1 Stück frischer Ingwer, 1 cm groß, gehackt
2 grüne Chilischoten, gehackt
1 Zimt- oder Lorbeerblatt
½ TL Kreuzkümmelsamen
¾ TL rotes Chilipulver
½ TL gemahlene Gelbwurz
1 Tomate, gehackt
½ TL Zucker (nach Belieben)
1 Prise Asant
1 EL gehacktes Koriandergrün
Rosinen zum Garnieren

1 Die Kichererbsen waschen und 15–20 Minuten in kaltem Wasser einweichen.

2 Die Hälfte des Öls oder *ghee* in einer Pfanne erhitzen und die Rosinen darin 1 Minute anbraten, herausnehmen und auf Küchenpapier abtropfen lassen. Die Kichererbsen mit 625 ml Wasser in einen Topf füllen und in etwa 20 Minuten weich kochen. 1 Teelöffel Salz unterrühren und den Topf vom Herd nehmen.

3 Das restliche Öl oder *ghee* in eine kleine Pfanne geben und Knoblauch, Ingwer, grüne Chilischoten und Zimt- oder Lorbeerblatt darin 2 Minuten anbraten. Kreuzkümmel, rotes Chilipulver und Gelbwurz unter Rühren kurz mitbraten. Die Tomate zugeben und weitere 2 Minuten rühren.

4 Den Pfanneninhalt mit Zucker und Asant unter die Kichererbsen mischen, nochmals aufkochen und so lange köcheln lassen, bis die Hülsenfrüchte ganz weich, aber nicht breiig sind. Die gebratenen Rosinen untermischen. Vor dem Servieren mit Koriandergrün und zusätzlich mit gehackten Rosinen bestreuen.

In Bengalen wird Zucker für die Zubereitung dieses Gerichts verwendet, in Bangladesch verzichtet man darauf. Asant sorgt für eine gute Verdauung und verhindert Blähungen.

Halbe gelbe Mungobohnen auf Sindhi-Art

CHURI DAL

Churi bedeutet in der Sindhi-Sprache »trennen«. Dieses Gericht hat die Konsistenz von Reis. Die Mungobohnen bleiben »getrennt« und behalten ihren Biß.

150 g halbe gelbe Mungobohnen (moong dal)
Salz
1 Prise gemahlene Gelbwurz
¼ TL gemahlener Koriander
¼ TL gemahlener Kreuzkümmel
¼ TL rotes Chilipulver
¼ TL Mangopulver (amchur)
¼ EL Butter oder Öl

1 In einem kleinen Topf 250 ml Wasser zum Kochen bringen. Die Mungobohnen hineingeben, aufkochen lassen und kochen, bis sie fast das ganze Wasser aufgenommen haben. Mit Salz würzen. Die Temperatur ganz herunterschalten, eine Pfanne auf die Herdplatte stellen und den Topf mit den Mungobohnen hineinsetzen. So können sie bei milder Hitze garen, ohne am Topfboden anzusetzen. Die restliche Flüssigkeit wird in etwa 20 Minuten von den Mungobohnen aufgenommen sein.

2 Zum Servieren die heißen Mungobohnen in einer Schüssel anrichten. Nacheinander gleichmäßig mit den gemahlenen Gewürzen bestäuben. Butter oder Öl in einer Pfanne sehr heiß werden lassen und die Gewürze damit beträufeln. Die Schüssel einige Sekunden zudecken, den Deckel entfernen und das Gericht, das die Konsistenz von weichem Reis haben sollte, servieren.

Im Uhrzeigersinn von oben rechts: *Kichererbsen; Halbe gelbe Mungobohnen auf Sindhi-Art; Halbe gelbe Mungobohnen auf Uttar-Pradesch-Art; Rosa Linsen auf Uttar-Pradesch-Art* *(Rezept Seite 169)*

JOGHURT

RAITAS

R*aitas* lassen sich einfach zubereiten. Wichtig für ihr Gelingen ist, daß man den Joghurt vorher kräftig aufschlägt. Sowohl Sahnejoghurt als auch Joghurt mit geringerem Fettgehalt sind geeignet, wobei Sahnejoghurt mit wenig Wasser verdünnt wird.

Hier das Grundrezept für *raita:*
Den Joghurt mit Salz, Pfeffer und gemahlenem Kreuzkümmel würzen. Falls der Joghurt zu säuerlich schmeckt, nach Belieben etwas Zucker unterrühren. In einer Servierschüssel anrichten und mit gehacktem Koriandergrün und rotem Chili- oder Paprikapulver bestreuen, das sieht hübsch aus und gibt dem Ganzen einen pikanten Geschmack.

Gegen den kleinen Hunger zwischendurch ißt man in Indien gern *chaats* (würzige Leckereien, die an Straßenständen angeboten werden); und auf das dazugehörende *raita* gibt man einige Teelöffel Tamarinden-Chutney. Ein Rezept für ein rotes Chutney, das gut zu *raitas* paßt, finden Sie auf Seite 175.

Man kann ein *raita* mit allen möglichen Zutaten anreichern. Gehackte Gurke, Tomate, Kartoffel oder Zwiebel sind als alltägliche Varianten besonders beliebt. Weitere verbreitete Zutaten sind gekochter weißer Kürbis, gekochte Baby-Auberginen, in Streifen geschnittener blanchierter Spinat, den man mit Rosinen oder Datteln kombinieren kann, und *bhoondi,* kleine Bällchen aus Kichererbsenmehl. Sindhis und Gujaratis geben auch gern *sev* hinein, dünn ausgebackene Nudeln aus Kichererbsenmehl. Aus diesen Zutaten können Sie sich Ihre eigene *raita*-Version nach Lust, Laune und Geschmack zusammenstellen.

Raitas gelten als »kühlende« Speisen, weswegen sie in den Wintermonaten in Indien abends nicht auf den Tisch kommen.

Im Uhrzeigersinn von oben rechts:
Kartoffel-Raita, Spinat-Raita, Tomaten-Raita und Gurken-Raita

Gurken-Raita

250 ml Sahnejoghurt
100–150 g Gurke, geschält und fein gehackt
Salz und Pfeffer
1 Messerspitze gemahlener Kreuzkümmel
1/2 TL Zucker
1 Prise Paprikapulver
1 TL feingehacktes Koriandergrün

1 Den Joghurt mit einer Gabel aufschlagen. Eventuell etwas Wasser unterrühren.

2 Gurke, Salz, Pfeffer, gemahlenen Kreuzkümmel und Zucker zum Joghurt geben und alles gut miteinander vermischen. In einer hübschen Schüssel anrichten und mit Paprikapulver und Koriandergrün garnieren.

Kartoffel-Raita

1 große Kartoffel
375 ml Sahnejoghurt
Salz und Pfeffer
1 Messerspitze gemahlener Kreuzkümmel
1 Prise Paprikapulver
1 TL gehacktes Koriandergrün

1 Die ungeschälte Kartoffel in Salzwasser gar kochen, abgießen, abkühlen lassen, pellen und in kleine Würfel schneiden.

2 Den Joghurt aufschlagen, nach Belieben etwas Wasser unterrühren. Mit Salz, Pfeffer und gemahlenem Kreuzkümmel würzen. Die Kartoffelwürfel vorsichtig unterheben. In einer hübschen Schüssel anrichten und mit Paprikapulver und Koriandergrün garnieren.

Spinat-Raita

15 Spinatblätter, gründlich gewaschen
250 ml Joghurt
Salz und Pfeffer
1 Messerspitze gemahlener Kreuzkümmel
12–15 Rosinen oder 3 Datteln (nach Belieben)
1 Prise Paprikapulver

1 Die Spinatblätter in Streifen schneiden. 250 ml Wasser mit etwas Salz aufkochen lassen und den Spinat 3–4 Minuten blanchieren. Abgießen und gut abtropfen lassen.

2 Den Joghurt aufschlagen und mit Salz, Pfeffer und gemahlenem Kreuzkümmel würzen. Spinat und Rosinen oder Datteln, nach Belieben vorher in dünne Streifen geschnitten, unterrühren. In einer hübschen Schüssel anrichten und mit Paprikapulver bestäuben.

Tomaten-Raita

250 ml Joghurt
Salz und Pfeffer
1 Messerspitze gemahlener Kreuzkümmel
1 große Tomate, fein gehackt
1/8 Zwiebel, fein gehackt
1 TL gehacktes Koriandergrün

1 Den Joghurt aufschlagen, nach Belieben mit etwas Wasser verdünnen. Mit Salz, Pfeffer und gemahlenem Kreuzkümmel würzen.

2 Tomate und Zwiebel unter den Joghurt rühren und in einer hübschen Schüssel anrichten. Mit Koriandergrün bestreuen.

PAPADAMS

Papadams (in Indien *papads* genannt) werden zu Gerichten aus Hülsenfrüchten und Reis gegessen, häufig auch zu Currys. In den südlichen Teilen Indiens sind sie wesentlicher Bestandteil einer Mahlzeit.

Papadams werden entweder aus Linsenmehl oder aus einer Mischung von Linsen- und Reismehl hergestellt. Die mit Reismehl kommen aus dem Süden des Landes und werden ausgebacken; die *papadams,* die nur Linsenmehl enthalten, sind für den Norden typisch und werden geröstet, gegrillt oder in Öl ausgebacken. Linsenmehl-*papadams* werden entweder mit schwarzem Pfeffer oder mit Knoblauch und Chillies oder mit Kräutern und Gewürzen aromatisiert. Seit neuestem gibt es auch Mini-*papadams,* die man ebenfalls in Öl ausbackt und als Imbiß, Cocktail-Snack oder auch als Beilage zum Essen serviert. In Bombay, wo alle Neuheiten mit der Bezeichnung *disco* belegt werden, nennt man sie salopp *disco papads.*

Den *papads* sagt man alles mögliche nach: In Nordindien hält sich hartnäckig der Glaube, *papads* würden im Körper Fett absorbieren. Sindhis pflegen zu ihren Mahlzeiten erst dann Wasser zu trinken, wenn sie geröstete *papads* gegessen haben, denn sie sind der Überzeugung, daß sie sonst Husten bekämen.

Zum Rösten einer Linsenmehl-*papad* eine Pfanne sehr heiß werden lassen, den Fladen hineinlegen und von beiden Seiten rösten, dabei die Ränder herunterdrücken. Geröstete *papads* lassen sich einige Stunden aufbewahren. Man kann die *papads* auch über offenem Feuer rösten oder in etwas Öl oder Butter ausbacken. Doch ausgebackene *papads* lassen sich nicht gut im voraus zubereiten, sie werden schnell weich.

Für Partys und besondere Gelegenheiten sollten Sie die *papads* in etwas Butter oder Öl ausbacken und mit feingehacktem Koriandergrün, rotem Chilipulver oder Paprika und Kokosflocken garnieren, das schmeckt gut und sieht hübsch aus.

Papadams können Sie etwa eine Stunde im voraus rösten. Es gibt sie in guter Qualität fertig zu kaufen. Deshalb empfiehlt es sich nicht, sie selbst herzustellen.

Chutneys

Das Wort Chutney stammt von *chaat-na* – »lecken«. Ein Chutney schmeckt so gut, daß man sich buchstäblich alle zehn Finger danach abschlecken könnte. Rohe Zutaten werden einfach zu einem Püree verarbeitet oder zu einem Chutney verkocht. Chutneys sind meist vegetarisch und haben einen leicht säuerlichen Geschmack, den Inder sehr schätzen; denn sie glauben, daß es der Gesundheit guttut, täglich etwas Saures zu sich zu nehmen.
Tomaten-Chutneys kennt man überall in Indien, während im Westen und Norden des Landes vor allem Chutneys aus Kräutern geschätzt werden. Kokosnuß-Chutneys erfreuen sich im südlichen Indien großer Beliebtheit, im Westen gibt man zur Kokosnuß einige Kräuter dazu. Chutneys aus Minze und Joghurt werden gern im Punjab und in Delhi, Walnuß-Chutneys in Kaschmir und Erdnuß-Chutneys in Andhra Pradesch gegessen. Chutneys lassen sich zugedeckt bis zu 2 Tage im Kühlschrank aufbewahren, später verlieren sie schnell ihr Aroma.

Grünes Chutney mit Kokosnuss

50 g Koriandergrün
1 EL Minzeblätter
60 g frische Kokosnuß, grob zerteilt
2 grüne Chilischoten
1 Knoblauchzehe
1 TL gehackter frischer Ingwer
1/2 TL Salz
1/3 TL gemahlener Kreuzkümmel
1 TL Puderzucker
2 TL Limonensaft

Alle Zutaten, mit Ausnahme des Limonensaftes, im Mixer ohne Zugabe von Wasser zu einem weichen Püree verarbeiten. Das Chutney in eine kleine Schüssel füllen und den Limonensaft unterrühren. Es schmeckt zu allen Currys, die mit Kokosnuß zubereitet werden, und zu *dhansak* (Rezept Seite 98).

Grünes Chutney

80 g Minzeblätter
80 g Koriandergrün
1–2 grüne Chilischoten, gehackt
1/2 kleine Zwiebel, gehackt
1/4 TL gemahlener Kreuzkümmel
1/4 TL Salz
1 TL Zucker
2 TL Limonen- oder Zitronensaft

Alle Zutaten, mit Ausnahme des Limonen- oder Zitronensaftes, im Mixer pürieren. Das Chutney in eine Schüssel füllen und den Zitrussaft unterrühren.

Rotes Chutney

100 g geraspelte frische Kokosnuß
1 kleine Zwiebel, gehackt
2 TL gehacktes Koriandergrün
1 Stück frischer Ingwer, 2 cm groß, gehackt
1 1/2 TL rotes Chilipulver
1/2 TL gemahlener Kreuzkümmel
2 Knoblauchzehen
1 TL Zucker
3 EL Tomatenketchup
6 entsteinte Datteln
2 TL Limonensaft
1/2 TL Salz

Alle Zutaten im Mixer zu einem Püree verarbeiten. Sollte Ihr Mixer diese Mengen nicht auf einmal fassen, in 2 Portionen arbeiten und anschließend gut miteinander vermengen.

ERDNUSS-CHUTNEY

100 g Erdnüsse
1 EL Tamarinde
2 grüne Chilischoten
1 TL Salz
10 Curryblätter
1 Zwiebel
1 TL Öl
1/2 TL Kreuzkümmelsamen
1/2 TL Bockshornkleesamen
1/2 TL urad dal *(enthülste schwarze Mungobohnen)*
2 EL geraspelte frische Kokosnuß

1 Die Erdnüsse ohne Fettzugabe etwa 15 Minuten in einer Pfanne rösten. Wenn sie zu bräunen beginnen, die Pfanne vom Herd nehmen. Die Erdnüsse abkühlen lassen und die Häute entfernen.

2 Die Tamarinde 10 Minuten in wenig heißem Wasser einweichen. Durch ein Sieb abgießen und dabei die Tamarinde mit einem Löffelrücken kräftig ausdrücken. Das Tamarindenwasser zusammen mit allen anderen Zutaten im Mixer zu einem Püree verarbeiten.

Im Uhrzeigersinn von oben rechts:
Rotes Chutney; Erdnuß-Chutney; Grünes Chutney mit Kokosnuß

»SALATE«

CACHUMBERS

Cachumber hat für eine indische Mahlzeit die gleiche Bedeutung wie *salsa* für eine mexikanische. Es wird aus rohem Gemüse zubereitet und hat einen leicht säuerlichen Geschmack. Das klassische *Cachumber* besteht aus rohen Zwiebeln, und dafür gibt es eine ganze Reihe Varianten. Die Zwiebeln werden fein gehackt, mit Tomate, Koriandergrün und grünen Chilischoten (für die, die es pikanter mögen) vermengt und mit Limonensaft und Salz gewürzt. Man kann die Zwiebeln auch in dünne Scheiben schneiden und mit Salz, Chilipulver und Limonensaft abschmecken.
Inder essen gern rohe Zwiebeln, weil sie ihnen gut schmecken und angeblich ihrer Gesundheit förderlich sind, da sie Schwefel enthalten. Dabei ist es ihnen ziemlich gleichgültig, daß Zwiebeln Mundgeruch verursachen. Sie spülen nach dem Essen ihren Mund gut aus und kauen ein Betelblatt, eine Gewürznelke oder grünen Kardamom, um ihren Atem zu erfrischen. Da Zwiebeln angeblich auch die Leidenschaft anregen sollen, werden sie roh und gekocht von den Brahmanen verschmäht.
Im Westen Indiens, in Maharaschtra und entlang der Westküste, sind *cachumbers*, die hier *koshumbir* heißen und auf vielerlei Arten zubereitet werden, besonders beliebt. Sie enthalten alle möglichen Gemüsesorten, zum Beispiel Kohl oder Möhren (siehe nachfolgende Rezepte), und schmecken so gut, daß man sie als Salat wie auch als Gemüsebeilage servieren kann. Die folgenden *koshumbir*-Rezepte stammen von Anju Sirur.

KLASSISCHER ZWIEBEL-TOMATEN-SALAT

1 mittelgroße Zwiebel
1 mittelgroße Tomate
1/4 grüne Paprikaschote
2 TL Koriandergrün
Limonensaft
Salz

Zwiebel, Tomate, Paprikaschote und Koriandergrün fein hacken. Mit Limonensaft und etwas Salz abschmecken und alles gut miteinander vermischen.

KOHLSALAT

1/4 Kohlkopf
1/4 frische Kokosnuß oder 50 g getrocknete Kokosflocken
1/2 milde grüne Chilischote (nach Belieben)
1/4 Paprikaschote
Saft von 1 Limone
1/2 TL Puderzucker
Salz
2 EL ghee *oder Öl*
1 Messerspitze Senfkörner
8–10 Curryblätter

1 Den Kohl in feine Streifen schneiden. Die frische Kokosnuß fein raspeln. Die halbe Chilischote sehr fein hacken. Die Paprikaschote hacken und zum Garnieren beiseite stellen.

2 Limonensaft, Puderzucker und eine Prise Salz verrühren. Kohl, Kokosnuß und Chilischote vermischen, das Dressing darübergießen und gut unterheben.

3 *Ghee* oder Öl in einer kleinen Pfanne erhitzen und die Senfkörner anbraten. Sobald sie zu zischen beginnen, die Curryblätter zugeben. Nach 30 Sekunden vom Herd nehmen und unter den Kohl mischen. Den Salat in einer hübschen Schüssel anrichten und mit der gehackten Paprikaschote garnieren. Er ist als Ersatz für eine Gemüsebeilage besonders geeignet.

Zwiebelsalat

1 Zwiebel
1 Messerspitze Paprikapulver
Limonen- oder Zitronensaft
1 Prise Salz

1 Die Zwiebel schälen und in ganz dünne Scheiben schneiden.

2 Paprika, Limonensaft und Salz miteinander vermischen, die Zwiebelscheiben unterheben und anrichten. Mindestens ½ Stunde durchziehen lassen.

Möhrensalat

450 g Möhren
65 g getrocknete Kokosflocken
75 g geröstete Erdnüsse
Saft von 1 Limone
½ TL Puderzucker
½ TL Salz
2 milde grüne Chilischoten
2 EL Öl
¼ TL Kreuzkümmelsamen

1 Die Möhren reiben und mit den Kokosflocken vermischen. Die Erdnüsse grob zerstoßen oder im Mixer (oder Kaffeemühle) zerkleinern. Limonensaft, Puderzucker und Salz verrühren, über die Möhren gießen und das Dressing gut unterheben.

2 Die Chillies längs aufschlitzen. In einer kleinen Pfanne das Öl erhitzen. Die Kreuzkümmelsamen und nach 10 Sekunden die Chillies hineingeben. Nach weiteren 10 Sekunden die Pfanne vom Herd nehmen und den Inhalt über die Möhren verteilen. Gut untermischen und mit den Chillies garnieren.

Im Uhrzeigersinn von oben rechts: *Möhrensalat; Zwiebelsalat; Klassischer Zwiebel-Tomaten-Salat* und *Kohlsalat (Rezepte Seite 177)*

Desserts

Mango-Mousse

Für 6 Personen

800 g Mangofruchtfleisch
200 ml Sahne
1 EL gemahlene Gelatine
2 Eiweiß
2 TL Puderzucker
Saft von 1 Limone

1 Das Mangofruchtfleisch in eine Schüssel geben und mit dem elektrischen Handrührgerät zu einem glatten Mus verarbeiten.

2 In einer anderen Schüssel die Sahne halbsteif schlagen.

3 Die Gelatine nach Packungsanweisung in etwas heißem Wasser auflösen.

4 Das Eiweiß mit dem elektrischen Handrührgerät zu einem steifen Schnee aufschlagen, die aufgelöste Gelatine sowie den Puderzucker zufügen und dabei weiterschlagen. Den Limonensaft unterziehen.

5 Die Sahne und das Mangomus unter den Eischnee heben und alles vorsichtig, aber gründlich miteinander vermischen. Die Masse in eine große Schüssel oder kleine Dessertschalen füllen und mindestens 3 Stunden kalt stellen.

Aromatisches Joghurt-Dessert
Shrikand

Dieses wunderbare Dessert, das sowohl süß als auch säuerlich schmecken kann, läßt sich ganz einfach zubereiten und wird in Maharaschtra gern zu fröhlichen Festen serviert.

Für 3 Personen

1 l Joghurt
4 TL Milch
1/2 TL oder weniger Safran
2–3 EL Puderzucker (Zuckermenge richtet sich nach der Säure des Joghurts)
1/4 TL gemahlener Kardamom
1 EL gemahlene Mandeln (nach Belieben)
Einige Mandelblättchen zum Garnieren

1 Den Joghurt in ein Mulltuch geben, aufhängen und die Molke etwa 3 Stunden über einer Schüssel abtropfen lassen.

2 Milch und Safran mit einem Löffel in einer Schüssel verrühren. Die Milch bekommt durch den Safran eine goldene Tönung und nimmt sein angenehmes Aroma auf.

3 Den gut abgetropften Joghurt in eine Schüssel füllen, mit einem Schneebesen oder elektrischen Handrührgerät unter die Safranmilch rühren und mit Zucker abschmecken. Die Masse sollte geschmeidig sein und die Konsistenz von geschlagener Sahne haben. Gemahlenen Kardamom und gemahlene Mandeln unterrühren.

4 Die Masse in eine große Schüssel oder Dessertschalen füllen, mit Mandelblättchen garnieren und mindestens 1 Stunde kalt stellen.

Weizenvollkornmehl-Halwa
ATTE KA SEERA

Dieses Dessert hat einen relativ geringen Cholesteringehalt, läßt sich in großen Mengen herstellen und einfrieren. Kinder lieben es. Auch zum Brunch oder Nachmittagstee schmeckt das *halwa* gut. In Indien wird es nicht nur als Dessert, sondern auch als winterliches Frühstück serviert. Die Zubereitung geht nicht ohne Mühe ab, denn man muß mindestens 20 Minuten kräftig rühren, aber der Aufwand lohnt sich.

Für 10 Personen

500 ml Öl
3 Nelken
5 Kardamomkapseln
250 g Weizenvollkornmehl
300 g Zucker
Etwas Rosenblütenwasser
75 g Rosinen und gehackte Nüsse zum Garnieren

1 In einem schweren Topf das Öl erhitzen und Nelken und Kardamom darin etwa 1 Minute fritieren, sie sollen ihre Aromen voll entfalten und an das Öl abgeben. Das Mehl zugeben und bei niedriger Temperatur unter ständigem kräftigem Rühren in etwa 15–20 Minuten nußbraun werden lassen.

2 Den Zucker in $1\frac{1}{2}$ Liter heißem Wasser auflösen, unter Rühren zum Mehl gießen und 7–10 Minuten köcheln lassen, dabei des öfteren umrühren. Die klebrige Masse vom Herd nehmen, mit Rosenblütenwasser besprenkeln und heiß servieren. Bereitet man das *halwa* im voraus zu, wird es zum Servieren wieder aufgewärmt. Vor dem Servieren mit Rosinen und gehackten Nüssen garnieren.

Bei Zimmertemperatur wird sich das Öl absetzen. Sie können es ohne weiteres entfernen, ohne daß der Geschmack des Desserts darunter leidet.

Indische Eiscreme
KULFI

Kulfi, ein besonders beliebtes indisches Dessert, wird traditionell aus Milch zubereitet, die sehr stark einkochen muß. Die Eiscreme läßt sich aber einfacher mit Kondensmilch herstellen. *Kulfi*-Formen bestehen traditionell aus Aluminium, neuerdings bekommt man sie aus Plastik. Alternativ läßt sich die Masse auch in anderen Förmchen oder in Eiswürfelbehältern gefrieren.

4 EL Zucker
3 Kardamomkapseln
400 ml Kondensmilch
Etwa 12 Safranfäden
3 EL Crème double oder Sahne
2 Stück Blattsilber zum Garnieren (nach Belieben)

1 Zucker und Kardamom zusammen mit der Milch in einen schweren Topf geben und bei niedriger Temperatur 10 Minuten köcheln lassen. Dabei immer wieder die abgesetzte Milch von Topfwänden und -boden kratzen. Die Milch vom Herd nehmen, die Kardamomkapseln entfernen und den Safran unterrühren. Abkühlen lassen, die Sahne unterrühren.

2 Die Masse in die *kulfi*- oder andere Förmchen oder in einen Eiswürfelbehälter füllen und 4–5 Stunden gefrieren lassen.

3 Die Förmchen in heißes Wasser tauchen und das Eis auf Teller stürzen. Zu besonderen Anlässen mit Blattsilber garnieren.

Rechte Seite: *Indische Eiscreme, in der* kulfi-*Form gefroren*

Indisches Brot-Dessert

SHAHI TUKRA

Für 4 Personen

4 Scheiben Weißbrot
200 g ghee
750 ml Kondensmilch
2 1/4 EL Zucker
Einige Safranfäden
1 Prise gemahlener Kardamom
2 TL Rosenblütenwasser

ZUM GARNIEREN
4 TL gehackte Pistazienkerne
2 Stück Blattsilber (nach Belieben)

1 Die Rinde vom Weißbrot abschneiden und die Scheiben diagonal halbieren. Die Hälfte *ghee* in einer Pfanne erhitzen und jedes Brot einzeln in 1 1/2 Minuten von beiden Seiten goldbraun braten. Bei Bedarf *ghee* zugeben. Die Scheiben auf Küchenpapier abtropfen lassen.

2 Für die Sauce die Milch mit dem Zucker in einem schweren Topf 10 Minuten bei niedriger Temperatur köcheln lassen. Den Topf vom Herd nehmen und den Safran, Kardamom und Rosenblütenwasser einrühren.

3 Je 2 halbe Scheiben geröstetes Brot auf einem Teller anrichten und die Sauce kurz vor dem Servieren darübergeben. Mit Pistazien bestreuen und mit Blattsilber garnieren.

Apfel-Halwa

Halwa aus Möhren, in Indien *gajar ka halwa* genannt, ist in indischen Restaurants eine beliebte Nachspeise. Apfel-*halwa* mit seinem süß-säuerlichen Geschmack kann man auf dieselbe Art und Weise zubereiten. In indischen Restaurantküchen wird die Milch dafür stark reduziert, das Ergebnis nennt man *mava* oder *khoya*. Kondensmilch ist ein guter Ersatz. Am besten schmeckt dieses *halwa* mit Cox-Orange-Äpfeln.

Für 2 Personen

700 g geriebene Äpfel
2 TL Zucker
Saft von 1/2 Zitrone
4 EL ghee *oder geklärte Butter*
2 1/2 cm Zimtstange
3 Nelken
4 EL Kondensmilch
1 EL Rosinen
Etwas Butter
2 EL Calvados (nach Belieben)
Mandelblättchen zum Garnieren (nach Belieben)

1 Die geriebenen Äpfel sofort mit Zucker und Zitronensaft vermischen, damit sie sich nicht verfärben. Gut umrühren.

2 *Ghee* in einem schweren Topf erhitzen. Zimtstange und Nelken darin anbraten und nach 30 Sekunden die Äpfel zugeben. Bei hoher Temperatur 8–10 Minuten schmoren lassen. Kondensmilch und Rosinen unterrühren und weitere 7–8 Minuten schmoren lassen. Dabei ständig rühren und die Masse immer wieder von den Topfwänden und vom Topfboden schaben.

3 Die Butter unterrühren. Den Calvados einige Sekunden in einem kleinen Topf erhitzen und unter die *halwa*-Masse mischen. Nach Belieben mit Mandelblättchen bestreuen und heiß servieren.

Rechte Seite: *Indisches Brot-Dessert* (shahi tukra)

Ausgebackene Milchbällchen in Kardamomsirup
Gulab Jamuns

Für 4 Personen

125 g Milchpulver
3 EL Backpulver
2 EL Maismehl
¼ TL Natron
500 ml Öl zum Ausbacken
12 Pistazienkerne

FÜR DEN SIRUP
425 g Zucker
Saft und Schale von ¼ Limone
3 Kardamomkapseln
2 TL Rosenblütenwasser oder
2 Tropfen Pandanus-Essenz

1 Zuerst den Sirup kochen. Dafür 625 ml Wasser zum Kochen bringen. Zucker, Limonensaft und -schale sowie die Schalen der Kardamomkapseln (die ausgelösten Samen beiseite stellen) einrühren und bei niedriger Temperatur 20 Minuten köcheln lassen. Den Sirup vom Herd nehmen, abkühlen lassen, mit Rosenblütenwasser oder Pandanus-Essenz parfümieren und in eine mindestens 10 cm tiefe Schüssel gießen.

2 Milchpulver, Backpulver, Maismehl und Natron in einer Rührschüssel vermischen. Die Kardamomsamen leicht zerdrücken und zugeben. Nach und nach etwa 3–4 Eßlöffel Wasser unterrühren und zu einem glatten Teig verarbeiten. Den Teig 6–7 Minuten kräftig durchkneten, damit er schön locker und geschmeidig wird. Die Hände und den klebrigen Teig mit etwas Öl benetzen und so lange weiterkneten, bis sich der Teig von der Schüsselwand löst; zu einer Kugel formen. Da der Teig schnell trocken und hart wird, muß nun zügig weitergearbeitet werden.

3 Das Öl in einer tiefen Pfanne erhitzen, dabei die Temperatur zuerst auf höchste Stufe stellen, nach etwa 3 Minuten auf die niedrigste Stufe herunterschalten. In der Zwischenzeit den Teig in 12 Portionen aufteilen und daraus Bällchen von 2 cm Durchmesser formen, in die man jeweils einen Pistazienkern steckt.

4 Die Milchbällchen 5–7 Minuten bei niedrigster Temperatur ausbacken und dunkelbraun werden lassen. Dabei ständig mit einem Metallöffel umrühren, damit sie gleichmäßig von allen Seiten bräunen. Durch das ständige Rühren wird außerdem verhindert, daß das Öl zu heiß wird. Die Bällchen sollen beim Ausbacken schön aufgehen.

5 Die Bällchen aus dem Öl nehmen und sofort in den abgekühlten Zuckersirup gleiten lassen, von dem sie ganz bedeckt sein sollten. Mit einem Deckel verschließen und die Milchbällchen ½ Stunde im Sirup ziehen lassen. Sie werden warm gegessen und lassen sich im Zuckersirup aufwärmen. Die Milchbällchen kann man 5–6 Tage im Kühlschrank aufbewahren und je nach Bedarf zum Aufwärmen herausnehmen.

Eine indische Mahlzeit planen

Ich werde oft von meinen englischen Freunden gefragt, wie eine indische Hausfrau ihre Speisekarte zusammenstellt. Obwohl sie dies fast täglich zu tun pflegt, bleibt es eine komplizierte Angelegenheit, weil eine Reihe von Besonderheiten beachtet werden müssen. Als erstes muß sie sich, wie jede andere Hausfrau irgendwo auf der Welt, nach dem saisonalen Angebot an Nahrungsmitteln richten. Dann – wir sind jetzt schon in Indien – wird sie je nach Jahreszeit »hitzeerzeugende« oder »kühlende« Zutaten auswählen und dabei die Bedürfnisse der einzelnen Familienmitglieder berücksichtigen. Nach dem Ayurveda-System (»Wissenschaft vom langen Leben«), der indischen Heilkunde, verstärken manche Lebensmittel bestimmte Vorgänge im Körper, zum Beispiel die Selbstheilungskräfte. Deswegen bereitet man im Sommer »kühlende« Speisen zu; bei Erkältung gibt man dem Patienten keinen Reis und keine Zwiebeln.

Es ist auch wichtig zu wissen, ob Neu- oder Vollmond ist, da viele Familien an diesen Tagen nur vegetarische Gerichte zubereiten. Bestimmte Tage sind der Familiengottheit gewidmet: Viele Inder, die an Shiva glauben, den Gott der Schöpfung, fasten am Montag bis zum Sonnenuntergang oder essen nur vegetarisch. Der Dienstag ist beispielsweise der Tag des Affengottes Hanuman, dem Symbol von Opferbereitschaft und Mut. In den Restaurants von Delhi geht das Geschäft am Dienstag deswegen flau, da hier viele Hanuman-Gläubige leben und, weil sie an diesem Tag kein Fleisch essen wollen, zu Hause bleiben. Jeder der Planeten hat seinen entsprechenden Wochentag. Wer in seinem Horoskop zum Beispiel eine unglückliche Konstellation des Saturn findet, ißt am Samstag besser vegetarisch zu Hause, weil man bei dieser Stellung des Planeten laut Empfehlung des Familienastrologen auf den Fleischverzehr verzichten soll.

Wenn sich die brave indische Hausfrau letztendlich durch das Dickicht all dieser Überlegungen gekämpft hat, muß sie noch daran denken, welche Gäste kommen und welche Gerichte sie am liebsten mögen, ob sie eher scharf oder milde essen und so weiter. Auch an die farbliche Ausgewogenheit der Speisen wird sie denken und daran, wieviel Zeit zur Vorbereitung ihr zur Verfügung steht. Nicht zuletzt muß sie sich das Ganze auch leisten können.

Bei einer indischen Mahlzeit gibt es keinen ersten Gang oder so etwas wie eine Vorspeise. Der Appetit wird durch die Aromen, die aus der Küche dringen, geweckt. Alle Gerichte kommen gleichzeitig auf den Tisch. Die Reihenfolge, in der die Speisen gegessen werden, ist in Indien regional unterschiedlich.

In einem anglophilen Haus breitet man den Reis auf einer großen Platte aus und umgibt ihn mit dem Curry oder serviert letzteres, wenn es dünnflüssiger ist, in einer kleinen Schale; auch Hülsenfrüchte und *raitas* werden in kleinen Schalen aufgetragen. Das Gemüse wird ebenfalls auf der Platte um den Reis herum angerichtet, desgleichen *cachumber* und Chutney. *Papadams* und *chapatis* werden separat serviert. Dies hört sich komplizierter an, als es ist, denn die servierten Mengen sind klein, es wird bei Bedarf nachgefüllt. Jeder Gast nimmt sich von den aufgetragenen Speisen eine kleine Portion, die er zusammen mit Reis oder *chapati* oder beidem ißt.

Eine einfache indische Familie, die sich keine Haushaltshilfe leisten kann, ißt normalerweise ein simples Gericht, das aus Reis, Curry und einem Gemüse besteht. *Chapatis* gibt es dazu nur gelegentlich, manchmal nur an Wochenenden. Üblicherweise kauft man Fladenbrot auf Vorrat, feuchtet es mit ein wenig Wasser an, backt es im Ofen auf und serviert es mit einem Stückchen Butter.

Die folgenden Menüvorschläge sind für westliche Haushalte gedacht. Sie umfassen alle Geschmacksrichtungen und Zutaten und berücksichtigen auch Vegetarier. Einige sind für einen Brunch, zum Nachmittagstee oder für ein Buffet bestens geeignet.

Menüvorschläge

Menüs mit einem milden Curry

1. Weißes Lammcurry
Reis-Pilaw (weißer Reis, mit ganzen Gewürzen aromatisiert)
Trockengebratene Kartoffeln
Erbsen und Möhren
Indisches Brot-Dessert

2. Lammgehacktes mit Koriander
Safranreis
Blumenkohl mit Ingwer
Kartoffeln mit Erdnüssen
Spinat-Raita
Tomaten-Chutney
Indische Eiscreme

3. Hühnereintopf
Weißer Reis
Pfannengerührte grüne Bohnen
Kartoffeln mit Curryblättern
Mango-Mousse

4. Fisch in Kokosmilch
Dillreis
Grünes Chutney mit Kokosnuß
Zwiebel-Tomaten-Salat
Ausgebackene Papadams
Ausgebackene Milchbällchen in Kardamomsirup

5. Mangocurry mit Joghurt (als Suppe)
Curry mit Sojabällchen
Zitronen- oder Dillreis
Kohl mit Senfkörnern
Kartoffeln mit Erdnüssen
Apfel-Halwa

Menüs mit einem mittelscharfen Curry

6. Kebab-Curry *oder* Lamm mit gebratenen Gewürzen
Safranreis
Rosa Linsen
Spinat mit Quark
Kartoffel-Raita mit rotem Chutney
Weizenvollkornmehl-Halwa (im Winter)
oder
Apfel-Halwa (im Sommer)

7. Huhn mit Linsen und Gemüse
Reis-Pilaw
Trockengebratene Kartoffeln
Zwiebel-Tomaten-Salat
Ausgebackene Papadams
Grünes Chutney mit Kokosnuß
Indische Eiscreme oder *Frische Früchte*

8. Süß-scharfes Garnelencurry
Gelber Reis
Halbe gelbe Mungobohnen
Okras mit Tomaten
Ausgebackene Papadams
Indisches Brot-Dessert

9. Kichererbsencurry
Gelber Reis
Erbsen und Möhren mit Kreuzkümmel
Kartoffeln in Joghurt auf Maharaschtrian-Art
Grünes Chutney mit Kokosnuß
Aromatisches Joghurt-Dessert

Menüs mit einem scharfen Curry

10. Lamm mit weißen Rübchen *oder* Rotes Hühnercurry
Weißer Reis
Okras mit Tomaten
Gurken-Raita
Obstsalat

11. Lammcurry auf Andhra-Art *oder* Huhn auf Chettinad-Art *oder* Schweinefleisch- (oder Lammfleisch-) Vindaloo
Zitronenreis
Kartoffeln mit Curryblättern
Spinat-Raita
Ausgebackene Papadams
Tomatensalat
Indische Eiscreme oder *ein Sorbet*

12. Fischcurry aus Goa *oder* Süß-scharfes Garnelencurry mit gekochtem Reis
Kartoffel-Raita mit rotem Chutney
Grünes Chutney mit Kokosnuß
Zwiebel-Tomaten-Salat
Ausgebackene Papadams
Mango-Mousse

Menüs, wenn Vegetarier unter den Gästen sind

13. Huhn in dicker Kokosnußsauce
Blumenkohl-Kartoffel-Curry (wird mit der gleichen Gewürzmischung zubereitet)
Weißer Reis
Gefüllte Auberginen
Tomaten-Raita
Grünes Chutney mit Kokosnuß
Ausgebackene Papadams
Fruchteis oder *ein Sorbet* oder
Aromatisches Joghurt-Dessert

Scharfes vegetarisches Menü

14. Gemüsecurry
Zitronenreis
Gurken-Raita
Möhrensalat
Ausgebackene Papadams
Erdnuß-Chutney
Aromatisches Joghurt-Dessert

Menü mit einem mittelscharfen, »trockenen« Curry, das gut zu indischen Broten passt

15. Lamm mit Aachar-Gewürzen
oder
Hühnercurry mit Pistazien
oder
Huhn in Buttersauce
Paratha oder *Pitta-Brot*
(das Brot etwas befeuchten, im Ofen aufbacken und mit einem Stückchen Butter servieren)
Blumenkohl mit Ingwer
Kartoffel-Raita
Zwiebel-Paprika-Salat (nach Belieben)
Tomaten-Chutney
Obstsalat oder
Apfel-Halwa

Ein Curry, das mit Brot serviert wird

(zu einer Mahlzeit, zum Brunch oder zum Nachmittagstee)

16. Lamm mit gebratenen Gewürzen
oder
Lamm in Zwiebeln und Joghurt
Brotscheiben
Zwiebeln mit Paprika
Limonenviertel
Raita Ihrer Wahl
Frische Früchte

Menü für ein traditionelles vegetarisches Buffet

17. Lammcurry mit Kreuzkümmel-Kartoffeln
Fisch in Senfsauce
Gelber Reis
Kichererbsen
Pfannengerührte grüne Bohnen
Gurken-Raita
Garnierte Papadams (für die Zubereitung Papads in Viertel zerteilen)
Tomaten-Chutney
Mango-Mousse

Anmerkung
Nur Fisch, Gurken-Raita, Reis und Papadams müssen am selben Tag zubereitet werden. Die Sauce für den Fisch läßt sich im voraus herstellen.

Was trinkt man zu einer indischen Mahlzeit?

Es gehört nicht zu den Gewohnheiten der indischen Mittelklasse, Alkohol zum Essen zu trinken. Das beliebteste Getränk bei den Indern ist schottischer Whisky – für diejenigen, die ihn sich leisten können –, ansonsten indischer Whisky. Bier, Rum (vor allem in der Armee), Wodka und Gin aus heimischer Produktion werden in Indien von der oberen Mittelklasse getrunken, die etwa 30 Millionen Menschen zählt (die gesamte Mittelklasse umfaßt etwas über 100 Millionen).
Getrunken wird gewöhnlich nur vor den Mahlzeiten, dazu ißt man frisch zubereitete Snacks, Kebabs oder *papadams*. Indische Frauen trinken nur selten Alkohol, und wenn, dann bevorzugen sie Gin, Wodka und in den letzten Jahren zunehmend indischen Wein und Sekt. Die Zahl der Weingüter und Kellereien in Indien und die Qualität der erzeugten Weine nehmen ständig zu. Es werden sowohl Rot- als auch Weißweine erzeugt, wobei die Qualität der Weißweine besser ist. Weißwein wird in verschiedenen Regionen der Hochebene von Deccan angebaut, in Maharaschtra sowie in der Nähe von Hyderabad und Bangalore. Nachdem drei Millionen Inder jährlich nach Übersee reisen, dürfte sich Indien in nicht allzu ferner Zukunft in eine Nation von Weintrinkern verwandeln. In Indien ißt man relativ spät zu Abend, zwischen halb neun und halb zehn. Auf Dinnerpartys wäre es unhöflich, das Abendessen vor halb elf zu servieren, da man dem Gastgeber sonst nachsagen könnte, er sei mit den Getränken geizig umgegangen. Auf Partys ist der Alkohol wichtiger als das Essen, das bei diesen Anlässen meist als Buffet serviert wird. Sobald jedoch das Essen beginnt, hört das Trinken auf.
Im Familienkreis wird zu den Mahlzeiten zimmerwarmes Wasser und dieses meist nach dem Essen getrunken. Man meidet kaltes Wasser, da es im Magen Schleim erzeugen soll.
In den indischen Restaurants in Großbritannien ist es üblich, Bier zum indischen Essen zu bestellen, in Frankreich trinken die Franzosen gern Wein dazu. Andere Länder, andere Sitten. Wer keinen Alkohol mag, kann sich im indischen Restaurant auch *lassi* servieren lassen, ein Getränk, das aus mit Wasser verdünntem und gewürztem Joghurt zubereitet wird und zu den pikanten indischen Speisen wegen seiner kühlenden Eigenschaften gut paßt. In Indien hingegen wird *lassi* gern zum Frühstück getrunken, besonders im Sommer.

Anmerkungen zu den Weinen

von Neville Abraham

Es ist ein Vorurteil, daß gute Weine nicht zu den würzigen indischen Speisen passen, und dieses Vorurteil hält sich hartnäckig. In Indien gibt es noch keine Weintradition. Und in Großbritannien, wo man erst seit etwa 25 Jahren gute, trockene Weine schätzt, denkt kaum ein Gast daran, einen Wein zum indischen Essen zu bestellen.
Der Grund für dieses Vorurteil liegt darin, daß die bekannten Weinsorten in erster Linie zu europäisch beeinflußten Speisen, überhaupt zum westlichen Lebensstil gehören. Auch beim Wein gibt es Moden wie die gegenwärtige, leichte, trockene Weine zu bevorzugen, was den Weinliebhaber daran hindert, Weine zu würzigem Essen zu genießen. Wenn es also darum geht, Weine auszuwählen, die zu den gut gewürzten Küchen dieser Erde passen, brauchen wir ein neues Vokabular des Geschmacks.
Wir sollten uns ein Beispiel an den Wein produzierenden und Wein trinkenden Ländern nehmen. Für den Franzosen ist es selbstverständlich, eine Mahlzeit – ob gut gewürzt oder nicht – mit Wein zu genießen. Diese Tradition haben sie auch in ihre überseeischen Gebiete getragen; und heute wird Wein, egal, ob man ein kreolisches oder polynesisches Essen in Guadeloupe, Réunion oder Tahiti serviert bekommt, dazu angeboten. Die wirtschaftlich starken Länder in Asien, von Japan über Hongkong bis Singapur, sind heute Käufer der besten Weine, obwohl ihre Küchen alles andere als wenig gewürzt sind. Selbst die Briten tranken in Indien in den glorreichen Tagen des Raj und auch schon früher gewaltige Mengen an Bordeaux- und Madeira-Weinen. Heute bietet jedes Spitzenrestaurant in New York mit mexikanischer oder Cajun-Küche oder jedes gehobene Thai- oder indische Restaurant in London eine Weinkarte mit internationalen Spitzenweinen aus aller Welt an.
Es liegt also an Ihnen, die Vorurteile zu vergessen und das zu tun, was ich getan habe: einfach herausfinden, welcher Wein zu welchem Curry paßt. Ist das erste Vorurteil erst einmal begraben – daß Weine nicht

zu gewürzten Speisen passen –, schlage ich vor, daß Sie auch die vier folgenden Vorurteile über das Weintrinken zu Currys vergessen. Dies wird um so leichter fallen, je öfter Sie Wein zum Curry trinken.

1. Trockene Weine sind halbtrockenen oder süßen Weinen stets vorzuziehen. Wahr ist, daß »knochentrockene« Weine häufig nicht zu Currys passen – ein Wein mit ausgewogener Süße mildert die Schärfe des Gerichts und gibt auch zarteren Aromen Raum, um sich zu entfalten.
2. Weißwein sollte man nur zu weißem, Rotwein zu rotem Fleisch servieren. Ausnahmen bestätigen die Regel: Mit stark gewürzten Hühner- oder Fischgerichten harmoniert ein charaktervoller Bordeaux oft viel besser.
3. Weine mit höherem Alkoholgehalt wie Sherry, Madeira und Port sollte man nur vor oder nach dem Essen servieren. Tatsächlich bringen sie für pikante Gerichte die perfekte Ausgewogenheit von Süße und Stärke mit.
4. Nur Weißweine sollte man gekühlt servieren. Sie werden überrascht sein, wie gut einige Rotweine und Süßweine schmecken, wenn sie gekühlt sind.

Mein Vorschlag: Bereiten Sie nach Camellias Rezepten eine indische Mahlzeit für mindestens sechs Personen zu, und bieten Sie dazu eine Auswahl passender Weine an, damit Ihre Gäste selbst entdecken können, wie gut indisches Essen und Wein Hand in Hand gehen.

Seite 54, Lamm in Knoblauch-Joghurt-Sauce: Zu diesem kräftigen, würzigen Lammgericht schmeckt ein robuster Rotwein. Ein Rioja Reserva oder Cru Bourgeois Bordeaux, etwa sechs Jahre alt, wären meine Empfehlungen.

Seite 56, Lamm mit weißen Rübchen: Ein mittelschwerer Roter, etwa ein italienischer Cabernet oder ein Merlot aus dem Friaul, paßt gut dazu. Falls Sie einen Weißen vorziehen, sollten Sie einen körperreichen, blumigen Wein wählen, wie zum Beispiel Muscat-Spätlese, Riesling oder Gewürztraminer.

Seite 59, Lamm in Milch: Zum Lammfleisch in der delikaten Sauce trinkt man am besten einen leichten Wein. Von all den Weinen, die ich probiert habe, paßt zu diesem Gericht am besten ein trockener Muscat aus dem Elsaß, ein fruchtiger Beaujolais Villages oder Côte de Beaune Villages.

Seite 60, Kebab-Curry: Ein Médoc eines guten Jahrgangs, ein guter Gewürztraminer aus dem Elsaß oder ein alter, trockener Oloroso-Sherry sind ausgezeichnete Begleiter zu diesem angenehm milden Curry.

Seite 63, Lamm mit gebratenen Gewürzen: Zu diesem ebenfalls milden Gericht mit seinem feinen Nachgeschmack stelle ich mir roten Bordeaux, Zinfandel, Côtes du Rhône Villages, australischen Shiraz oder einen Chardonnay mittlerer Preisklasse vor.

Seite 64, Geschmorte Lammkeule: Zu diesem wohlschmeckenden, pikanten Gericht schmeckt ein einfacher, fruchtiger Rotwein, zum Beispiel ein kalifornischer Zinfandel oder ein Salice Salentino aus Süditalien.

Seite 67, Lammcurry mit Kreuzkümmel-Kartoffeln: Hierzu ist ein vollmundiger Wein gefragt – roter Bordeaux, Crozes-Hermitage oder Gigondas von der Rhône oder ein australischer Cabernet Shiraz kommen in Frage.

Seite 68, Lamm mit Aachar-Gewürzen: Der köstliche Nachgeschmack eines jeden Bissens dieses Gerichts verlangt nach einem vollfruchtigen Chardonnay oder einer australischen Muscat-Spätlese. Als Rotwein sollten Sie dazu einen Barbera d'Alba probieren.

Seite 71, Lamm mit Spinat: Ein fruchtiger roter Zinfandel, Chinon oder Cru Beaujolais sind ideale Begleiter zu diesem milden Curry. Falls Sie einen Weißwein vorziehen, empfehle ich einen guten, trockenen Graves aus dem Bordeaux oder Semillon aus Australien.

Seite 72, Lamm mit Kardamom: Zu diesem überraschend milden Gericht paßt ein Chardonnay der unteren bis mittleren Preisklasse oder ein Muscat oder Pinot Blanc aus dem Elsaß. Ein aromatischer Rosé, zum Beispiel ein Tavel oder Rioja, schmeckt ebenfalls hervorragend dazu.

Seite 74, Lamm in Zwiebeln und Joghurt: Ein köstliches Gericht, bei dem die Würze durch Joghurt abgerundet wird. Meine Empfehlung dazu ist ein Rosé, zum Beispiel ein Tavel oder Rioja, oder ein leichter Rotwein wie St. Emilion oder der australische Cabernet-Shiraz.

Seite 76, Lamm mit Aprikosen: Das süß-säuerliche Gericht ist eine Herausforderung – dazu paßt nichts Zartblumiges. Salice Salentino aus Süditalien paßt gut dazu, aber Don Zoilos alter, trockener Oloroso ist einfach umwerfend.

Seite 78, Bori-Curry: Mandeln, Erdnüsse und Kokosnuß machen dieses einzigartige Gericht sehr weinfreundlich, vorausgesetzt, die Weine haben Körper und Fülle. Claret oder Chardonnay, alter Oloroso-Sherry oder Sercial-Madeira oder ein roter Portwein sind gleichermaßen köstlich.

Seite 81, Lammcurry auf Andhra-Art: Dieses sehr pikante Gericht verlangt nach einem Madeira (Sercial oder Verdelho) oder Ruby Port. Falls Sie keine Süßweine dazu mögen, sollten Sie als zweitbeste Wahl Weine mit nur leichter Süße wie eine Riesling- oder Muscat-Spätlese wählen. Liebhaber trockener Weine sollten auf Salice Salentino zurückgreifen.

Seite 82, Lammgehacktes mit Koriander: Ein guter, fruchtiger Cru Beaujolais, Zinfandel oder Chianti Ruina sind ideal zu diesem milden Gericht.

Seite 84, Lamm mit Hülsenfrüchten: Auf der Suche nach einem Rotwein zu dem säuerlichen *dalcha* mußte ich leider passen. Wegen ihrer leichten Süße habe ich mich deshalb für eine australische Muscat-Spätlese (zum Beispiel von Brown Bros. oder Mitchelton) entschieden. Falls Sie einen trockenen Wein bevorzugen, sollten Sie einen Gewürztraminer aus dem Elsaß wählen.

Seite 86, Lammcurry auf Madras-Art: Das volle, cremige, würzige Aroma von Kokosnuß verlangt nach einem klassischen Wein – rotem Bordeaux, kernigem Gewürztraminer, Sercial-Madeira oder Oloroso-Sherry.

Seite 88, Weißes Hühnercurry: Ein vollmundiger, trockener Weißwein ist ein guter Begleiter zu diesem aromatischen, relativ milden Curry. Sichels Sirius aus dem Bordeaux oder ein Champagner wie Veuve Clicquot schmecken ausgezeichnet dazu.

Seite 91, Hühnercurry mit Koriandergrün: Koriander und Gewürze in diesem sonst milden Gericht machen sich gut mit einem vollfruchtigen Wein. Ich empfehle einen weichen kalifornischen Merlot wie Bel Arbors oder Firestone oder einen guten Juliénas aus dem Beaujolais. Unter den Weißweinen würde ich einen australischen Semillon oder Semillon-Chardonnay wählen.

Seite 92, Huhn in Buttersauce: Joghurt und Tomaten geben diesem köstlichen Gericht einen besonderen Geschmack. Sowohl ein trockener weißer Muscat aus dem Elsaß als auch ein roter Barbera d'Alba aus dem Piemont unterstreichen das Aroma und die säuerliche Note der Speise.

Seite 94, Hühnercurry mit Pistazien: Blumige, fruchtige Weine aus dem Elsaß machen sich gut zu diesem Korma – zum Beispiel ein guter trockener Muscat oder ein kräftiger Gewürztraminer, aber auch ein Viognier aus Kalifornien oder Südfrankreich paßt hervorragend.

Seite 97, Huhn mit Cashewnüssen in schwarzen Gewürzen: Die Kombination von Gewürzen, Nüssen und Kokosnuß verlangt nach aromatischen, nicht zu herben Weinen – einem vollmundigen Chardonnay oder einem Gewürztraminer Reserve, besser noch nach einem australischen Rotwein wie Penfolds Bin 389 Cabernet Shiraz, einem Ruby Port oder einem trockeneren Sercial-Madeira.

Seite 98, Huhn mit Linsen und Gemüse: Der kraftvolle Charakter dieses Gerichts, das durch die Linsen abgerundet wird, wird durch einen Gewürztraminer Reserve aus dem Elsaß oder einer Riesling-Spätlese noch unterstrichen. Ein mittelschwerer roter Bordeaux, Zinfandel oder trockener Sercial-Madeira schmeckt auch gut dazu.

Seite 100, Huhn in dicker Kokosnußsauce: Ein ungewöhnliches Gericht. Da ist es nicht verwunderlich, daß konventionellere Weine sich als ungeeignet erwiesen. Portwein oder Madeira hingegen schmeckt ausgezeichnet, ein Monbazillac gut dazu.

Seite 103, Huhn auf Chettinad-Art: Obwohl dieses Gericht nicht besonders scharf ist, enthält es doch so viele Gewürze, die die meisten Weine ausschließen. Ein Reserve Madeira (ein fünf Jahre alter Verdelho) schmeckt ausgezeichnet, gut auch der süße weiße Monbazillac und ein vollmundiger Rioja Riserva.

Seite 104, Hühnereintopf: Zu diesem köstlichen, aromatischen Eintopf, den man mit einem zu schweren Wein leicht übertönen könnte, ist ein Elsässer Riesling, ein Chardonnay aus dem Burgund oder aus Neuseeland, ein leichter, fruchtiger Beaujolais-Villages oder ein Chinon oder Bourgueil von der Loire ein idealer Begleiter.

Seite 106, Hähnchen mit Zwiebeln: Die Süße der Zwiebeln mildert dieses sonst eher scharfe Curry. Kosten Sie dazu einen vollmundigen, trockenen bis halbtrockenen Cabernet Sauvignon aus der Neuen Welt, einen Vendelho- oder Bual-Madeira (möglichst eine Reserve), eine deutsche Auslese oder eine australische Muscat-Spätlese.

Seite 108, Rotes Hühnercurry: Bei diesem Gericht wird die Schärfe durch die Zugabe von Tomaten gemildert. Trinken Sie dazu einen vollmundigen Cabernet aus der Neuen Welt oder aus dem Médoc, einen roten Rioja Riserva oder besser noch einen guten Madeira von Blandy's oder Rutherford and Miles.

Seite 111, Schweinefleisch-Vindaloo: Die säuerliche Schärfe des Gerichts verlangt nach einem kräftigen Wein, wie einem großen New World Cabernet oder Shiraz oder – aufgrund der portugiesischen Tradition in Goa – vielleicht auch nach einem Ruby Port.

Seite 112, Grünes Fischcurry: Diese delikate Sauce aus Kräutern und Kokosnuß kann einen süßlichen Wein vertragen. Am besten schmeckt dazu ein australischer Pinot noir (Goldstream Hills), eine Muscat-Spätlese von Brown Bros. und Harvey's Bristol Cream Sherry.

Seite 115, Süß-scharfes Garnelencurry: Ein großer roter Syrah kann es mit dem kräftigen, pikanten, süß-sauren Curry aufnehmen. Ein Süßwein hingegen paßt immer – Vendelho-Madeira oder Ruby Port schmeckt dazu ausgezeichnet.

Seite 116, Krabbencurry: Der zarte Geschmack des Krabbenfleisches in einer äußerst scharfen Sauce macht eine Weinempfehlung schwierig. Ich denke, ein Gewürztraminer Reserve aus dem Elsaß oder ein Süßwein wie Monbazillac würde ganz gut passen.

Seite 119, Fischcurry auf Madras-Art: Zu diesem überraschend zarten und milden Madras-Curry paßt sowohl ein gutgekühlter Fino-Sherry wie auch ein australischer Semillon oder ein preislich akzeptabler Chardonnay oder Gewürztraminer.

Seite 120, Fischcurry aus Goa: Hier möchte ich dieselbe Weinempfehlung aussprechen wie für das Rezept auf Seite 119, mit der Einschränkung, daß ein süßer, schwererer Sherry dem Fino vorzuziehen ist, da die Sauce dieses Gerichts gehaltvoller ist.

Seite 122, Fisch in Kokosmilch: Dieses zarte, köstliche Gericht verlangt nach einem gutgekühlten Fino, besser noch nach einer frisch geöffneten Flasche Manzanilla-Sherry, aber auch ein weißer Burgunder oder ein Chenin Blanc ist akzeptabel.

Seite 125, Fisch in Senfsauce: Die meisten Weißweine können der sämigen, scharfen Sauce nicht standhalten. Ein nicht zu schwerer Rotwein, zum Beispiel ein guter Pinot Noir oder ein Juliénas aus dem Beaujolais, paßt hingegen ausgezeichnet dazu, ebenso wie Don Joilos alter, trockener Amontillado.

Seite 126, Fisch in Joghurtsauce: Die Weinwahl für dieses mittelscharfe Fischcurry mit Joghurt, Rosinen und Zwiebeln ist nicht ganz einfach. Ein vollmundiger Chardonnay oder Gewürztraminer (weiß) oder Pinot Noir (rot) ist meine Empfehlung.

Seite 128, Mangocurry mit Joghurt: Dem süß-säuerlichen Aroma von Mango und Joghurt wirkt die Schärfe dieses Currys entgegen. Ich empfehle einen Pinot Noir oder einen Bual-Madeira.

Seite 131, Wassermelonencurry: Dieses exotische Gericht verlangt nach einem ebenbürtigen süßlichen Begleiter, wie zum Beispiel einer deutschen Auslese oder einem Bual-Madeira.

Seite 132, Curry aus gemischten Trockenfrüchten: Süß, fruchtig und würzig. Dazu paßt ein Cream-Sherry oder Bual-Madeira.

Seite 134, Eiercurry: Eier und Wein sollte man trennen. Ein alter, trockener Amontillado ist gerade noch akzeptabel.

Seite 137, Omelettcurry: Als Alternative zu dem Rezept auf Seite 134 sollten Sie es mal mit Champagner versuchen.

Seite 138, Auberginencurry: Interessant an diesem Gericht ist der Kontrast zwischen der Würze und Süße von Auberginen und Zwiebeln. Meine Empfehlung: Pinot Noir, Sercial oder Champagner.

Seite 140, Curry mit Sojabällchen: Ein guter Bordeaux Semillon, wie zum Beispiel Sirius, oder ein gutgekühlter Fino-Sherry scheinen richtig für dieses überraschend leichte, pikante Gericht zu sein.

Seite 142, Blumenkohl-Kartoffel-Curry: Diese gehaltvolle dunkle Sauce verlangt nach einem nicht zu trockenen Wein: einem Pinot Noir aus Kalifornien (Saintsbury, Calera oder Sanford) oder einem fünf Jahre alten Bual-Madeira.

Seite 145, Gemüsecurry: Ein alter, trockener Amontillado-Sherry oder Pinot Noir passen gut zu diesem einfachen, würzigen Gericht.

Seite 146, Okras in Joghurt: Zu diesem Gericht kann ich sowohl einen trockenen Sercial oder Chardonnay als auch einen lieblichen Ruby-Port empfehlen.

Seite 148, Kartoffelcurry auf Kaschmir-Art: Ein einfacher, preiswerter Gewürztraminer oder Pinot Noir paßt ausgezeichnet.

Seite 150, Kichererbsencurry: Hierzu gehört ein trockener Wein mit eindeutigem Charakter. Meine Wahl wäre ein roter Rioja Riserva oder ein Champagner.

Seite 152, Curry auf Sindhi-Art: Servieren Sie dieses Curry als Suppe, läßt man den Wein weg. Ansonsten paßt dazu ein einfacher Wein oder Sherry.

Register